Hans-Dieter Bahr

Zeit der Muße –
Zeit der Musen

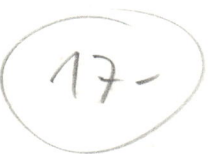

Tübinger Phänomenologische Bibliothek

Herausgegeben von
Dietmar Koch

Die Tübinger Phänomenologische Bibliothek umfaßt sowohl wissenschaftliche wie essayistische Monographien als auch thematisch geschlossene Sammelbände. In ihnen soll das Verhältnis der Phänomenologie zu anderen philosophischen Ansätzen sowie zur Kunst, zur Religion und zu den positiven Wissenschaften eigens bestimmt werden. Die Buchreihe will in ihrer Offenheit ein Forum sein für phänomenologische Arbeiten und Arbeiten zur Phänomenologie. Lassen Werke aus anderen Denktraditionen und -richtungen Fruchtbares für das phänomenologische Sachgespräch erwarten, finden auch sie Aufnahme in der Reihe.

Hans-Dieter Bahr

Zeit der Muße –
Zeit der Musen

Bibliografische Information der Deutschen Bibliothek
Die Deutsche Bibliothek verzeichnet diese Publikation in der Deutschen
Nationalbibliografie; detaillierte bibliografische Daten sind
im Internet über <http://dnb.ddb.de> abrufbar.
© 2008 Narr Francke Attempto Verlag GmbH + Co. KG
Dischingerweg 5 · D-72070 Tübingen

Gedruckt auf chlorfrei gebleichtem und säurefreiem Werkdruckpapier.
Internet: http://www.attempto-verlag.de
E-Mail: info@attempto-verlag.de

Satz: Alexander Nehmer (Tübingen)
Lektorat: Hildegard Mühlemeier und Michael Ruppert (Tübingen)
Herstellung: Jörg F. Hagenlocher Typografik und Verlag (Tübingen)
und Difo-Druck GmbH (Bamberg)
ISBN 978–3–89308-408-1

Umschlag: Hesiod Maler
Muse, zwei Kitharai stimmend
Rundbild einer weißgrundigen attischen Schale
470 – 460 v. Chr., Eretria (Griechenland)
Museum Louvre (Paris, Frankreich)

O. E. nachsinnend

Gedruckt mit Unterstützung der
Care Quality Services GmbH (CQS)
Obernburg am Main
www.cqs.de

Vorweg

Was könnte *ferner* liegen angesichts der Nöte und Bedrängnisse der Zeiten, als sich um ein Verständnis der Zeit-Weisen von ‚Muße' und Musen' zu bemühen? Was aber läge *näher*, als von der Zeitnot der Welt und ihren Weglosigkeiten einen Abstand finden zu wollen, der allererst einen Blick auf sie zu ermöglichen vermag?

Als Dietmar Koch, Leiter der *Tübinger Gesellschaft für Phänomenologische Philosophie*, mich dazu anregte, über *Muße* und *Musen* nachzudenken, stutzte ich einen Augenblick über den heute schon fast verstaubt klingenden Unterton dieser Ausdrücke, die an die Salons der humanistisch Gebildeten früherer Jahrhunderte erinnerten – bis ich begriff, daß er eben das *Unzeitgemäße* damit im Blick hatte: Ist nicht umgekehrt zeitgemäß, daß der Traum der Muße in den Freizeitindustrien unterging? Ist nicht zeitgemäß, die verfemten Relikte ‚müßiger Schöngeisterei' wegzufegen und sich von den Ansprüchen einer mehr als dreitausendjährigen Geschichte musischer Bildung in Europa zu ‚befreien'? Ist nicht zeitgemäß, die Musen unter dem Historismus der Museen zu begraben? Hat musische Bildung nicht sogar als bloßer Forschungsgegenstand um ihr Überleben zu kämpfen? Was kann sich unsere Epoche überhaupt noch unter einer ‚musischen Schönheit', die jeden Schrecken verloren hat, vorstellen außer das unterhaltsam Wohlgefällige und Versöhnliche der ‚leichten Muse', die keinen Anstoß erregt, geschweige denn eine Betroffenheit, wie sie einst zu großen Wenden in den Lebensweisen hatte führen können? – Wie wenn gerade das Unzeitgemäße zum Dringlichsten dieser Zeit geworden wäre? Wie wenn nur von einem *äusserst* peripheren Zeit-Verständnis her, nämlich jenem einer Zeit gewährenden Muße und einer Fest-Zeit der Musen, die Ausweglosigkeit herrschender Zeitlichkeit zur Frage käme?

Ausdrücke von einst gewaltigem Gehalte, wie ‚*mousai*' und ‚*scholé*' (Muße), die schlechthin die Bedeutsamkeit kulturellen Daseins noch bis zu Beginn des 20. Jahrhunderts aussprachen, verschleißen wohl auch durch gedankenloses Geschwätz. Verendet aber sind sie in den letzten Jahrzehnten unter der Bedenkenlosigkeit der Macher und ihrer Gehilfen, den ‚Kritikern‘, deren Geschäft es ist, das zu schwächen, was nicht rentabel funktioniert. Und eines ihrer propagandistisch wirksamsten Mittel ist der Vorwurf des ‚Veraltetseins‘. Wer will sich schon gegen den ewig jungen Fortschritt wenden, auch wenn an ihn niemand mehr so recht glauben mag? Manchem Anliegen könnte es daher zur Ehre gereichen, daß ihm in solcher Zeit kein Erfolg beschert sein kann.

Was aber sollte es mit dem Wagnis auf sich haben, der Muße und den Musen etwas von der Kraft jenes Denkens zurückerstatten zu wollen, ohne die es keine Philosophie und überhaupt dieses ‚Abendland‘ nicht gegeben hätte? Es geht um die Fähigkeit von Rückblicken, sich gerade den Rückschritten in den Weg stellen zu können, um Möglichkeiten nachzuspüren, die schon weit früher vergessen worden waren. Wie wenn es da Zeitrisse gegeben hätte, in denen ein Denken aufbrechen wollte, um aus einer ‚Schönheit‘ anderen Sinns heraus zu denken? Wie wenn Philosophie sich einer Schönheit zu verdanken suchte, die gerade nicht darin bestanden hätte, scheinend dem Gutem und Wahren zu dienen, sondern sie vielmehr transzendenzlos mit ihrem Glanz zu durchwesen? Warum neigten wohl diejenigen, die das Tiefste gedacht und in die Welt geblickt, warum ‚neigen die Weisen oft am Ende zu Schönem sich‘?[1] Gewiß nicht, weil sie über dessen ‚Ewigkeit‘ oder ‚Vergänglichkeit‘ daherreden wollen. Man wird ein ganz anderes Verständnis von Zeitlichkeit benötigen, um dieser Frage auch nur näher zu kommen.

Diese Andeutung könnte fälschlich vermuten lassen, es ginge mir im Folgenden um einen ‚ästhetischen Entwurf‘. Dringlicher aber scheint mir, ‚Schönheit‘ erst einmal dem ästhetischen Diskurs zu entziehen, um ihr einen anderen Ort des Denkens zu geben. Gewiß waren die großen philosophischen Ästhetiken der Frage nachgegangen, wie Schönheit zu verstehen sei. Und doch begannen schon früh andere, zumal ethische und epistemische Motive von ihrer ‚Schrecklichkeit‘ abzulenken: das Schöne als das getrübte Aufscheinen des zeitlos Göttlichen, das Schöne in den Regeln des ästhetischen Stil, im Urteil des Geschmacks und Genusses, das Schöne in den Werken der Künste, ob diese sich nun nachahmend oder schöpferisch glaubten, schließlich die Forderungen der neuen Medien nach einer durchgängigen ‚Entschönung‘, damit nicht

---

[1] Friedrich Hölderlin, Sokrates und Alkibiades, in: Das Meisterwerk, Hg. E. Müller, Stuttgart 1952, S. 233

weiter von den ‚Botschaften‘ der Bilder und Zeichen abgelenkt würde. –
Ist nicht anzunehmen, daß da eine anfänglich abgründige Fragwürdig-
keit stehen geblieben war, der man sich vielleicht nähern könnte?

Hier nur eine Andeutung vorweg: Schönheit, so werde ich darlegen,
erhielt die gewaltige Befremdlichkeit ihres ‚Glanzes‘ durch die Zeit-
Weise des Festes, die allein in ihrer rückhaltlosen *Veraus-Gabung* besteht, ohne daß in ihr noch ein Weg eingeschlagen würde. Das zu begreifen, erfordert ein wesentlich verändertes Verständnis von Zeit. Und
doch hatten seit je gerade die Aporien, die ‚Ausweglosigkeiten‘, in welche das Verstehen von Zeit geriet, wenn auch nur auf negative Weise darauf verwiesen, daß eine *entwegte* Zeit zu denken sei. Deren Spuren aber
waren allemal schon erschlossen in der Muße und erschaut in ‚*theoria*‘.
Solche Muße war allerdings das Gegenteil von jener ‚Freizeit‘, durch die
man sich vom Druck der Alltäglichkeit nur zu entlasten suchte. Und die
‚Hoch-Zeiten‘ der Feiern alleine konnten nicht als Garant dafür gelten,
daß Festlichkeit sich ereignet. Deren Gelingen verstand man vielmehr
als Gabe der Musen. Läßt sich auch das Feiern als jene ‚höchste Tätigkeit‘ verstehen, die sich, wie Aristoteles meinte, im Denken des Denkens
als Selbstzweck vollende. Die Schönheit des Festes, die man durch feiernde Tätigkeit zu erschließen suchte, ist keine Handlung mehr, achtet
weder auf Nutzen oder Schaden, weder auf Wahrheit oder Trug, hat weder Sinn, noch ist sie sinnlos …

Welche Gaben aber hatten Dichter, Philosophen, Staatsmänner von
den Musen, die sie anriefen, zu empfangen erhofft? Wenn Hesiod sie sagen ließ, sie wüßten, was ist, was gewesen ist und was sein wird; dann
unterstellte er ihnen keineswegs ‚Allwissenheit‘, wohl aber das Verständnis für eine angemessene, festliche Zeit-Weise auch des erschauenden Wissens, sofern es aus einem ‚Glanz‘ von Wahrheiten erstrahlen
kann, der gar nicht von deren Vollkommenheiten spricht. Zu den Gaben
der Musen gehört, daß sie den Menschen in der Muße die stimmende
Zeit zukommen lassen, welche diese sich niemals selbst zu nehmen vermögen. Wo aber der Glanz des Festes blasser und dessen Zeit-Weise, die
alles zum Erklingen brachte, schmaler wurde, begann man von *kairos*,
gar von den ‚schönen Augenblicken‘ zu reden, die verweilen mögen.
Schönheit vermag dann nur noch von ferne jener abgründigen Befremdlichkeit aussetzen, daß Seiendes überhaupt stimmen kann. Und doch geschieht in den Erschließungen von Schönheit die je erneute Geburt von
Philosophie.

Sollte der Eindruck entstehen, daß der Sinn solcher Sätze im Rätsel-
haften murmelt, dann liegt dies an der ungeheuerlichen Härte, in die sich
das vorherrschende Zeitverständnis derart verschanzt hat, daß es bestimmte Weisen des Denkens kaum zuläßt. Eine vorgängige ‚Ent-Rich-
tung‘ der gängigen Zeitauffassungen, die einen größeren Teil dieses Textes ausmachen werden, schien mir daher unerläßlich. Der Schwierigkeit
wegen nur zu diesen Abschnitten ein kurzer Überblick.

Im abendländischen Denken wurde und wird Zeit als Weise einer Gespanntheit (*tensio*) gedacht. Zum einen steht sie in rätselhafter Spannung
zur Bewegung (oder Ruhe), ‚an der sie etwas sei‘, wie Aristoteles es for-
mulierte, ohne selbst Bewegung zu sein; zum andern sei Zeit ‚nichts
ohne Erscheinung, aber nicht selbst Erscheinung‘, wie Kant sich ausdrückte. Doch genau diese Differenz wird im alltäglichen Reden, zu
dem zumal auch das naturwissenschaftliche gehört, preisgegeben. Man
spricht so, als sei Zeit selbst irgendein Vorgang, den man zur Maßeinheit
und schließlich zur Norm aller Vorgänge erhoben hat. Man schreibt diesem Zeit-Vorgang bestimmte Eigenschaften zu, etwa ein einteilbares
Verfließen oder eine universelle Zuständigkeit, da Zeit selbst ja ‚Bestand‘
habe. Überlagert werden diese Auslegungsschemata zudem von der großen Mythe, die zur Metapher abgesunken ist, wonach dieser Zeit-Vorgang als die kommunikative Tätigkeitsweise eines göttlichen Subjekt gegolten hat, nämlich die seines Kommens, Verweilens und Gehens.
Insistiert man dagegen auf der Differenz von Zeit und schematisierender
‚Wegung‘, bleibt eben nur der Weg, Zeit durch die Auffassungsweisen
von Zeitlichem zu deuten: Vom Wahrnehmen des Gegenwärtigen, dem
Erinnern des Vergangenen und dem Erwarten oder Erahnen des Zukünftigen schließt man auf eine entsprechende Ausgerichtetheit von Zeit
selbst, die als ihre Dimensionen einer omnipräsenten Zeit anzugehören
scheinen. Bedenkt man jedoch ihrerseits die Zeitlichkeit dieser Auffas-
sungsweise von Zeit, kommt ihre endliche Existenzweise in der Jeweiligkeit eines sterblichen Daseins in den Blick. Heidegger analysierte sie
bekanntlich als die der Sorgestruktur des Daseins. Da es dem Dasein um
sein Möglichsein gehe, deute es seine Existenz aus dem Vorrang der Zukunft heraus, verfalle jedoch zumeist darauf, sich selbst aus der vorhandenen Wirklichkeit zu verstehen. Der öffentliche Alltag scheint jene
Einebnung der Zeit-Ekstasen zu erfordern, der zufolge Zeit ebenso aus
der aktuellen Zeitlichkeit der Erscheinungen, wie aus solchen Zeitig-
keitsweisen des Früher-Später ausgelegt wird, die angeblich ‚jenseits‘ je-

der Selbstgegenwart eines Daseins ‚an sich vorhanden' sein könnten.[2] Die Aporien und Auswegslosigkeiten, die sich aus solchen Zeit-Auslegungen ergeben, wird zur Frage führen, ob es je hatte genügen können, Zeit in Bezug auf Da- und Wegseiendes aus der Anwesenheit heraus zu denken. Was besagt Zeit in Hinsicht auf Nichtheit? So kann die Frage vorbereitet werden, nicht wie die Ankünftigkeit und hohe Zeit des Feierns, sondern wie die Zeit-Weise des Festes als ‚Wiederkehr des Unwiederholbaren' zu verstehen sei, in welcher die Intentionalität überhaupt ihre Vordringlichkeit an den Anspruch des Schönen abgibt.

Zu der Art, wie ich die gängige Terminologie verwenden werde, möchte ich folgendes anmerken: Einst wurde das Ganze der Zeit ‚*gezit*' gleich ‚Gezeit' genannt, weil man unter ‚Zeit' je nur eine bestimmte Zeitspanne, einen ‚Teil' (*tid*), verstanden hatte. Wir drücken das heute nur durch den Unterschied ‚die Zeit – die Zeiten' aus. Für das Folgende ist die Wahrung einer Differenz von ‚Zeit' und ‚Zeitlichkeit' grundlegend, um der üblichen Gleichsetzung von Zeit und Bewegung (oder Ruhe) zu entgehen. Von der Zeit läßt sich gar nicht sagen, daß sie *ist* oder *nicht ist* oder *werdend* beides zugleich. Ich werde daher auch nicht von ‚Zeitigung' sprechen. Sofern Entstehendes und Vergehendes, Jetziges und Währendes in Bezug auf Zeit thematisiert wird, verwende ich den Ausdruck ‚*Zeitlichkeit*', da das Suffix ‚lich' (von ‚Leib') an Seiendes zu erinnern vermag, das nicht bloß irgendwie ‚in der Zeit' ist, als könne es auch ‚außer ihr' sein, sondern das an ihm selbst zeitbestimmt ist. Ist allein von zeitlichen Verhältnissen (des datierbar Früheren und Späteren oder des jederzeitig möglichen Vor und Nach) die Rede, verwende ich allgemein den Ausdruck ‚*Zeitigkeit*', in Anlehnung an die gängige Rede von ‚vor- und nachzeitig, von frühzeitig, gleichzeitig' u.a.. Was es mit dem befremdlichen Ausdruck ‚Zeitnis' auf sich hat, werde ich unter (6.5.) zu klären versuchen. Es geht, ausgehend vom Problem eines ‚Zeit-Raumes' der Seinsmöglichkeit, um den Versuch, sich denkend der ‚Aporie' der Zeit, nämlich ihrer ‚Weglosigkeit' so zu nähern, daß an der Zeit eine ‚a-tentionale, nicht-transzendente Offenheit' zu vernehmen ist, die gleichwohl nicht mehr über das Sein des Seienden als Anwesenheit zu verstehen ist. Da es keinen Ausdruck für die ‚zeithafte Offenheit' gibt,

---

[2] Typisch für diese Auffassung: Bertrand Russell, Über die Erfahrung der Zeit, in: W. Ch. Zimmerli und W. Sandbote, Hg., Klassiker der modernen Zeittheorie, Darmstadt 1993, S. 87

die durch unser Seinsverständnis nicht erreichbar ist, schien mir der Sache wegen die Neuschöpfung ‚Zeitnis' legitim.

Die ersten Überlegungen hierzu durfte ich den Teilnehmern an einem mehrtägigen Arbeitskreis der *Tübinger Gesellschaft für Phänomenologische Philosophie* unter der Leitung von Dietmar Koch zur Diskussion vorlegen. Beeindruckend war zu erfahren, welche Bedeutsamkeit diesem Thema zugeschrieben wurde. Ihnen und zumal Dietmar Koch, der das Entstehen dieses Textes kritisch und bereichernd begleitete, möchte ich besonders danken.

Tübingen / Sesta Godano

1. Eine ‚Politik der Muße‘?

1.1. Die Zeitnis der Muße

Der Mythe nach betrachtete ein Gott einst eine Schildkröte – und brach in Lachen aus.[3] In ihrer Panzerung wird er den Resonanzkörper eines neuen Saiteninstruments erblicken. – Was hatte sich ereignet? Man sage nicht vorschnell, der Gott habe die Lyra erfunden und sich darüber gefreut. Denn hier ging das Lachen dem Fund voraus, nicht die Suche, nicht ein abzielendes Begehren dessen, was als Verhülltes zu entdecken gewesen wäre. Was sich ereignete, geschah in der Betrachtung selbst und zwar weder als ein blindes noch als ein durch Vorstellungen geleitetes Erzeugen, sondern als ein sinnendes Dichten, als Erdichten dessen, was ohne den Gedanken, allein von sich her, nicht wirklich sein konnte.

Dem Gott, der die Lyra erdichtete, sei er nun Hermes oder Apollo, war zweifellos der Anblick von Schildkröten in ihrer Langsamkeit und schützenden Panzerung vertraut gewesen.[4] Was also, so möchte ich fragen, ereignete sich in dieser unwahrscheinlichen Zeit, da der göttliche Blick diese schalenartige Gestalt ablöste von ihrer Funktion, herauslöste aus der gewohnten Ordnung, der sie zugehörte? Erzitterte da ihr Bild

---

[3] Nach Homer (*An Hermes*, in: Homerische Hymnen, Übers. A. Weiher, München 1951, S. 62 f.) galt Hermes als Erfinder der Lyra und er war es, der lachte, als er die Schildkröte erblickte, während Apollon lachte, als er sie erstmals hörte. Anderen Quellen zufolge galt Apollon selber als Erfinder der Lyra oder auch der Kithara (Vgl. Michael Grant und John Hazel, Lexikon der antiken Mythen und Gestalten, Übers. H. Fließbach, München 1980, S. 58. Sowie: Robert von Ranke-Graves, Griechische Mythologie, Übers. H. Seinsfeld, Reinbek 1960, S. 52 f.). – Hier geht es jedoch nicht um eine philologisch und historisch absicherbare These, sondern um eine ihrerseits dichterische Sinngestalt, die uns heute aus der Mannigfaltigkeit mythischer Überlieferungen als denkwürdig entgegentreten kann.

[4] Apollo war die Schildkröte derart vertraut gewesen, daß er ihre Gestalt hatte annehmen können, um sich der Nymphe Dryope, die mit Schildkröten spielte, unbemerkt nähern zu können.

nicht in einer unbegreiflichen Fremdheit, noch bevor dieses Gebilde
übertragen und in einer neuen Ordnung eine veränderte Funktion übernehmen und der Blick seine Fassung zurückgewinnen würde?

Damit das neue, Dichtung und Gesang weitertragende Saiteninstrument auftauchen konnte, mußte ein beständiger, gängiger Sinn jäh erst
sein Ende finden, um damit eine sinn-freie Zeit, die ich *Zeitnis* nennen
werde, aufklaffen zu lassen, als einen ‚Anfang', mit dem nichts anzufan-
gen ist. Daraus, so scheint mir, brach der Augenblick des Lachens hervor.[5] Und es vollzieht sich zugleich aus der Gelassenheit einer atmenden
Spannung heraus, worin die Härte des leibschützenden Schildes zu zit-
tern und zu schwingen beginnt, ehe das Gebilde als Lyra ertönt und die
Sprache im Gesang ihre dichterische Besinnung wiederfindet. – In der
Gelassenheit solcher Zeitnis, von der aus eine anstimmende Spannung
erst möglich wird, liegt das, was Menschen als eine von den Musen gestimmte Muße widerfahren kann.

1.2. Bios theoretikos

Doch diese Deutung von Muße liegt nicht nahe. Zu sehr wurde in der
Muße eine ‚Seelenruhe' gesucht, durch welche sterbliche Menschen
glaubten, an göttlicher Zeitlosigkeit teilhaben zu können, eine Weise von
Ruhe, die einen Einblick in die Unsterblichkeit zu gewähren schien. Die
Unruhe solcherart dichtenden Trachtens erlaubte wohl eher selten, die
sinnfreie Zeit, die Zeitnis ‚vor' allem Anfang denkend-verweilend zu
vernehmen in Hinsicht auf einen Anfang, der immer schon wiederzu-
kehren vermochte. Zum Objekt unstillbarer Sehnsucht wurde vielmehr
der Anfang des Anfangs, der uneinholbare Ursprung als Prinzip, das
Göttliche selbst als absolut In-sich-Ruhendes, auf das hin Seiendes erst
in Bewegung geraten könne. Und Metaphysik sollte der Weg zu ihm
werden. Man übersprang die Muße und ihre Zeitlichkeit, als läge sie nur
zwischen dem einen und dem Auftauchen eines anderen Sinns, da man

---

[5] Warum ich nicht von einer ‚Zwischenzeit' zwischen einem Vorher und Nach-
her spreche, sondern von einer entwegten Zeit als ‚Zeitnis', darauf werde ich
noch ausführlich eingehen (6.). – Über das Lachen als Effekt einer Diskrepanz,
die entweder keine Lösung oder aber eine Erfindung zuläßt, vergleiche: Helmut
Plessner, Lachen und Weinen, Bern – München 1961, und: Arthur Koestler, Der
göttliche Funke, Bern – München – Wien 1966

immer schon das sinn*volle* Ergebnis im Blick hatte, das man erreichen oder verfehlen konnte. Nicht auf die Zeitnis der Muße, sondern auf die Zwischenzeit der Entscheidung schien es anzukommen, nämlich allein darauf, daß möglichst jeder Schritt erkundend ausfalle, damit fortschreitend verborgene und immer schon in sich ruhende Wahrheiten und Gutheiten aufgedeckt werden können. Jeder Gedankengang und jede Einsicht sollte einer göttlich vollendeten Wesensschau näherbringen, in welcher Betrachten und Herstellen in eins fallen würden. Wenn auch eine Lebensweise in ewiger Muße und Wesensschau nur den Unsterblichen vergönnt schien, so sollten Sterbliche doch in der Art ihres Strebens an ihr teilnehmen oder sie gar post mortem erreichen können: durch die Festigkeit und Unerschütterlichkeit eines Glaubens und Willens, der Abstand zu nehmen vermochte von Begierden und vom Begehren nach dem, was nützt. Solche Muße verhieß eine Glückseligkeit, in welcher Wissen, Gelingen und Schönheit unzergliederbar in eins verschmolzen wären. Im Erkennen, Erfühlen und Handeln, sofern sie sich unverwandt auf das Höchste besinnen, lag schon die Verherrlichung des Göttlichen in Kulten, Künsten und philosophischen Wissenschaften. Und diesen Weg der Muße, darin waren sich die unterschiedlichsten Lehren einig, diesen besonnenen, unbeirrten Lebensweg galt es durch musische Bildung zu gewinnen. Durch solche *techné* und Methode – wie sie zuletzt von Hegel auf großartige Weise entfaltet worden war – würden der Weg und das Ziel, der Vollzug und das Ergebnis selbstzweckhaft in *einem* allgemeinen Sinn zusammenfallen können.

Dadurch nun, daß es der ,betrachtenden Wissenschaft vom Göttlichen' um die ,erhabensten Seinsformen' gehe, stehe, wie Aristoteles meinte, eben nicht der Mensch und das, was gut für ihn sei, im Mittelpunkt der Philosophie.[6] Es geht umgekehrt darum, sterbliches Leben gleichsam sich selbst zu entrücken und in Muße auf den in sich ruhenden, unvergänglichen Geist hin auszurichten. Und so übernehme die Göttlichkeit eines Denken des Denkens die Funktion, über die beschränkten, endlichen Belange der Menschen hinauszukommen. Das ist gemeint mit dem *bios theoretikos*, einem Leben, das sich mit allgemeinster Erkenntnis und Einsicht nicht nur beschäftigt, sondern sich in sich durch diese bildet. Das betraf nicht nur den Lebensweg Einzelner. Die mußische *Schule* der Denker, die *vita scholastica*, sollte zum öffentlichen

---

[6] Aristoteles, Nikomachische Ethik, Übers. F. Dirlmeier, Frankfurt a. M. 1957, VI /7, S. 130

Belang und zur Angelegenheit der gesamten Polis werden. – Ist unserer Epoche eine solche Lebensmöglichkeit nicht unzugänglich fern und fremd geworden? Doch was hatte man denn unter ‚Muße' verstanden?[7]

1.3. Freizeit statt Muße

Wer heute, gerade mit Berufung auf Denker wie Platon oder Aristoteles[8], einfordern wollte, die höchste Aufgabe aller politischen Tätigkeit läge darin, Lebensvoraussetzungen für *Muße* – (*scholé, euscholia, apraxia; otio*, im Unterschied zu *ascholia, negotio* und im Gegensatz zur geistigen Trägheit, zu *argia, desidia*) – zu bereiten, denn nur sie gewähre einen Sinn in sich selbst und könne zudem ein glückliches Leben zur Folge haben, – wer solches forderte, der stieße in einer Massengesellschaft, die ihre höchsten öffentlichen Werte in Leistung und Wachstum, ihre höchsten privaten Werte in Konsum und Spiel setzt, bestenfalls auf Unverständnis. Als absurd verwürfe man heute gar einen Vorschlag, Gesetze zu erlassen, die wieder auf eine allgemeine musische Bildung zielten, durch welche sich im gesellschaftlichen Zusammenleben so etwas wie eine ‚sinnerfüllende Muße' sollte erschließen können. Vielleicht wird gegenwärtig weniger das Elend der Armen ins Feld geführt, um den vermeintlichen Luxus einer kleinen Künstler- und Geisteselite, die sich der Muße und musischer Betrachtung hingebe, politisch in Verruf zu bringen. Daß aber die Arbeitswelt und ihr System der Nützlichkeit Vorrang vor Muße haben müsse, diese Auffassung bleibt unangefochten (3.).[9] Wo, wie zumal in der europäischen Geschichte, die Trennung von Staat und Institutionen der Sinngebung (wie etwa Kirchen oder organisierte Ideologien) zur Meinung verleitete, es könne eine von jeder Weltansicht abgelöste, pragmatische Politik geben, da soll auch keine Gesetzgebung mehr beanspruchen dürfen, sich von Vorstellungen über den ‚Sinn des Lebens' leiten zu lassen.[10] Angesichts der Zwänge geregelter Arbeitszeit beschränkt man sich allenfalls darauf, formell ein Recht auf

---

[7] Vgl. den Artikel ‚Muße' in: Historisches Wörterbuch der Philosophie, Bd. 6, Basel – Stuttgart 1984, S. 257 f.

[8] Platon, Politeia 475 a und 484 a ff., in: Sämtliche Werke Bd. 3, Übers. F. Schleiermacher, Hamburg 1958; und: Aristoteles, Politik, 7. Buch (1323 a ff.), Übers. F. Susemihl, München 1965

[9] Die in Klammern gesetzten Zahlen verweisen auf jene Abschnitte des Textes, in welchen die Argumente ausgeführt werden.

Freizeit einzuräumen. Wie aber der Einzelne diese nutze und ausfülle, wird selbst in politisch unfreien Gesellschaften mehr und mehr eine private Angelegenheit und ökonomisch Sache der Freizeitindustrie und ihrer Märkte. Die Grundentscheidung für einen schrankenlosen Kampf um ökonomische Vorteile, für welche die breite Masse heute mobilisiert ist, nahm der Muße ihre öffentliche Funktion. In ihr soll es ,legitimerweise' nur noch um die privaten Belange des Einzelnen außerhalb seiner sozialen Verpflichtungen gehen. Der einst jedes psychische Erleben überschreitende Sinn von Muße als *,höchstem Tun*'[11] zerfiel. Unter ,Muße' versteht man heute kaum mehr als ein gegen Stress gerichtetes Sich-Zeit-Lassen, eine erholsame Untätigkeit, in der man sich schon gar nicht den Mühen des Sinnens und Denkens hingeben will. Aber sollte in diesen Mühen der Sinn von ,Muße' gelegen haben? – Wirkt nicht sogar in der Verkehrung der Muße in ihr Gegenteil noch der alte Traum nach, dem zufolge sie Ruhe – und zwar als ,Abbild' göttlichen Befreitseins von Bewegung, Veränderung, Tod – gewähren möge? Ging es nicht immer auch schon um die Sehnsucht, sich vielleicht endgültig von den Mühen und Anspannungen des Lebens erholen zu können?

1.4. Rückkehr zur Muße?

Noch in der gedankenlosen Rede, Muße habe etwas mit *Sich-Zeit-Lassen* zu tun, bleibt die Frage nach der Weise ihrer Zeitlichkeit angesprochen. Sie zu klären, ist kein leichtes Unterfangen, da die alltägliche Auslegung von Zeitlichkeit, von der sich die der Muße doch grundlegend unterscheidet, ebenso uneingeschränkt in den Wissenschaften und Philosophien vorherrscht (5.). Solange allerdings abendländisches Denken mit Platon unter ,Zeit' die Zeitlichkeit einer Bewegungsform verstand, deren Zeitigung zwar in sich ruhe und insofern als ,Abbild des Unvergänglichen' zu verstehen sei, das erst mit dem ,Himmel' *entstanden* sein könne; solange blieb immerhin die Frage am Horizont, ob es dann nicht

---

[10] Verständlicherweise ließe sich von einem ,Sinn des Lebens' nur sprechen, wenn man sich nicht in die Immanenz des Lebens eingeschlossen fühlt. Dies aber scheint in aller Absurdität ein Grundgefühl der Moderne seit Schopenhauer, so etwa auch bei: Thomas Nagel, Der Sinn des Lebens, in: Was bedeutet das alles? Übers. M. Gebauer, Stuttgart 1990

[11] Martin Heidegger, Wissenschaft und Besinnung, in: Vorträge und Aufsätze, Pfullingen 1954, S. 48

eine ‚Zeit dieser Zeit‘, genauer: eine Zeit der Zeitigungs- und Zeitlichkeitsweisen geben müsse, von der nicht mehr ausgesagt werden kann, sie
‚ist‘, wenn damit Bezug genommen sein soll auf ein vermeintlich zeitloses Sein.[12] Gleichwohl blieb man bis in die Metaphysik-Kritiken hinein
bei der Auffassung, daß gelungene Muße einen Augen-Blick in die
Ewigkeit gewähre, ohne daß die Frage lauter wurde, wie überhaupt
Zeitlichkeit mit vermeintlicher Zeitlosigkeit zusammenzudenken sei.
Kann überhaupt ein abstrakter Gegensatz wie ‚zeitlich-zeitlos‘ etwas
über ‚Zeit‘ aussagen? Und wenn der Muße eine wesentlich verschiedene
Zeitlichkeit eigen ist: wie ist diese verständlich zu machen?
Muße wurde, wie bemerkt (1.2.), von vornherein mit einem
‚theoretischen Leben‘ in Verbindung gebracht, dessen Eigenart noch gar
nicht gestreift wurde (2.). Nun hatte nicht erst Heidegger bemerkt, daß
die Entwürfe von ‚Theorie‘ und *bios theoretikos* nicht mehr genügen,
um das zu vollziehen, was Muße einst verheißen hatte.
Cicero hatte das griechische *theorein* mit *contemplari* übersetzt: die
Betrachtung der ‚sichtbaren‘ Gottheiten im eingeteilten Lauf der Gestirne sollte zur Einsicht in das unsichtbar Göttliche und zu dessen
Nachfolge führen.[13] Die *meditatio*, als überlegendes und übendes Ver-
sammeln des Geistes, galt zumal der Stoa als Vorstufe der Kontemplation, die somit willentlich und durch bestimmte Lebenstechniken zu erreichen sein sollte. Dieses Verständnis war vom Christentum übernommen worden, bis es im 18. Jahrhundert zu verblassen begann.[14] Bereits in Kants Wortgebrauch kommt der Ausdruck Kontemplation nur
noch im Zusammenhang mit der Gemütsruhe angesichts des Schönen
vor, im Gegensatz zur Gemütsbewegung beim Erhabenen.[15] Üblich war
bereits die Übersetzung von Kontemplation mit *Betrachtung* geworden.[16] *Theorie* allerdings, ausgehend von ihrem Verständnis als ‚reiner‘
statt ‚interessengeleiteter Erkenntnis‘ und im Gegensatz zur Praxis,

---

[12] Platon, Timaios, 37 c f. , in: Werke Bd. 5, a.a.O.

[13] Marcus Tullius Cicero, De finibus bonorum et malorum, (Übers. H. Merklin), Stuttgart 1989, V. Buch, 11, S. 405 f.

[14] In diesem Sinne wurde der Ausdruck ‚Meditation‘ noch von Descartes in
Hinsicht auf Gott und Seele verwendet: René Descartes, *Meditationes de Prima
Philosophia*, Stuttgart 1999, siehe: praefatio ad lectorem

[15] Immanuel Kant, Kritik der Urteilskraft, in: Werke Bd. X, Hg. W. Weischedel, Wiesbaden 1957, S. 332

[16] Der Ausdruck ‚Betrachtung‘ brachte nicht nur das ‚Beschauen‘ mit dem
‚Nachdenken‘ zusammen, sondern auch das ‚Tragende‘ mit dem ‚Beabsichtigen‘.

wurde dagegen in dem Augenblick zu einem Teilbereich der Praxis, da sie als ‚systematisch geordnetes Wissen' aufgefaßt wurde: sie hatte nun ‚empirische Daten' zu wissenschaftlicher Erfahrung zu ‚verarbeiten'. Derart abgelöst vom ‚sinnenden Betrachten' war *Theorie* selbst in einen Gegensatz zu *theoria* geraten.[17] Davon ging bereits Hegel in seiner Kritik des ‚Theoretischen' aus.[18] Ohnehin seien im Bereich des Praktischen die Dinge vom Subjekt abhängig als Gegenstände der Begierde, so wie umgekehrt das Subjekt teils durch eigene Triebe und Zwecke, teils durch den Widerstand der Dinge gegen diese abhängig bleibe. Im Theoretischen aber sei das Subjekt seinerseits abhängig gerade von der Selbständigkeit der Dinge, nach denen sich sein Erkennen zu richten habe. Zugleich aber fänden auch die Dinge, nur als Gegenstände des Wissens genommen, nicht wirklich zu sich selbst. Wie nun in der Betrachtung des Schönen das praktische Verhältnis zurücktrete, so auch das theoretische, sofern das Objekt wie das Subjekt in der Betrachtung als selbständige in sich aufgefaßt werden: „Deshalb ist die Betrachtung des Schönen liberaler Art, ein *Gewährenlassen* der Gegenstände als in sich freier und unendlicher."[19] Hegel sieht darin und zumal im Hervorbringen von Werken der Kunst die Einseitigkeit des theoretischen wie praktischen Verhaltens aufgehoben. Er suchte also durchaus den griechisch gedachten Sinn von *theoria* wiederzugewinnen und zwar auf dreifacher Ebene: im Schönen auf der Ebene der Betrachtung sinnlich scheinender Idee, im Heiligen auf der Ebene der Vorstellung und im sich selbst denkenden Denken auf der Ebene der Philosophie. Und stets ist das freigebende Gewährenlassenkönnen entscheidend, ohne welche Muße, von der allerdings auch Hegel nicht mehr spricht, sich nicht ereignen würde.[20] Nun nennt er die Weise der Selbsterfassung der *theoria* ‚Spekulation'. Es war

[17] In Eduard Spangers *Lebensformen* (Halle 1930, S. 122 f.) wird sichtbar, wie sich der *bios theoretikos* verkürzt hatte auf das einsame, allein der Erkenntnis verpflichtete Gelehrtendasein, wie es schließlich heute im universitären Wissenschaftsbetrieb unterging. Ähnlich: Franz Boll, Vita Contemplativa, Heidelberg 1920

[18] G. W. F. Hegel, Vorlesungen über die Ästhetik I, in: Werke in 20 Bde., Bd. 13, Hg. E. Moldenhauer und K. M. Michel, Frankfurt 1970, S. 154 f.

[19] Ebd., S. 155

[20] Das sich absolut denkende Denken will Hegel so wenig wie Aristoteles als mystische Versenkung verstanden wissen. Vgl. dazu: Plotin, Über das Gute oder das Eine, Enneaden VI 9, in: Ausgewählte Schriften, Übers. Ch. Tornau, Stuttgart 2001, S. 65

Boethius gewesen, der im Geiste der neuplatonischen negativen Theologie *theoria* mit *speculatio* übersetzt hatte, weil Gott sich nur im Spiegel seiner Werke erkennen lasse. – Aber wäre uns Hegels Denken von *theoria* heute noch zureichend, um ein Verständnis von Muße zu gewinnen?

Heidegger sagte vom Denken des Seins, es übertreffe nicht nur das theoretische und praktische Verhalten, sondern auch alles ‚Betrachten'. Er war der Ansicht, daß Hegels aufhebende Spekulation nicht wahrhaft zum Denken des Seins gelange, weil sie an der Metaphysik des *actus purus*, des Geistes als absoluter Wille festhalte. Das zeitigende Ereignen einer Lichtung des Seins bleibe verdeckt im ‚Herblick des Anwesenden qua Aussehen (idea)' und im ‚Gesichteten der Hinsicht des kategorialen Vorstellens von seiten der Subjektivität'.[21] Im ‚Betrachten', in welchem ja nach Hegel eben diese Differenz aufgehoben sein soll, scheint nach Heidegger, so vermute ich, die Ausrichtung auf ein Sein, das als zeitloser göttlicher Wille vorgedeutet bleibt, nicht wahrhaft überschritten. Liegt im ‚Denken des Seins' eine mögliche Rückkehr zur Muße?

In einem anderen Sinne als Aristoteles hatte Heidegger in *Über den Humanismus* betont, daß nicht der Mensch das Wesentliche sei.[22] Es geht ihm nicht um die Frage, wie sich sterbliche Menschen, den Standpunkt des Eigennutzes überwindend, göttlicher Unsterblichkeit nähern oder an ihr teilhaben könnten. Als ‚Hirte' ek-sistiere der Mensch durchaus auf endliche Weise in die Lichtung des Seins, ohne dessen ‚Machthaber' oder, wie sich ergänzen ließe, ohne dessen Knecht zu sein.[23] Die geschichtliche Wahrheit des Seins aber sei Sache eines weder theoretischen noch praktischen Denkens und es übertreffe alles Betrachten, weil es sich ‚um das Licht sorge, in dem erst ein Sehen sich als Theoria aufhalten und bewegen könne'. „Solches Denken hat kein Ergebnis. Es hat keine Wirkung. Es genügt seinem Wesen, indem es ist. Aber es ist, indem es seine Sache sagt."[24] Auf die Lichtung des Seins achtend sei Denken ein Tun, das alle Praxis übertreffe.[25] Es geht hier also um den Sinn eines Tuns, das sich nicht mehr am Göttlichen als einem reinen, absoluten Willen des Denkens orientiert und sich als Teil desselben glaubt. Menschliches Denken sei auf das Sein als das Ankommende bezogen

---

[21] Martin Heidegger, Über den Humanismus, Frankfurt a. M. 1975, S. 20
[22] Ebd., S. 22
[23] Ebd., S. 11 u. S. 18
[24] Ebd., S. 42
[25] Ebd., S. 45

und insofern gebe Sein das Geschick des Denkens. „Diese bleibende und in ihrem Bleiben auf den Menschen wartende Ankunft des Seins je und je zur Sprache zu bringen, ist die einzige Sache des Denkens."[26] – Damit wird, so sehr Muße zum sinnenden Denken gehört, die Frage bedeutsam nach deren Zeitlichkeitsweise, die sich durch eine einfache Polarität oder Dialektik von Ruhe und Bewegung nicht mehr zureichend beschreiben läßt. Solches Besinnen kann zu einem weiterreichenden Verständnis von ‚Muße‘ bringen, sofern wir der Spur nachgehen, mit der Heidegger suchte, über die traditionelle Licht-Metaphorik hinauszugelangen (2.3. u. 8.4.).

Wie aber ließe sich Muße denken und zwar über den Schatten vermeinter Zeitlosigkeit hinaus? Wie läßt sich der gedankenlos gewordene Gedanke erschüttern, Muße gewähre in der Gunst ihres Augenblicks betrachtend oder erschauend einen Einblick in göttliche Ewigkeit, an der sie dadurch teilhabe? Die Frage stellt sich um so dringlicher, als man ‚Muße‘ heute einzig noch besinnungslos praktisch gegen die bedrängende Zeitnot herbeizuzitieren weiß als dasjenige, was nur mehr auf die drängenden alltäglichen Belange menschlichen Daseins ‚zugeschnitten‘[27] scheint. Gerade weil es nicht genügt, gegen den vermeintlichen Niedergang der Muße ihre große Vergangenheit zu beschwören, wird ein Blick auf die Geschichte ihres Verständnisses bedeutsam.

---

[26] Ebd., S. 46
[27] Dem Wort *contemplari* scheint das griechische *temnein* gleich *schneiden* zugrunde zu liegen.

2. Muße als Lebensweise

Um erahnen zu können, was in einem emphatischen Sinne unter ‚Muße‘ verstanden worden war, scheint nichts näher zu liegen, als zu den Denkern der Antike zurückzukehren, für welche Erkennen und Einsehen nicht einfach als Tätigkeiten neben anderen, nicht einmal im Sinne einer ‚Hauptbeschäftigung‘, sondern als eine *Lebensweise* verstanden worden waren, die als gut und wahr, vollkommen und glückselig gelten konnte, weil sie ihren Zweck in sich selbst habe. Daß ein solches ‚Leben‘ weder nur aus den beobachtbaren Prozessen eines tierischen Organismus als *zoe* (*animal*) noch aus erlebbaren Vollzügen als *psyche* (*rationalis*) zureichend zu verstehen ist, läßt sich ahnen, ohne daß es als *bios* seine Rätselhaftigkeit auch nur als eine solche schon zu erkennen gibt.

Die Schwierigkeit, ‚Muße‘ (*scholé*) als eine Lebenweise (*bios theoretikos*) zu verstehen, ergibt sich für uns heute daraus, daß im antiken Denken der Sinn dieses Ausdrucks derart einsichtig gewesen war, daß sich kein Denker hatte bemühen müssen, näher zu bestimmen, was darunter zu verstehen sei. Und gerade darin liegt für uns die Gefahr. Was wir aus der Stellung und dem Schwanken des Ausdrucks *scholé* in verschiedenen Kontexten entnehmen können, scheint kaum mehr als banal zu sein: Muße als Entlastung vom Daseinsdruck, als freie Zeit, die zu wissenschaftlich-philosophischer Tätigkeit, zu religiöser Besinnung oder ästhetischer Betrachtung genutzt werde und insofern Zeugnis eines gelingenden Lebens (*eudaimonia*) ablege. Aber ein solches Verständnis hätte wohl kaum ausgereicht, der Muße einen höchsten und politischen Lebenswert beizumessen. Wie aber können wir uns der Einsicht in eine Zeitlichkeit der Muße nähern, die einen Blick in die ‚Zeitlosigkeit‘ zu gewähren schien? – Wir können nur versuchen, diese Frage nicht aus dem Blick zu verlieren, und die Ahnung bewahren, daß im Denken Platons und Aristoteles ‚Muße‘ nicht nur als eine Voraussetzung, sondern vor allem als ein *unabdingbares Medium* besonderer Art gegolten hat, damit ein Denken des Denkbaren und Undenkbaren gelingen kann. Und zu

berücksichtigen vermögen wir, daß in einem je lernend erfahrenden Er-
kunden und Weitergeben solchen Wissens *scholé* nicht aufgespalten ist in
‚Muße‘ (qua ‚Freizeit‘) und ‚Schule‘ (*didaskaleion*). Aber schon in der
Spätantike spüren wir Anzeichen einer Akzentverlagerung: zwar gilt
auch die *vita contemplativa* eher als *Folge* davon, daß man sein Leben einer philosophischen Erkenntnis widmet, um deren Nutzen man sich
nicht bekümmert. Aber man beginnt, zumal in Konkurrenz zu religiösen Lebensformen, stärker auch auf subjektive Beweggründe des Philosophierens zu achten, für welches ‚Muße‘ dann vor allem den äußeren
Rahmen bildet. – Doch noch ist der Weg weit zur neuzeitlichen Auffassung, die in der Muße das Beschauliche, wenn nicht gar Untätige zu betonen begann.

2.1. Annäherungen: Platon

‚Muße‘ als eine Lebensweise und nicht nur als momentan verfügbare
freie Zeit war zweifellos das Privileg einiger Mitglieder der städtischen
Aristokratien Griechenlands gewesen, die nicht nur von sklavischer
oder bürgerlicher Arbeit verschont geblieben, sondern deren Leben
auch nicht gänzlich in militärisch-ritterlichen und öffentlich-politischen
Funktionen aufgegangen war. Und dazu gehörten Platon und Aristoteles. Doch Sokrates zählte so wenig zu ihr wie zahlreiche andere Sophi-
sten. Schon hier stoßen wir also auf eine Schwierigkeit, Muße zu verstehen. Inwiefern hat sie überhaupt quantitativ mit dem Ganzen oder dem
Teil von Lebenszeit zu tun?

In Platons Dialogen wird an mehreren Stellen von ‚Muße/*scholé*‘ gesprochen, ohne daß man eine Entfaltung ihres Begriffs nachzeichnen
könnte. Im *Kritias* bemerkt er, Muße habe zur Voraussetzung, daß ausreichend für eine Befriedigung dringlicher Lebensbedürfnisse gesorgt
sei.[28] Aus einer negativen Bestimmung läßt sich freilich nicht folgern,
Platon verstehe unter ‚Muße‘ einzig eine vom Daseinsdruck entlastete,
freie Zeit, und sie selbst werde nur vom Wert dessen bestimmt, womit
diese Zeit ausgefüllt werde. Zudem verweist Platon auch auf ‚freie‘ Beschäftigungen, die keinerlei Muße erfordern oder zulassen. Im *Theaitetos* nennt er etwa das ‚Gedränge‘ und den Betrieb an den Gerichtsstät-
ten.[29] Wenn er dem hinzufügt, wissenschaftlich-philosophische Unter-

---

[28] Platon, Kritias, 110 a, in: Werke Bd. 5, a.a.O.

suchungen seien nicht ohne Muße möglich, – dann geht es natürlich um mehr als nur um ein banales Sich-Zeit-Lassen-Können und vielleicht Geduld-Üben beim Lösen wissenschaftlicher Probleme oder philosophischer Fragen. Denn Nachdenken, Vermutungen anstellen, Überlegen, Sich-auf-Wesentliches Besinnen – all das kann schließlich für jede Art von Tätigkeit erforderlich werden. Was aber zeichnet Muße, wie es im *Phaidon* heißt, derart aus, daß sie nicht fehlen dürfe, sofern man überhaupt nach Weisheit trachte?[30] Im *Politikos* hören wir, daß Muße ein ‚glückseliges‘ Leben ermögliche.[31] Solche Bemerkungen beziehen sich weniger auf eigene Gefühlserlebnisse, als auf den gelingenden Ethos einer Lebensweise. Schon aus diesem Grunde hat Muße nichts mit einem beschaulich-gemächlichen Lebensrhythmus zu tun, in welchem man sich einem genießerischen Nachsinnen und Betrachten von was auch immer widmet. Sicher geht es banalerweise auch darum, ‚Ruhe‘ zu finden vor den äußeren Umständen ebenso wie vor der drängenden Unruhe der eigenen Begierden, der Lüste und Ängste, um sich denkend sammeln und ausrichten zu können: nämlich auf das uneingeschränkt Wahre und Gute.[32] Aber damit sind allenfalls Voraussetzungen genannt, zu denen letztlich auch die eigene musische Bildung gehört, so daß eine Lebensweise in Muße nicht behindert oder gestört wird. Es handelt sich also allenfalls um eine gewisse Methode der Lebensführung, um Muße nicht zu vereiteln.

Nun will Platon allerdings nicht nur die Möglichkeit ausschließen, in Muße Sophisterei statt Philosophie zu betreiben, sondern auch die Möglichkeit, Übles oder auch nur Belangloses auszusinnen und zu tun. Es gibt also einen unauflöslichen Bezug der Muße nicht nur zum Wahren, sondern auch zum Guten und somit zur Tugend. Sie erfordert daher vorgängig eine bestimmte Erziehung und Ausbildung zu einer Fähigkeit, deren Ausübung allein in sich sinnvoll ist und die nichts anderem dient. Eine solche philosophisch-musische Bildung mündet erst in ein ‚Leben der Selbsterforschung‘ und des richtigen Strebens nach dem Guten, wie er Sokrates in der *Apologia* sagen ließ.[33] Schon aus diesen Grün-

---

[29] Platon, Theaitetos, 172 d, in: Werke Bd. 4, a.a.O.
[30] Platon, Phaedon, 66 d, in: Werke Bd. 3, a.a.O.
[31] Platon, Politikos, 272 b, in: Werke Bd. 5, a.a.O.
[32] Platon, Phaedon, 83 a-b, ebd.
[33] Platon, Apologia, 36 d, in: Werke Bd. 1, a.a.O.

den kann ‚Muße‘ nicht einfach formal als ‚freie Zeit‘ verstanden werden: nach Platon gibt es Muße nur als ‚richtiges‘ Leben.

Im *Theaitetos* wird ‚Philosoph‘ allein derjenige genannt, der ‚wahrhaft in Freiheit und Muße aufgezogen‘ wurde, um sich auf dem Weg zum Guten soweit als möglich mit dem Gott zu verähnlichen.[34] Unter dem Aspekt, daß Philosophen sich in öffentlicher Tätigkeit um das Wohl der Polis bemühen sollten, reicht allerdings ein Leben, das sich ausschließlich der Wissenschaft und Philosophie widmet, nicht aus. Denn, wie es in der *Politeia* lakonisch heißt, solche Menschen seien ja der Meinung, ‚daß sie auf die Inseln der Seligen noch lebend versetzt worden sind‘.[35] Philosophie soll auch praktisch das öffentliche Leben der Polis bestimmen. Sie wird also nicht uneingeschränkt als eine Lebensweise für sich, als *bios theoretikos*, verstanden und zeigt sich damit auch nicht nur im Erbe einer priesterlichen Lebensform. Ihr soll die handelnde Lebensweise, der *bios praktikos,* immanent sein und sich eindeutig allein von einem bloß auf Genuß ausgerichteten Leben, dem *bios apolaustikos*, absetzen.[36]

Nun hatte Sokrates im *Phaedon* angesichts seines Todes dasjenige benannt, was er als den eigentlichen Widersacher auf dem Weg zu vollkommener Muße hielt: die unentwegt entstehende und vergehende materielle Natur, zumal in Form eigener leiblicher Endlichkeit in ihrer Beschränktheit und Triebhaftigkeit.[37] Mythisch gesprochen kann es demnach für ihn ein Leben in vollkommener Muße nur als reine, vom Leiblichen getrennte Seele, also erst nach dem Tode geben.

Damit ist nun ein rätselhaft intimer Zusammenhang von Muße mit Sterblichkeit und Unsterblichkeit angesprochen. Soll vollkommene Muße unmittelbar allein zusammenhängen mit einer durch kein Medium getrübten Ideen-Schau? Ist leibhaftiges Leben eben dieses Medium, durch das wir auch Muße nur mangelhaft, nur verschleiert und ahnungsweise erfahren? Also stets nur den Schatten einer Muße in jener vorübergehend gelingenden ‚Ruhe‘, die sich zeigen mag günstigenfalls in den Augenblicken der Erkenntnis und Einsicht, banalsterweise aber in irgendwelchen praktischen Erfolgen oder gar nur im Genuß flüchtigster

---

[34] Platon, Theaitetos, 172 d, ebd.
[35] Platon, Politeia, 519 c, in: Werke Bd. 3, a.a.O.
[36] Diese Ausdrücke, die Platons Sache treffen, werden allerdings erst von Aristoteles verwendet.
[37] Platon, Phaedon, 66 d, in: Werke Bd. 3, a.a.O.

Entlastungen vom Daseinsdruck? Liegt in dieser ‚Verschattung‘ der Muße der Grund, daß in ihr vorrangig nur noch eine Lebensweise des Menschen als *animal rationalis*, im psycho-physischen Sinne, gesehen wird?
Was aber meint jene für möglich gehaltene ‚Anähnelung‘ an ein Göttliches, in welchem ja letztlich noch das Maß gesehen wird, von dem aus
die Grade und Qualitäten der Muße bemessen und bewertet werden?

2.2. Annäherungen: Aristoteles

Wenn Aristoteles davon sprach, man müsse von den Notwendigkeiten
der Lebenserhaltung entlastet sein, ‚damit man sich der Muße hingeben
könne‘, dann zeichnen sich darin schärfere soziale Konturen ab.[38] Keine
Arbeit, ob die von Sklaven, Lohnabhängigen oder Freien, und somit
keine Weise bedarfsorientierter Herstellung von Gütern vertrage sich
mit einem Leben in Muße.[39] Und in der *Nikomachischen Ethik* meint er,
im Unterschied zu Platon, daß selbst eine friedliche Tätigkeit im Dienst
des Gemeinwesens der Muße abträglich sei.[40] Aber heißt das nun, daß er
sich nur gegen eine Vermengung von Tätigkeiten in Muße mit solchen
außerhalb der Muße ausspricht oder daß man seiner Auffassung nach in
Muße nur lebe, sofern sie die ‚ganze‘ Lebenszeit einnähme?

Bei Aristoteles zeigt sich bereits eine Tendenz, den Begriff ‚Muße‘
nach Form und Inhalt aufzuspalten, um eine ‚richtige‘ von einer ‚falschen‘ Muße unterscheiden zu können. Als Form ist Muße dann im
Sinne einer frei zur Verfügung stehenden Zeit verstanden, die erst ‚auf
rechte Weise auszufüllen‘ sei.[41] So gesehen können natürlich der Genuß
des Glücks und die ‚Muße‘ des Friedens auch bloß ‚übermütig‘ machen,
weshalb es einer ‚*Philosophie der Muße*‘ bedürfe.[42] Am allermeisten
nämlich würden ‚Bewohner der Insel der Seligen‘, außer Gerechtigkeit
und Enthaltsamkeit, eine solche Philosophie benötigen, eben weil sie in
einer Fülle von Gütern und in ‚Muße‘ lebten. Es scheint demnach die
bloße Form der Muße zu dem verleiten zu können, was die bürgerliche

---

[38] Aristoteles, Politik, Buch VII, 15 – 1334 a, in: Philosophische Schriften in 6
Bde., Bd. 4, Übers. E. Rolfes, Hamburg 1995
[39] Ebd., VII, 1 – 1337 a
[40] Aristoteles, Nikomachische Ethik, 1177 b, in: Philosophische Schriften, Bd.
3, a.a.O.
[41] Aristoteles, Politik, VIII, 1337 a. a.a.O.
[42] Ebd., VII, 15 – 1334 a

Neuzeit dann als ‚Müßiggang' verfemen wird. Worin aber besteht dann die ‚richtige' Muße?

Wer sich, so führt Aristoteles weiter aus, nicht auf den rechten Genuß der Muße verstehe, sich in Krieg und Arbeit zwar tüchtig zeige, in Frieden und Muße aber knechtisch, der sei schimpflich. Damit daher die Staatsbürger ihre Muße ‚richtig zu benützen' verstünden, müßten sie auf ein Endziel hin erzogen werden.[43] Es bedarf also einer philosophischen Bildung, um zu einer Muße zu gelangen, die sich nicht nur in einer beliebigen Ausfüllung leerer Zeit erschöpft. Solches Tätigwerden, um ‚richtige' Muße erreichen zu können, bringt Aristoteles einmal in die Form: „Wir opfern unsere Muße, um Muße zu haben."[44] Ist das so zu verstehen, als zähle er nun auch die Erziehung zur Philosophie zur *ascholia*, zu einer ‚unmüßigen' Beschäftigung? Ich denke nicht.

An sich soll Muße, sofern sie ein glückseliges Leben in sich trage,[45] nicht nur für Augenblicke, sondern ‚ein volles Leben hindurch' dauern können.[46] Da allerdings auch ein Leben, das sich philosophischer Erkenntnis widmet, alles andere als mühelos und leicht, gar erholsam und konfliktfrei ist, vielmehr anstrengend und mühevoll, scheint eine mit Muße verbundene Glückseligkeit (*eudaimonia*) gar nicht Bezug zu nehmen auf subjektive Weisen leiblicher und psychischer Erlebnisse, vielmehr in der Beurteilung zu liegen, ob ein solches Leben als gelungen und sinnvoll gelten kann oder nicht. Kann es hier überhaupt um eine extensive Länge des Lebens etwa im Unterschied zu seiner Intensität gehen?

In seiner *Politik* gliedert Aristoteles das Leben schlechthin in *ascholia* und *scholé*. Der Ausdruck ‚*ascholia*' wurde einseitig mit ‚Arbeit' übersetzt, wodurch die Gefahr entsteht, eine viel spätere Entwicklung, die ‚Muße' nur der ‚Arbeit' entgegensetzte, zu unterstellen. Unter Nicht-Muße, *ascholia*, versteht Aristoteles jede Art umtriebhafter Beschäftigung, die ihren Sinn nicht in ihrem eigenen Vollzug findet. Insofern zählt er Arbeiten und Handeln ebenso dazu wie Vergnügen und Spielen, sofern sie der Erholung dienen. In richtiger Muße geht es vielmehr um ein sich Einlassen-Können auf ein ‚reines Tätigsein' (*energeia*), das nicht als ein Einwirken auf etwas zu verstehen ist, welches dem zugleich ent-

---

[43] Ebd., VII, 14 – 1332 b
[44] Aristoteles, Nikomachische Ethik, 1177 b, a.a.O.
[45] Aristoteles, Politik, VIII, 1338 a, a.a.O.
[46] Aristoteles, Nikomachische Ethik, 1097 b, a.a.O.

gegenwirkt, und somit nicht als das Tun eines leibhaftigen menschlichen Subjekts. Es geht Aristoteles um das Denken des Denkens selbst (*noesis noeseos*). Doch was läßt sich darunter verstehen? Inwiefern ist Muße notwendigerweise dessen Medium?

Wenn Aristoteles meint: so wie Krieg um des Friedens willen geführt, so werde ‚Arbeit‘ der Muße willen geleistet[47]; dann rückt er ‚Muße‘ nur äußerlich in die Position eines Endzieles, das scheinbar allein durch eine Phase der Nicht-Muße zu erreichen sei. So wird der Tendenz nach ‚Muße‘ formell bloß zu jener Zeit, die Menschen glauben, sich selbst geben und lassen zu können, sei es um sich zu erholen oder sich mit Spielen zu vergnügen, sei es um Erträge oder Erfolge zu genießen, zu denen dann auch die Einsichten und Erkenntnisse aus wissenschaftlich-philosophischer Tätigkeit zählen könnten. Dann ginge es allenfalls um den Rang verschiedener Tätigkeiten, die ihren Werten entsprechend den der jeweiligen ‚Muße‘ bestimmen. Aristoteles aber will Muße dem Inhalt nach ausschließlich der ‚höchsten Tätigkeit‘ eines sich selbst denkenden Denkens zusprechen. So gesehen kann es für ihn nicht verschiedene ‚Mußen‘ geben, die sich dem Grad oder der Qualität nach unterscheiden, sondern nur eine wahre Muße, die nicht werden, weder entstehen noch vergehen kann. Insofern aber wäre sie überhaupt nicht als das Er-Gebnis eines getilgten vorgängigen Mangels, nicht als ‚Erfüllung‘ zu verstehen. Aristoteles spricht von ihrer ‚Göttlichkeit‘, die Menschen darin zu denken vermögen, daß sie dieses In-Muße-Denken als etwas verstehen, das um seiner selbst willen vollzogen wird und sein Ziel in sich selbst hat.[48] Keine Art menschlicher Betätigung kann daher als Garant angesehen werden, um zu wahrer Muße zu gelangen. Dennoch, und dies mag Aristoteles im Sinne gehabt haben, es kann sich die Möglichkeit von Muße Menschen anbieten, die gleichwohl ihre ‚Gelegenheit‘[49] verpassen, weil sie ‚unvorbereitet‘ diese nicht einmal bemerkten.

Gleich zu Beginn der *Nikomachischen Ethik* unterschied Aristoteles, wie bemerkt, drei Lebensweisen, denen eines gemeinsam sei: das Streben nach Glückseligkeit. Das Leben der großen Menge (*bios apolaustikos*) und das Leben der politisch Handelnden (*bios praktikos*) unterschieden sich nicht darin vom Leben der philosophischen Betrachtung (*bios theo-*

---

[47] Aristoteles, Politik, VII, 14 – 1333 a, ebd.
[48] Aristoteles, Nikomachische Ethik, 1095 a, ebd.
[49] Das Etymon des deutschen Wortes ‚Muße‘ bezeichnet eine solche sich bietende ‚Gelegenheit‘.

retikos), daß jenen Vernunft fehle, sondern darin, daß sie diese Vernunft nur als Mittel für anderes verwenden oder sie allein praktisch auf die Durchsetzung bestimmter Interessen des Gemeinwohls oder des Einzelnen ausrichten.[50] Erst eine Vernunfttätigkeit, die man um ihrer selbst willen vollziehe, sei in ihrer ‚theoretischen‘, betrachtenden Art nicht nur die vornehmste, anhaltende und genügsamste Tätigkeit, sondern auch die genußreichste und seligste: „In der Tat bietet das Studium der Weisheit Genüsse von wunderbarer Reinheit und Beständigkeit.“[51] Aber es kann Aristoteles schon deshalb nicht vorrangig um den psychisch erlebbaren Genuß gehen, den wissenschaftlich-philosophische Tätigkeiten oder deren Ergebnisse vielleicht verschaffen können, weil das Denken dann nur in die Rolle eines Genußmittels absänke. Das Genießen mag vielleicht als eine Begleitfolge solchen Denkens auftreten, kann aber nicht als sein Motiv gelten. Gleichwohl scheint Aristoteles ‚Glückseligkeit‘ irgendwie als etwas vorzustellen, was dem In-Muße-Denken immanent eigen sei.

In seiner *Politik* hatte er als Endziel einer Erziehung zur Muße *logos* und *nous* bestimmt, was vordeutend mit ‚Vernunfttätigkeit‘ und ‚Einsicht‘ übersetzt worden war.[52] Verstärkt seit Beginn der Neuzeit neigt man dazu, verstehende Einsicht als das gelungene Ergebnis einer Denk- und Urteilstätigkeit aufzufassen. Damit wurde das aktive Willensmoment betont und die Tätigkeit des *logos* ließ sich schließlich als ‚geistige Arbeit‘ rechtfertigen, verbunden mit Mühen und Anstrengungen aber auch mit dem Gefühl der Genugtuung und des Sinnvollen, während die Einsicht zu ihrem passiv genießbaren Ertrag wird. Oder Einsicht wird von vornherein als die alle Vernunfttätigkeit leitende Voraussetzung derselben verstanden, unabhängig davon, ob sie mit Lust oder Unlust erlebt wird, jedenfalls als eine ‚Gabe‘, deren Empfang gleichsam zur geistigen ‚Weiterverarbeitung‘ verpflichte. Aber auch wenn man berücksichtigt, daß der Aufwand ‚geistiger Arbeit‘ nicht weniger in seinem Vollzug genossen werde, wie umgekehrt der ‚Leicht-Sinn‘ der Einsicht sich auch als deren trübseliges Ergebnis herausstellen kann; so würde Aristoteles doch wohl beides, nämlich die solcherart als psychische Tätigkeiten verstandenen *logos* und *nous*, zur *ascholia* zählen müssen, so wie eben außer Arbeiten und Handeln auch Erholung, Unterhaltung und Spiel zu ihr

---

[50] Aristoteles, Nikomachische Ethik, 1095 b, a.a.O.
[51] Ebd., 1177 a
[52] Aristoteles, Politik, 1334 b, a.a.O.

gehören. Keineswegs aber wären sie der Muße als wahrhaftem Medium zuzurechnen. Das aber kann nur bedeuten, daß *logos* und *nous* hier gar nicht von seiten ihrer psychisch erlebbaren Ausübung her zu verstehen sind. Was aber meint dann, in einer sich selbst genügenden Denktätigkeit liege vollkommene Glückseligkeit?[53] Was bewegt den erlebbaren Genuß des Denkens und der Einsicht, über sich hinauszugehen, um an etwas Metapsychischem teilzunehmen?

Daß es geschichtlich zu einem Vorrang ,geistiger Arbeit' und ihres ,Genusses (oder Verdrusses)' hatte kommen können, wurde wohl unter anderem auch durch eine bestimmte Auslegung der aristotelischen Texte nahegelegt. Sie beruht auf einer Verwechslung der empirischen Voraussetzungen von Muße mit dieser selbst. Natürlich sah auch Aristoteles, daß zur Voraussetzung von Muße nicht nur negativ eine Entlastung vom Daseinsdruck, sondern sogar ein gewisses Wohlleben erforderlich ist: „Der Glückselige wird aber als Mensch auch in äußeren guten Verhältnissen leben müssen. Denn die Natur genügt sich selbst zum Denken nicht."[54] Nimmt man jedoch solchen Lebensgenuß zum Maßstab eines fingierten Vergleichs zwischen menschlichem und ,göttlichem' Leben, läßt sich die gemeinte ,göttliche Glückseligkeit' nicht mehr anders denn psychisch verstehen, mag sie auch auf unermessliche Weise den menschlichen Selbstgenuß übertreffen. Schicksal scheint es dann den Menschen, daß sie sich um jede höhere Glückseligkeit, die sie dem Göttlichen näherbringen soll, bemühen müssen und ihrer doch nur gelegentlich (*eutychia*) teilhaftig werden. Und so ließe sich der Satz, wir opferten Muße der Muße willen, in einem fast tragischen Sinne verstehen. Es ginge stets nur um den wachsenden Aufwand, den jede Steigerung des Genusses, nicht nur der Intensität, mehr der Nachhaltigkeit nach, erforderte, ohne daß damit Erfolg gesichert wäre. – Doch eine solche Auslegung ist schon deshalb unzureichend, weil ja zur ,Richtigkeit' der Muße von vornherein ein Gutsein gehört, das weit über das eigene Wohlsein hinausgeht.

Die Götter benötigten nach Aristoteles weder ein leibliches Dasein, noch Kunst, Klugheit oder Tugend, soweit diese erst zu erlernen wären. Ihr Leben und Tätigsein sei allein Denken, ein sich wissendes Vollbringen: „Und so muß denn die Tätigkeit Gottes, die an Seligkeit alles übertrifft, die denkende Tätigkeit sein."[55] Und Glückseligkeit (*eudaimonia*)

---

[53] Aristoteles, Nikomachische Ethik, 1178 a, ebd.
[54] Ebd., 1178 b
[55] Ebd., 1178 a

ist Denken.[56] – Es ist evident, daß mit dieser Auffassung die Ebene psychischer Erlebbarkeit des Denkens und der Einsicht, mit den sie begleitenden Lust- oder Unlusterlebnissen, überschritten ist. Worin aber
könnte der ‚gute Geist‘, wie sich *eudaimonia* hier vielleicht besser übersetzen ließe, bestehen? Wie ließe er sich als Seinsweise des Denkens und
das Denken als Seinsweise der *eudaimonia* verstehen? Ist uns heute
nicht der Gedanke zutiefst fremd geworden, daß zum Denken nicht nur
Logik und Methodik gehöre, sondern auch eine Weise von gelingender
Stimmigkeit (7., 10.), die weit über das bloß formal Richtige hinausweist,
ohne nur empirischen Inhalten anzugehören?

Wir Menschen, sagt Aristoteles, seien den Göttern nahe, wenn dieser
‚gute Geist‘ denkender Tätigkeit nicht nur Augenblicke, sondern das
ganze Leben anwese: „Aber das Leben, in dem sich diese Bedingungen
erfüllen, ist höher, als es dem Menschen als Menschen zukommt. Denn
so kann er nicht leben, insofern er Mensch ist, sondern nur insofern er
etwas Göttliches in sich hat."[57] So groß aber der Unterschied zwischen
diesem Göttlichen selbst und dem leiblich-seelischen Menschenwesen,
so groß ist auch der Unterschied zwischen der Tätigkeit, die von diesem
Göttlichen ausgeht, und allem sonstigen tugendgemäßen Tun. Ist nun
die Vernunft im Vergleich mit dem sterblichen Dasein des Menschen etwas Göttliches, so muß auch das Leben nach der Vernunft im Vergleich
mit dem menschlichen Leben göttlich sein. Im Unterschied zum Leben
der Götter, das seiner Totalität nach selig sei[58], müssen die Sterblichen
nach Glückseligkeit *streben*. Aber wenn auch das Erstrebte sich wie ein
Ziel außer oder vor uns vorstellen läßt, wirkt es doch als dieses Ziel in
diesem Streben selbst. Für die Menschen zeigt sich hier eine seltsame
Spreizung: sofern sie sterblich sind, sollen sie so weit es möglich ist, sich
‚bemühen, unsterblich zu sein‘, und alles zu dem Zwecke tun, dem Besten, was in ihnen ist, nachzuleben. Doch in diesem Streben vollziehe
sich das Göttliche in uns als ‚unser wahres Selbst.‘[59] – Aber können wir
heute überhaupt noch den Sinn von Muße als eine solche Selbst-Einsicht
in das Göttliche verstehen? Geht es da nicht doch um die Aufforderung
zu einer mystischen Versenkung?

---

[56] Ebd.
[57] Ebd., 1177 b
[58] Ebd., 1178 a
[59] Ebd., 1177 b

Gleichwohl hatte Aristoteles, anders als später die Stoa, *eudaimonia* nicht gänzlich abgekoppelt von der Lust (*hedone*) und so nicht jeden Weg abgeschnitten vom reinen Denken zur Erlebbarkeit. Eine solche Beziehung der Stimmigkeit des ‚guten Geistes' zur erlebbaren Lust kann Aristoteles dadurch vorstellen, daß er das Phänomen der Lust für sich zu erfassen sucht, anstatt diese nur vom Begehren her zu deuten:

So mannigfaltig die Seelenvermögen, heißt es in der *Nikomachischen Ethik*, so vielfältig seien die Weisen von Lust, die sich auch, wie etwa körperliche Lustgefühle untereinander oder in Beziehung zu ‚anderen Freuden', gegenseitig ausschließen können. Manche Formen der Lust wandeln sich ab, manche bleiben über eine gewisse Zeit gleich. Am höchsten scheint sie dort, wo sie mit einer Erfüllung einhergeht. Und ihre höchste Vollendung findet sie in der Glückseligkeit. Da nun aber die menschliche Natur zusammengesetzt und somit zersetzlich und sterblich ist, gäbe es nichts für uns, was gleichmäßig immer Lust bereite.[60] Keine menschliche Tätigkeit sei vollkommen, und schon deshalb seien auch äußere Glücksgüter erforderlich. Anders bei den Göttern: „Wenn [...] die Natur eines Wesens einfach ist, so muß eine und dieselbe Handlung ihm beständig die größte Lust erwecken. Darum besteht die Seligkeit Gottes ewig in einer einzigen und einfachen Freude. Denn es gibt nicht nur eine Tätigkeit in der Bewegung, sondern auch eine solche in der Freiheit von Bewegung, und die Lust findet sich mehr in der Ruhe als in der Bewegung."[61] Die göttliche Tätigkeit (als reine *energeia*, nicht als Aktualisierung eines Vermögens, *dynamis*) überschreitet die Ebene, auf der Menschen gewöhnlich ihre Tätigkeiten als Bewegungen im Gegensatz zur Ruhe der Untätigkeit verstehen. Denn sofern Aristoteles sie als erste, unbewegte Ursache aller Bewegung zu denken sucht, ist sie zugleich die ‚zeitlose Ruhe' in jeder Bewegung als deren *Form*. Das Wesen einer Lust, welches die Menschen selbst in der Bewegtheit und Erregung noch ruhen ließe, scheint nun eine Weise zu sein, sich der Seligkeit des Göttlichen ‚nähern' zu können. Wie aber müßte eine solche Lust beschaffen sein? Sie müßte ohne die Spur eines Verlangens und unabhängig aller vergleichbaren Intensitäten und Qualitäten als in sich vollendet erlebt werden können. Ein solches Erleben vergleicht Aristoteles mit dem Sehen: „Der Akt des Sehens scheint in jedem Zeitmoment vollendet zu sein, sofern ihm nichts abgeht, was noch nachträglich hinzukommen

---

[60] Ebd., 1154 b
[61] Ebd.

müßte, um seiner Form die letzte Vollendung zu geben. Ihm ist nun die Lust ähnlich. Sie ist ein Ganzes, und es läßt sich in keinem Zeitmoment eine Lust aufweisen, deren Form durch die Verlängerung ihrer Dauer erst vollendet würde. Eben deshalb ist sie auch keine Bewegung."[62] Darin unterschiede sie sich vom vollkommensten Werk, etwa einem Tempel, der als hergestellter auf eine ganze Bewegung zurückverweisen kann, deren Teile doch je unvollendet sind. „Dagegen ist die Art und die Form der Lust jederzeit vollendet, und so wird klar, daß sie von der Bewegung verschieden und ein Ganzes und Vollendetes ist. – Das gleiche erhellt daraus, daß eine Bewegung, die in keiner Zeit geschähe, nicht möglich ist, wohl aber ein Lustgefühl. Denn das Gefühl, das man in einem Moment hat, ist ein Ganzes [...]. Der Akt des Sehens, der Punkt, die Einheit hat kein Werden und ist kein Werden und keine Bewegung. Und so hat auch die Lust kein Werden, da sie ein unteilbares Ganzes ist."[63] Die Lust wird hier also nicht als ‚Lust nach oder durch etwas' gedeutet oder aus dem Verlangen nach ihr, auch nicht, mit Kant zu sprechen, vom Zweck her, sie als den Zustand des Subjekts ‚erhalten' zu wollen.[64] Indem sie sich gänzlich selbst genügt, ohne Bezug zu irgend einer Weise des Begehrens, sie also nicht ausgelegt wird von dem Streben her, nur einen Mangel oder eine Unlust beseitigen zu wollen, noch von dem, sie als Grad einer Erfüllung steigern oder ihre vermeintliche Vollkommenheit bewahren zu wollen, – in solcher Selbstgenügsamkeit überschritte Lust zugleich in sich ihre psychische Erlebbarkeit als ein Gefühl (8.3). Nur in diesem meta-psychischen Sinn kann Aristoteles ihr mit dem Werden eine ‚bestimmte' Zeitlichkeit absprechen. Ich sage: ‚bestimmte Zeitlichkeit' und nicht ‚Zeitlichkeit überhaupt', wie allerdings Aristoteles und mit ihm eine gewaltige Tradition, die über Goethe und Nietzsche hinausgeht, unterstellt (5.). Wenn es aber nicht um den zeitlich begrenzten Augen-Blick der Lust in die Ewigkeit geht, worum dann? Wie ließe sich solche Lust in Hinsicht auf ein sich denkendes Denken verstehen? Welche Zeitlichkeit eignet der Muße?

---

[62] Ebd., 1174 a
[63] Ebd.
[64] Immanuel Kant, Kritik der Urteilskraft, § 10, in: Werke Bd. 10, a.a.O., S. 299

2.3. Theoria oder die Muße als Fest

2.3.1. Der Glanz

Worin könnte nun die ‚höchste Tätigkeit‘, die sich als Muße vollziehe, überhaupt bestehen? Geht es hier nur um eine Rangfolge, in welcher Muße den höchsten Wert einnimmt oder um einen wesentlichen Unterschied? Wir erfuhren über Aristoteles nur, daß sich Muße schlechthin unterscheiden soll sowohl vom Herstellen (oder auch Zerstören), sei es von Gebrauchsdingen, sei es von Werken, als auch vom Handeln als gutem Tun (im Gegensatz zum schlechten oder bösen). Sind es *logos* und *nous*, welche die Muße als ‚höchste‘ Tätigkeit auszeichnen? Geht es nur um eine Adelung philosophischen Denkens? – Es ist der Ausdruck *theoria*, der uns einen bestimmten Hinweis schon in Platons Verständnis gibt. Wie anders ließe sich das Denken des Denkens als Denken von Wahrheit mit der ‚Schau des Festes‘ in Verbindung bringen als durch die Tätigkeit des Feierns? Und was ist unter solchem Feiern zu verstehen?

Mit ‚Ruhe‘ hatte das Feiern und die als höchste Tätigkeit empfundene Muße (*scholen echein*) allenfalls durch eine äußerliche Abgrenzung zu tun: während der panhellenischen Feste ‚ruhten‘ alle Beschäftigungen, die mit Arbeiten, Handeln, Kriegführen zu tun hatten, was auch als ein Ausruhen oder Erholen von den Mühen des Alltags erlebt sein mochte.[65]

Das Feiern ist zum einen durch einen äußeren Zweck motiviert. So feiert man Ereignisse wie das Erscheinen einer Gottheit, die Ankunft eines Helden, Ereignisse wie Siege oder Ernten, Geburten, Vermählungen oder Bestattungen, sowie die Repräsentation solcher Ereignisse. Und das Feiern ist mit Festgaben verbunden, mit wesentlich erhöhten Ausgaben. Entsprechend dem Rang dieser Ereignisse und der besonderen Zeitphase wird auf verschiedene Art und Weise gefeiert. Sofern es um das Würdigen und Ehren von Göttern, Helden, Ahnen, Toten geht oder von geweihten Werken, vollzieht sich das Feiern mit einem gewissen Ernst, wobei – über die Achtung und Anbetung von göttlichen oder menschlichen Persönlichkeiten, die als erhaben gelten und Ansehen genießen – zugleich eine gewisse Scheu vor der Verletzbarkeit des Gefeier-

---

[65] Bekanntlich ‚ruhten‘ während der panhellenischen Feste, wie den Olympiaden, auch die Kriege. Vgl. dazu den Artikel ‚Agon(es)‘, in: Der kleine Pauly. Lexikon der Antike in 5 Bde., München 1979

ten ausgedrückt wird, vor der man sich hüten mußte. Als Handlung und
Veranstaltung kann demnach eine Feier gelingen, aber auch mißraten,
gestört, verraten werden.

Zum andern herrscht die Überzeugung, das Feiern habe seinen Sinn
in sich selbst. Neben den Weihgaben, den Gebeten, den Festreden, zu
denen man sich versammelte, gehörte zu solchen Festen etwa das Begehen eines Heiligtums, das Schreiten und ein gesetztes, zeremonielles
Prozedere in den Umzügen, wodurch die Angemessenheit und Schick-
lichkeit einer himmlischen Ordnung (*kosmos*; *decus*) dargestellt wurde.
Platon verwendete an manchen Stellen seiner Schriften noch das Wort
theoria zur Bezeichnung solcher ,öffentlichen Festzüge'.[66] Zu den festlichen Veranstaltungen gehörten bekanntlich außer den Spielen und
sportlichen Wettkämpfen auch poetische und theatralische Aufführungen. Das Feiern kann aber auch übergehen zu Formen des Sich-Ausle-
bens auf den Festmählern, beim Trinken, Singen, Spielen, Tanzen usf.,
das sich orgiastisch bis zur Grausamkeit und Selbstauflösung steigern
konnte (7.3). In einem gewissen Maße gehörte aber selbst das Handeln
und Feilschen auf den die Feiern begleitenden Märkten dazu.

Doch derart, nämlich als verschiedene Weisen zu handeln, ist eben das
Feiern in seinem Wesen gar nicht zureichend verstanden. Was das Feiern
auszeichnet, ist, daß mit ihm allein *das Fest selbst gefeiert* wird und daß
alle Ereignisse dazu nur als Motive und Anlässe gelten, alle Verlaufsfor-
men und Handlungen nur als Darstellungsweisen. Das Fest aber wird
sich in einem tieferen Sinne erst über ein verändertes Verständnis von
Zeitlichkeit erschließen (7.3). Hier geht es vorerst um die dem Fest eigene Erscheinungsweise im Glanz.

Man wird aus bestimmten Gründen und für bestimmte Zwecke Feiern
vorbereiten und veranstalten, aber das Feiern des Festes selbst verwirklicht keine Zwecke mehr. In aristotelischem Sinne läßt sich sagen, daß
das Feiern als Handlung seinen ,Zweck in sich' habe und insofern als
sinnvoll erlebt werden kann. Doch das Feiern, sofern es einzig das Fest
selbst *erschließt*, kann nicht mehr allein als eine sich selbst genießende
Handlung verstanden werden, weil es auch durch innere Zweckmäßigkeit nicht zureichend beschreibbar wird.

Das Feiern ist nur die Weise, das Fest selbst zu erschließen, und wenn
es als eine ,höchste Tätigkeit' bezeichnet wird, so ist das zweideutig: als
ein Handeln hätte solches Feiern einen ,Zweck in sich selbst', der auf

---

[66] Platon, Politeia, 556 c, in: Werke Bd. 3 , a.a.O., S. 256

den Selbstgenuß des Handelnden zurückverweist. Die ‚höchste' Form des Handeln beruht dann darin, daß über den Vollzug dieses Handelns hinaus kein Zweck mehr gedacht werden kann. Doch das Feiern des Festes selbst ist *als Erschließen* desselben frei von Zweck und Sinn (oder von Sinnlosigkeit). Was an sonstigen Motiven und Absichten sich mit dem Feiern verbinden mag, betrifft verschiedenste Handlungsweisen, nicht aber eine ‚höchste Tätigkeit', die in ihrem festlichen Vollzug das Handeln selbst schon überschritten hat.

Was nun die Vorbereitung und Gestaltung großer Feiern ausrichtet, ist das *Schmuckvolle*. Es wird der schönste Ort als Festplatz ausgewählt, vielleicht verziert mit Blumengirlanden, verschönt durch bemalte Kulissen, durch Statuen usf. Und das ästhetische Bemühen richtet sich nicht weniger auf die Präsentation der Speisen und Getränke, auf die Bekleidung, den Körperschmuck und auf die Art des ‚schönen Benehmens', auf verschiedenste Darstellungen und Aufführungen und zumal auf das Schmuckvolle der Reden und dichterischen Gesänge.[67] ‚Schmuck' ist etwas nur, wenn es – als ‚Geschmeidiges' – eine Sache, als dieser angemessen und schicklich, zu feiern weiß. Und er ist ‚Zierde' durchaus im Sinne einer Schwelle, die *bedenkenlos* zu überschreiten sich der Feiernde ‚ziert'. Wo daher Schmuck nur unbedenklich das ökonomisch Seltene, Teure und Wertvolle zur Schau trägt, um andere zu beeindrucken anstatt sie willkommen zu heißen, ist er bereits mißraten. – Was also auch immer getan und dargestellt wird, sofern es schmückend und feiernd getan wird, geht es um den *Glanz des Festes,* der die Menschen (und Götter) anzieht und sich sammeln läßt.[68] Das Feiern vollzieht daher in sich eine Grenzziehung gegen alles Handeln, sofern in ihm der Gipfel eines durch nichts mehr überbietbaren, letzten Zweckes menschlichen Tuns erreicht ist. Sofern jedoch wahrhaftes Feiern gänzlich von sich absieht und ausschließlich als ‚auslebendes' Erschließen des Festes geschieht, über-

---

[67] Ein Zeitalter wie das gegenwärtige, das mit einer merkwürdigen Wut gegen das architektonische Ornament die Verödung der öffentlichen Räume einleitete und so als Reaktion darauf den Kitsch heraufbeschwor, kann den Sinn des Schmückens gar nicht mehr erfassen. Man glaubt, es verschleiere bloß die ‚Bedeutungen' dessen, was man als ‚Kunstwerke' verstehen will.
[68] Es läßt sich also, wie man Gadamer entgegnen muß, durchaus sagen, ‚worauf man sich eigentlich beim Fest sammelt und versammelt' (Hans-Georg Gadamer, Die Aktualität des Schönen, Stuttgart 1977, S. 53). Es sind eben auch Gedanken, die sich um das Fest drehen, die sich ihrerseits festlich sammeln können.

schreitet es auch diese letzte und höchste innere Zweckbestimmung, um sich aus seiner urentspringenden Anfänglichkeit heraus zu voll-enden. Das Schmücken aber ist die Weise, das Fest selbst willkommen zu hei-ßen. – Wie aber ist der *Glanz* des Festes zu verstehen? Bei allen versuch-ten Antworten auf diese Frage bleibt zu bedenken, daß nicht der Glanz das Fest ausmacht, sondern umgekehrt das Fest das Schmuckvolle erst zum Glanzvollen erhebt. Alles, was uns glänzend erscheint und darin über das Vollkommene hinausweist, ist es durch das Festliche, und wo dieses ausbleibt, erscheint uns der Glanz nur als der Schmuck, der das Fest zu begrüßen sucht.

Achten wir einmal auf die Mannigfaltigkeit glänzender Erscheinun-gen, ohne schon unser reflektierendes Wissen über irgendwelche Licht-quellen und Refraktionen ins Spiel zu bringen: Wir kennen das matte Schimmern von Seidenstoffen, von menschlicher Haut und Blütenblät-tern, das stille Leuchten der Dämmerungen, des Mondes, das Klaren von Quellgewässern und Blinken polierter Hölzer und Metalle, das Schillern des Perlmutts und das Flimmern mancher Blätter im Wind, das Flackern der Flammen und das Funkeln von Silber, Gold und Edelsteinen, das Glitzern der Diamanten und der Sterne und das blendende, machtvoll strahlende Licht der Sonne. An den Beispielen wird schon deutlich, daß der ruhende und mehr noch der bewegte Glanz, anders als die Färbun-gen, die eine gestaltete Oberfläche abzuschließen und zu individuieren scheinen, oft mit einer verschwommenen oder unscharf gebrochenen Begrenzung aus einer gewissen Tiefe, wie aus dem Inneren der Dinge, aufscheint und schon an den durchsichtigen, schließlich an den leuch-tenden Körpern gänzlich seine Eigenständigkeit zeigt, allein dem Offe-nen zugewandt. Dem entgegengesetzt ist das Trübe, Zwielichtige, Dü-stere, das gleichsam umgekehrt alles Glänzende in eine das Lichte verunreinigende Tiefe zurücksaugt, bis es sich in einer unzugänglichen Dumpfheit verschließt. Man könnte daher den Glanz das nennen, was an allem teilzunehmen vermag: im Gegensatz zum ‚Verblichenen‘ jeder Art, das an das Tote erinnert, ist der festliche Glanz dasjenige, was sich *rückhaltlos verausgabt* und verströmt ohne Kalkül auf irgendwelche Ziele, Resonanzen und Erwiderungen.[69] Es ist eine Ausstrahlung, wie sie nicht irgendeiner Quelle angehört, die über die Macht verfügte, sie zu verweigern. Sie hat nicht ihren Ursprung in einem göttlichen Wesen,

---

[69] Und in diesem Sinne läßt sich Heideggers Ausdruck ‚Lichtung‘, über alle ‚Aufklärung‘ hinaus, weiterdenken.

sondern es gibt sie nur als vorbehaltlose, ungezielte *Veraus-Gabung*, die keinen Weg mehr einschlägt.

Darin liegt der Grund, warum es Glanz ebenso in der Sphäre der Klänge, gegen das Trübe der grollenden, ächzenden, kreischenden Geräusche, gibt, oder in einer glatten Härte gegen das Grobe, Rauhe, Splittrige, sogar im Geschmeidigen gegen das Schlammige, Schlüpfrige, Modrige; warum es glänzende Bewegungen gegen bloß holprige, ruppige, eintönige geben kann, und schließlich glänzende Verhaltensweisen und Gedanken, die über jedes Ziel hinaus das strittig Zusammengehörige fügen, das indifferent Unverträgliche trennen. Er kann nicht nur die Helden, Heiligen und Meister umgeben und in jedem Kind, jedem Lächeln, jeder Bemerkung aufscheinen. Er macht auch vor dem Schrecklichen, Gewalttätigen und Grausamen nicht halt. Und wenn Menschen ihn gedankenlos für deren ‚Eigenschaft‘ halten und die Wirklichkeit mit ihrer festlichen Ausstrahlung verwechseln, können sie vom Glanz des Üblen und Bösen fasziniert sein, als läge in diesen selbst ein Fest. Dem entspricht umgekehrt die gedankenlose Auffassung, aller Glanz sei nur der des Guten und Göttlichen. Doch das Glänzende ist nur angewiesen auf achtsam feierndes Schauen, weshalb es sich von bloß nachlässiger Verschwendung unterscheidet. Daß der Glanz keine ‚Funktion‘ hat, begriff die Moderne in ihrem Nützlichkeitswahn instinktiv, indem sie ihn als unfruchtbar und steril, als bloßen ‚Ästhetizismus‘ verfemte (3.). Und wenn überhaupt noch von ‚Glänzendem‘ die Rede ist, dann nur in einer Umdeutung, als Synonym für etwas, das vollkommen seinen Zweck erfülle. Doch der Glanz bezieht sich nicht subjekthaft auf sich selbst, damit er sich um seiner selbst *willen* verausgabe. Und wo man das begreift, ist man sich einig darüber, daß heute nicht einmal mehr die Wahrheit ‚glänzen‘ soll, da dies nur von ihrer Funktion ablenke.

Warum in früheren Kulturen auf Reinigungskulte, weit über jede Hygiene hinaus, so großer Wert gelegt wurde, geschah wohl aus der Erfahrung, wie leicht man des Glanzes verlustig gehen kann. Beginnend beim Staub und Schmutz, der sich über das Glänzende legen kann, bis zum ‚Unreinen‘ groben, gewalttätigen Benehmens und zu ‚schmutzigen‘ Gedanken, in denen ein disparates Gemenge von Vorstellungen gegeneinander intrigiert. Aber man war sich wohl darüber im Klaren, daß Reinigungen zwar das Schmuckvolle darzustellen vermögen, nämlich als grüßender Wunsch, das Fest möge wiederkehren, nicht aber die Macht hatten, glänzende Feste herbeizuzaubern.

Die vorbehaltslose Verausgabung des Glanzes schlägt keine Richtung ein, nimmt keine Wege, sondern kann nur aus seiner weglosen Zeitnis heraus in allem, was gefeiert wird, auftauchen und zeigt sich so in einer Zeit-Weise, die genauer zu klären nicht einfach sein wird (6. und 7.). So wird sich das Fest des Glanzes als eine Macht erweisen, die weder herrscht noch dient noch sonst einem Sinn oder Zweck gehorcht. Dem Feiern mag man einen Sinn zuschreiben oder es für unsinnig halten: das Fest selbst gehört der Zeitnis des Sinnfreien an. Als ‚höchste Tätigkeit‘ ist das Fest weder Vorgang noch Handlung, sondern Ereignis.[70]

Wenn das Fest allerdings nur äußerlich als eine Veranstaltung betrachtet wird und als einzelnes Geschehnis, kann diese Struktur gar nicht kenntlich werden. Da zeigen sich vielfältige Weisen, aus bestimmten Gründen und Zwecken zu feiern. Es werden Güter erzeugt und angehäuft, um sie, wider alle ökonomische Rationalität alltäglichen Lebens, feierlich oder orgiastisch auf dem Fest zu verbrauchen, zu verzehren, zu verschwenden, zu vernichten. Opfer an Götter sind dabei oft ein wesentlicher Bestandteil mit dem Ziel, von ihnen etwas zu erbitten oder ihnen für etwas zu danken. Wo jedoch das Opfern übergeht in eine ausschließlich festliche Verherrlichung der Götter, geraten diese selbst in den Glanz des Festes und zwar jenseits von Nutzen oder Schaden, von Zweck oder Zweckwidrigkeit. Dieser Glanz gehört dann derart ihrer Epiphanie an, daß man dazu neigen konnte, nicht mehr die Götter als einen Grund des Feierns anzusehen, sondern das Fest selbst mit dem Göttlichen gleichzusetzen. Das wäre allerdings verständlich nur in dem Sinne, daß eine bestimmte Feier einem Gott gewidmet oder ihm zugehörig ist – vielleicht von ihm oder für ihn gestiftet. Aber das Fest selbst ist weder göttlich noch teuflisch. Das Fest ereignet sich allein in der weglosen Ausstrahlung seines Glanzes, der gleichwohl die Menschen oder Götter im Feiern berühren kann. Und wenn es ein Gott wäre, der solche Ausstrahlung zeigt, dann weil er der festliche ist. Das Feiern ist keine Tätigkeit, durch die etwas erzeugt, bewahrt, verbraucht oder vernichtet wird. Umgekehrt aber können solche Handlungen so gut gefeiert werden wie Zustände oder Geschehnisse des Entstehens, Dauerns oder Vergehens. Das gelingende Feiern bringt auch die Götter erst in ihren strahlenden Glanz. Aber heißt das nicht, daß auch Übles und Böses ‚gefeiert‘

---

[70] Vgl. dazu: Dietmar Koch, Hermeneutisches im Ereignis-Denken Martin Heideggers, in: Denkwege I. Philosophische Aufsätze, Hg. D. Koch, Tübingen 1998, S. 77 – 111

werden kann? Mußte nicht deshalb das Feiern auf sittlich annehmbare Handlungen eingeschränkt werden? Doch wenn zum Glanz des Festes das musisch Angemessene gehört (8.), dann kann zwar Übles (wie auch das Gute) festlich dargestellt, aber letzteres in seiner Trübnis nicht aus sich selbst heraus festlich sein (10.). Und Gleiches gilt für das, von dem wir äußerlich den Glanz unterschieden: gewiß kann auch Alltägliches, Banales, Mattes etc. festlich dargestellt und gefeiert werden. Das Festliche an ihnen gibt aber nichts als sich selbst kund, jedoch nicht aus einer ‚göttlichen‘ Unbewegtheit und Ruhe heraus, die alles in Bewegung bringe, sondern in einer grundlosen ‚*mousiké*‘ (8.4, 10.4.). Feste kommen daher nicht durch ihre theo- oder anthropologische Bedeutung zur Darstellung; umgekehrt: Bedeutung und Darstellbarkeit und das Denken des Wahren können ihrerseits festlich durchdrungen sein. Das Festlich-Glänzende gibt sich machtvoll zu wissen, indem es solches Wissen seinerseits erstrahlen läßt; und indem es überwältigt und verzaubert, entrückt es besonders dasjenige, was durch seine Abwesenheit als Fernliegendes, als Vergangenes oder Künftiges, bloß drängt oder vermißt wird (6.). Das handelnde Feiern kann mehr oder weniger gelingen, und darüber entscheiden die Musen (8.). Aber das Fest liegt in einer *Voll-Endung*, die sich im Glanz eher als ‚Durchwesung‘ denn als Anwesenheit gegen Abwesendes gibt. Solche Voll-Endung übertrifft alle Zweckmäßigkeit und Vollkommenheit, die gerade als restlose Erfüllung stets auf den Schatten ihres vorgängigen Mangels sowie auf das Begehren zurückverweist. Auch deshalb hat sie nichts mit einer vermeintlichen ‚Zeitenthobenheit des Glücks‘, mit einem ‚Durchstoß‘ zum Absoluten und Ewigen‘ zu tun.[71] – Man beginnt vielleicht zu spüren, daß die Bestimmung der Zeit-Weise des Festes nicht einfach sein kann.

Im handelnden Feiern kann es, wie angedeutet, durchaus einen auch falschen, unangemessenen, ins Trübe zurückziehenden ‚Glanz‘ geben, und das war, nach dem Urteil der Vornehmen, alles nur Vulgäre, Lärmende, Hervorstechende und Grelle, durch das die Menge weniger das Fest zu feiern sucht als sich selbst. Solcher ‚Glanz‘ mißrät als dünnes Geflitter oder als aufgeblasener Schwulst und hohler Pomp zum Unschicklichen und Häßlichen in der Angeberei und im Prahlen, mit dem man andere bloß zu überwältigen sucht, anstatt sie zum Fest einzuladen. Dem entgegen sollte nun die wahrhaft angemessene Art, Feste zu feiern, in der Weise eines ‚Tuns‘ liegen, in welcher alles, was sich nur auf den

[71] Otto Friedrich Bollnow, Das Verhältnis zur Zeit, Heidelberg 1972, S. 33

beschäftigten Menschen selber zurückbezieht, weitgehend zurückzutreten hat, damit die Sache des Festes allein erscheine: im *Schauen (theorein)*.

2.3.1. Zu-Schauen

Wie bemerkt wurde der Ausdruck *theoria* im Zusammenhang mit der Vorbereitung und Durchführung der panhellenischen Feste verwendet.[72] Es waren die Gesandtschaften, die sich an den Spielen, Wettkämpfen etc. nicht praktisch beteiligten, sondern das Vorrecht hatten zuzuschauen. Antikes Denken verstand nun unter solchem ‚Zuschauen‘ keineswegs eine ‚passive‘, nur sinnlich-empfängliche Haltung gegenüber dem ‚aktiven‘ Sichbeteiligen an den Festspielen. Umgekehrt, gerade die Spieler, die ‚leibhaftig‘ beteiligt sind, vermögen gar nicht uneingeschränkt das Fest zu feiern, da sie mit dem Überwinden passiv erlittener Widerstände sowie mit dem Lenken und den Schranken der eigenen Fähigkeiten beschäftigt sind, mehr noch, wenn es um Wettkämpfe geht. Die zuschauende Teilnahme an den Feiern hat aber auch nichts mit jenen gierigen Blicken zu tun, die sensationslüstern im Beglotzen und Begaffen nie Befriedigung finden und so ihren Suchtcharakter bezeugen. Indem das feiernde Zuschauen dem Triebhaften und der Interessiertheit entrückt, da ihm nichts fehlt und es daher auch nicht auf Befriedigung von Schaulust aus ist, kann es sich selbst als ein Geschehnis erfahren, das sich rückhaltlos dem Festlichen öffnet und daher gleichsam noch am Glanz der Augen sichtbar werden kann. Und solches Zuschauen, in welchem sich feiernd Einsicht in die versammelnde Festlichkeit zu vollziehen vermochte, konnte deshalb als höchste Form von ‚Tätigkeit‘ gelten, weil es als unbezweckt und frei von Zielen, die erreicht werden sollen, sich an keinen äußeren Widerständen oder zeitlichen Abständen beschränken mußte. Es ging um die Einsicht in die feierlichen Darbietungen und deren höchste Wahrheiten. Aber wo die Feier als Fest zu erglänzen begann, erstrahlte vielmehr die Festlichkeit der Wahrheit des Festes.

Im Medium glänzender Einsicht erfuhren sich die Zuschauer schlechthin entrückt den alltäglichen oder außergewöhnlichen Spannungen und

---

[72] Hannelore Rausch, Theoria. Von ihrer sakralen zur philosophischen Bedeutung, München 1982. Rausch versucht allerdings nicht, das Fest selbst philosophisch zu denken.

dem Mangel und Drängen einer Gegenwart noch im Wegseienden des Vergangenen oder Künftigen. ,Entrückt' nicht im Sinne einer Flucht in die betäubende Welt der Tagträume, sondern um jene festliche Nüchternheit gewinnen zu können, von der aus sich das Drama der Wahrheiten auch alltäglichen Lebens allererst offenbaren kann. Nicht Augenblicklichkeit und Anwesenheit, sondern glänzende Durch-Wesung kennzeichnet das Festliche. Solche Durchwesung erfahren die Festzuschauer nicht durch ,passives' Verhalten und vornehme Zurückhaltung, sondern in Einsichten, die berühren und *erschaudern* lassen. In diesem festlichen Erschaudern ist ihnen erschlossen, daß sie es mit einem *glänzenden Leben* zu tun haben, das hier mit Erfolg, Reichtum, Macht, Unbeschwertheit nichts zu tun hat. So offenbart sich den Festzuschauern das Befremdliche, daß Seiendes schlechthin in einem festlichen Glanz erscheinen kann, und vor aller Bejahung und Zustimmung oder Ablehnung wird dessen Freigabe erfahren.

Was aber zeichnet das Zuschauen selbst aus? – Schon die gewöhnliche Erfahrung des Sehens, wenn man weder geblendet noch überanstrengt ist, beruht nicht etwa darin, daß wir ,visuelle Empfindungen' an uns bemerken und diese dann kausal auf Gegenstände außer uns beziehen. Phänomenal *ist* zunächst nichts als der Anblick dessen, welches ist wie es ist, und nicht von woanders her ,erscheint', als wäre es nur die Verkündigung eines Abwesenden. Man erlebt einen Anblick nicht als einen Reiz, der ,verarbeitet' wird, noch als eine Eigenschaft, die man einem Ding zuschreibt, sondern erfaßt ihn als die Sache, die sich von sich her gibt. Es ist dann die Eigenart des festlichen Glanzes, daß sich dieses Geben, anstatt nur unbeachtetes Medium der Gabe zu sein, im Zuschauen offenbart. – Doch wie auch immer solches Zuschauen fern des irdisch Schweren geschieht und daher Himmlisches scheint erreichen zu können: von seiten seiner sinnlichen Leibhaftigkeit her kann es nicht als *rein* Tätiges gelten, schon deshalb nicht, weil es auf das Licht angewiesen bleibt.

Gewiß überragt das feiernde Zuschauen alles empfangende Sehen, welches das erduldet, worauf es angewiesen bleibt, aber auch das aktive Blicken, das vorrangig an seinen eigenen Ansichten interessiert ist, und es übersteigt beides nicht nur an Einsicht ins Allgemeine sondern auch an Allgemeinheit der Ein-Sicht. So aber wandelt sich bereits das Zuschauen ab in ein betontes *Zu-Schauen*, ,Hinzu-Schauen' über das Visuelle hinaus. Daß beim Schauen eine Perspektive eingenommen und abgewandelt werden kann, daß es das Nähere vom Ferneren unterscheidet und aufeinander bezieht, daß es das Innere der Dinge sich in deren Kräften äußern sieht: all das ist durch empirische Visualität nicht erklärbar, geschweige, daß die festlichen Darbietungen in ihren Darstellungsweisen, Bedeutungen und Bedeutsamkeiten erfaßt werden können: solches Hinzu-Schauen liegt vielmehr im Denken selbst und ist schon deshalb keine ,subjektive Zutat' zum Gesehenen, als es die erschaute Sache in ihre Selbständigkeit ergänzt. Nun kann zweifellos die Einsicht, das denkende Zu-Schauen außerhalb des Festes auch nützlich für das Erkennen und Handeln sein, kann zum Selbstzweck werden, wenn es um eine bezüglich des Nützlichen unbekümmerte Wahrheit um ihrer selbst willen geht. Aber erst in seiner voll-endeten Verausgabung strahlt die Wahrheit des Denken in dem ihm eigenen Glanz, in der ganzen Mannigfaltigkeit von einem matten Schimmern bis zum blendenden Strahlen in das Offene hinaus. Und daran offenbart sich mit dem Wesen der Muße das von Philosophie überhaupt. In solchem glänzend zu-schauenden Denken, das mit dem ,Höchsten' die Weise des Tätigkeitseins hinter sich läßt, liegt eigentlich das, was sich im Glanz des Festes *versammelt*.[73] In diesem empfängt das Versammelnde (*legein*) sein ,Licht', indem es sich dem festlichen Glanz überläßt. Die allgemeine Einsicht in das versammelnde Wesen des Festes als einer schlechthin von Nutzen und Zwecken freien Verausgabung vollzieht sich, nach aristotelischer Vorstellung, als eine *Tätigkeit des Denken des Denkens*, die gerade deshalb als ,reine' gedeutet werden konnte, weil es in ihr nicht um das geht, was psychisch als eine geistig-willentliche Anstrengung des Unterscheidens und Verbindens vollzogen und erlebt wird, sondern um das Verstehen selbst.[74] Darüber hinaus aber kann in solchem erschauenden Denken der ,Seher'[75] sich die Festlichkeit eines Denkens offenbaren, das *nichts will* (6.5.),

---

[73] Was solches ,Versammeln' mit ,logos' und Denken zu tun hat, dazu: Martin Heidegger, Was heißt Denken?, in: Vorträge und Aufsätze, Pfullingen 1954. Dazu auch: Dietmar Koch, Warum kann das Denken ein Danken sein? Zu einer Bestimmung im Denken des ,Ereignisses' im Werk Martin Heideggers, in: Oya Erdoğan und Dietmar Koch, Hg., Im Garten der Philosophie, München 2005, S. 131 – 140
[74] Dazu: Hans-Helmuth Gander, Die Wahrheit des Verstehens, in: Günter Figal, Hg., Interpretationen der Wahrheit, Tübingen 2002, S. 60 – 81
[75] ,Seher' ist, wer über das sichtbar *Gegen*-wärtige hinauszuschauen vermag. Vgl. Martin Heidegger, Der Spruch des Anaximanders, in: Holzwege, Frankfurt a. M. 1980, S. 341 f.

nicht einmal die Erkenntnis von Wahrheit, sondern derart ins Offene erstrahlt, daß alles Begegnende ihm seinerseits befremdlich zuglänzen wird.

Läßt sich vielleicht das Unzumutbare annehmen, daß antike Denker das Wesen des Philosophierens in einer Wahrheit zu feiern suchten, die – über alle unverborgene Wirklichkeit, Richtigkeit, Wahrhaftigkeit, Echtheit hinaus – sich zweckfrei als glänzendes Fest verausgabt? Zwar wäre ein solches durch Einsicht erschlossenes ‚Fest der Wahrheit‘ frei von allem Nutzen und somit auch frei von erstrebten oder erreichten Zielen oder immanent vollzogenen Zwecken. Aber das würde ja nicht bedeuten müssen, nun umgekehrt die Welt der Nützlichkeiten und Selbstzwecke zu entwerten, die das Denken und die Wahrheit *außer* dem Fest haben können und auf die menschliches Leben gar nicht verzichten kann. Doch die festliche Wahrheit würde sich in ihrem strahlenden und leuchtenden Glanz als etwas auszeichnen, das sich rückhaltlos und frei von Sinn verausgabt und vergibt und daher dem Nützlichkeitssystem der Arbeitswelt zurecht als etwas überflüssiges, wenn nicht unnützes oder gar schädliches erscheinen muß, das im Namen seiner ‚Rationalität‘ als ‚irrational‘ verworfen wird.

Diogenes Laertius sowie Cicero zufolge habe als erster Phytagoras das Leben des Philosophen mit einer ‚Festversammlung‘ verglichen, denn er fände sich als Zuschauer, nicht als Kämpfer oder Händler, zum Fest ein, und anstatt wie eine Sklavenseele gierig nach Ruhm und Gewinn zu trachten, forsche er nach Wahrheit.[76] So wurde also das Zu-Schauen schon als ein Forschen nach Wahrheit verstanden. Und sofern nicht das Begehren und Streben darin im Vordergrund steht, kann auch das Forschen selbst als ein glänzendes erstrahlen und gefeiert sein. Denn das Fest reißt alles in das rückhaltlose, weglose Ausstrahlen seines Glanzes hinein. Schon deshalb hat man die Feiern äußerlich auf periodisch wiederkehrende Zeiten eingeschränkt.

Wo dagegen, wie heute zumeist, alles zu jeder Zeit und überall ‚gefeiert‘ werden soll und zugleich die Ausgaben kalkulierbar den Märkten physischer wie psychischer Güter zugute kommen, verschwindet das Festliche mit dem Verbleichen seines Glanzes. Schon das Trüb-Gewöhnliche, das sich mit bestimmten Arten zu feiern durchsetzt, kann

---

[76] Diogenes Laertius, Leben und Meinungen berühmter Philosophen VIII, 8. Übers. O. Apelt, Hamburg 1967, S. 114. Und: Marcus Tullius Cicero, Tusculanae disputationes 5, 3. Übers. E. A. Kirfel, Stuttgart 1997, S. 385

bewirken, daß der Glanz des Festes zu verblassen beginnt und er sich schließlich im Alltäglichen nur mehr als ein Widerschein fortpflanzt. Und mit solch trübem Widerschein, zumal wenn er künstlich übertrieben und aufgeblasen wird, um den bloßen Schein einer nicht mehr bestehenden festlichen Macht zu inszenieren, wächst auch die Gefahr mißlingenden Feierns. Wo jedoch die Feier gelingt, kann, wie bemerkt, jede Art von Tätigkeit oder Untätigkeit, von Zustand oder Vorgang erglänzen und zwar in Augenblicken, in welchen deren Ursachen oder Zwecke völlig zurücktreten, um allein von der Befremdlichkeit ihrer Seinsweise zu künden (9.) Und so vielleicht läßt sich der Satz Plotins verstehen, wonach ,*alles* ein Nebenprodukt des Schauens' sei.[77] – Wenn heute allerdings von ,Muße' die Rede ist, so hat man kaum mehr als diesen fernen Widerschein glänzender Feste im Blick.

Das ,reine', und das heißt nun: das festlich zu-schauende Denken, in dessen Überlieferung sich Platon und Aristoteles – vor allem durch die sittliche Bändigung orgiastischen Feierns hindurch – noch sehen konnten: solche ursprüngliche *Theoria* begann, eine rätselhafte Stellung in Hinsicht auf das einzunehmen, was man als ,Göttliches' bezeichnete. In dem Maße, wie *theo*-logisches Denken den Gott über die Idee einer absoluten Person mit vollkommenen Eigenschaften zu bestimmen suchte, war man in jene Aporien geraten, die auf eine Entwirklichung eben des Göttlichen hinausliefen, was schließlich dazu führen mußte, daß ein Glaube, der sich dem logisch richtigen Denken entzog, sich verstärkt auf die privaten Einbildungskräfte und Gefühlswelten verwiesen sah. Der in dieser Maßlosigkeit unbegreiflich gewordene Gott konnte so Züge annehmen, die zwar der Festlichkeit entnommen wurden: eine ,entrückende Durchwesung', die dem Göttlichen eigen scheint, die weder als etwas Subjektives noch als etwas Objektives verstanden, sondern als ,Mystisches' geahnt sein wollte (2.5.). In dem Maße aber, wie der Gott, gedeutet durch das Wesen des Festes, sich als ein unbegreiflicher entzog, begann man zugleich umgekehrt, Festlichkeit durch göttliche Eigenschaften, wie etwa durch den ,Einbruch' einer vermeintlichen Zeitlosigkeit und Ewigkeit, bestimmen zu wollen. Diese Tendenz kündigte sich bereits dort an, wo das ,Fest der Wahrheit' im *bios theoretikos* und später in den Entwürfen zu einer *vita contemplativa* dazu neigte, zu einer beherrschbaren Disziplin und Technik durchgängiger Lebenshaltung zu

---

[77] Plotin, Über die Natur, die Schau und das Eine, Enn. III, 8, in: Ausgewählte Schriften, a.a.O., S. 156

werden. In einem unvermeidlichen, wenn auch metaphysischen Alltäg-
lichwerden begann der Glanz des Festes zu verblassen.[78]

2.4. Vita contemplativa

Im Anschluß an die klassische Antike stellten Philosophenschulen Entwürfe verschiedener Lebensweisen her, in denen die Möglichkeiten eines
in Muße und insofern als Fest gelingenden Lebens, der *beata vita*, erörtert wurden. Ob es sich nun um Entwürfe epikureischer, skeptischer
oder stoischer, neuplatonischer oder christlicher Lebensgrundsätze handelt, ihnen ist, bei aller Verschiedenheit der vorgeschlagenen Methoden,
eines gemeinsam: es geht darum, durch bestimmte Willenstechniken
Seelenruhe (eutymia, ataraxia, apatheia; tranquillitas)[79] zu erreichen, die
ihrem Prinzip nach göttlich, in der Anähnelung aber an das Göttliche
durch menschliches Bemühen dessen Abbild sei. ‚Seelenruhe', im Sinne
einer psychischen Ausgeglichenheit und Gleichmütigkeit, gilt hier nicht
einfach als eine der äußerlichen Bedingungen, um sich in Muße der philosophischen Erforschung von Wahrheit zu widmen, sondern wird zum
Wesentlichen von Muße schlechthin, indem sie deren Weise als einer
festlichen Verausgabung *zu bewahren,* ja zu steigern sucht und doch
eben dadurch auf Spiel setzt. Denn diese Seelenruhe ist zwar noch gemeint als festliche Ausstrahlung, doch erreicht soll sie werden in einer
Zurücknahme sich rein verausgabender Kräfte hin zur Idee einer götter-
gleichen Unbewegtheit und Autarkie, von der aus alle Lebensregungen
einer Lenkung durch Vernunftprinzipien unterworfen werden sollen.
Von einem Prinzip aus werden bestimmte Lebens-*Wege* vorgezeichnet,
deren Begehen verspricht, sich von den Wechselfällen und Wirrnissen

---

[78] Zu dieser Auffassung von ‚Metaphysik' vergleiche: Reiner Wiehl, Metaphysik und Erfahrung, Frankfurt a. M. 1996
[79] Vgl etwa: Epiktet, Handbüchlein der Moral (griechisch – deutsch), Übers.
K. Steinmann, Stuttgart 1992, § 12, S. 18 und § 19, S. 26. Epiktet war selbst ein
später freigelassener Sklave gewesen. Dazu: Marc Aurel, Selbstbetrachtungen,
Übers. A. Wittstock, Stuttgart 1988. Daß Plutarch wider die stoische Grundhal-
tung auftrat, man könne durch Entbehrungen die Bedürftigkeit mindern und
dadurch ‚gottähnlich' werden, hindert ihn gleichwohl nicht, der *Willenstechnik*
den selben hohen Rang einzuräumen: Vgl. Plutarch, Über den Fortschritt in der
Tugend, in: Moralphilosophische Schriften, Übers. H.-J. Klauck, Stuttgart 1997,
S. 7 – 38

äußerer Umstände sowie von den eigenen launischen Begierden und Meinungen unabhängig zu machen, ohne deshalb der Untätigkeit, gar Trägheit zu verfallen. Es geht also nicht nur darum, mit der Seelenruhe medial eine psychische Voraussetzung zu finden, um das eigene Leben ungestörter der Suche nach der Wahrheit widmen zu können. Das bezöge sich nur auf die äußeren Bedingungen und bliebe ihnen verpflichtet. In ihr selbst wird vielmehr jene göttliche ‚Unbewegtheit‘ gesehen, von der her eine Aussage, der zufolge ein Leben ‚wahr‘ oder ‚falsch‘ verlaufen könne, allererst Sinn bekommen kann, eine ‚Ruhe‘ also, die man beginnt ‚Freiheit‘ (*eleutheria*) zu nennen[80], von der aus möglichst alle Regungen und Bewegungen menschlichen Lebens über den Willen ihren absoluten Anfang sollen nehmen können. In der Grundüberzeugung, göttliche Ruhe und Vollkommenheit lasse sich, wie auch getrübt, medial im einsehenden Denken selber vollziehen, schreibt man die platonisch-aristotelische Tradition fort, indem doch zugleich die Erinnerung an das Festliche der Wahrheit weiter verblaßt. Gleichwohl wird dessen Spur nie verschwinden.

Nun will man das Göttliche als Grundsatz einer Lebens-*Führung* frei *setzen* können, von welcher *thesis* und Position aus sich technisch-methodisch Handlungs- und Verhaltensschritte ableiten lassen. Die Einübung (*meditatio; disciplina*) wird als das vorrangige Mittel dazu angesehen, Lebensaufgaben bewältigen zu können, und die Lebensvollzüge werden, im Gegensatz zur ‚Bearbeitung‘ bloß sklavischen ‚Rohstoffs‘, zum Feld möglicher ‚Gestaltung‘ und ‚Bildung‘. Während jedoch spätantike Philosophen nach wie vor ein Lebensziel in der denkenden Betrachtung (*theoria; contemplatio, speculatio*) sahen, drängten christliche Denker die Reste von Festlichkeit noch weiter zurück, um ‚Kontemplation‘ eher als Mittel einer allgemeinen *vita scholastica* zu verwenden, das dann erst zur festlich-kultischen Verherrlichung Gottes durch Gesang und Gebet führen soll. Damit zerfiel die anfängliche Einheit von *Theoria*, Muße (*scholé*) und Schule. Wissenschaft und Philosophie wurden zur theoretischen *Disziplin*.

Die Behauptung mag zunächst befremden, daß schon in Epikurs Entwürfen für ein gelingendes Leben sich diese Veränderungen von Muße abzuzeichnen beginnen. Doch gerade aus der von ihm betonten Götterferne heraus ergibt sich zunächst eine Zentrierung des Menschen nicht nur auf sein sterbliches Leben, sondern auf den eigenen Willen, dieses zu

---

[80] Epiktet, ebd. § 19, S. 26

gestalten. Das Interesse wendet sich weg von den ausschweifend orgiastischen, unproduktiv festlichen Gedanken-Verschwendungen hin zu einer Lebensführung, in welcher das Leben gleichsam auf kalkulierbar ge-
mäßigte Weise durchgängig soll ‚gefeiert' werden können. Wie man
allerdings schon in Alexandria und in Rom erfahren mußte, konnte sich
der Traum, alltägliches Leben selbst philosophisch in ein ‚Fest der Wahrheit' umzuwandeln, nur verwirklichen, indem das Feiern, anstatt Festlichkeit zu erschließen, vielmehr zu einer seinerseits nur alltäglich matten, ‚luxuriösen' oder grausam massenwirksamen Beschäftigung herabsank. Das war es natürlich nicht, was ein Epikur im Blick hatte, als er sogar Sklaven und Frauen in seine Schulungen mit aufnahm.

Wo sich, wie nicht nur in Epikurs Denken, die Einbindung von Muße
ins Göttliche zu lockern beginnt, tritt das Organische und Psychische
menschlichen Lebens mehr und mehr in den Vordergrund und damit
auch die Techniken einer Lebensführung, durch die man aus einer inneren Gleichmut und Ausgeglichenheit heraus eine gewisse Autarkie zu
erreichen sucht.[81] Die Götter, ohne sich um die Angelegenheiten der
Menschen zu kümmern, leben nach Ansicht Epikurs fern in ungestörter
Glückseligkeit und frei von Erregungen. Und nur insofern können sie
den Menschen ein gewisses Vorbild abgeben. Von ihnen selbst aber sei
weder Gutes noch Übles zu erwarten. Und da durch den Tod, wie es an-
knüpfend an die Atomistik Demokrits heißt, nur eine Dekomposition
des Leiblichen, sofern es Träger von Empfindungen ist, nicht aber eine
Auflösung in Nichts geschehe, habe Todesangst so wenig wie die Angst
vor Göttern und Dämonen eine Berechtigung. Auch der Tod gehe das
Leben nichts an.[82] Es wird sich daher alles um die Frage drehen, wie man
sich von leiblichen Schmerzen und seelischen Unruhen befreien und sie
fernhalten kann, um dieses sterbliche Leben in heiterer Freude zu ver-
bringen. Und dazu dient eine Lebensweise ‚in Stille und Zurückgezo-
genheit von der großen Menge'[83], in welcher man sich der Erkenntnis
der Natur widmen könne. Epikur sagt von sich in einem *Brief an Herodotos*: „Ich fordere ja stets zu *unablässigem Bemühen* um Erkenntnis der
Natur auf, da ich selbst in einem solchen Leben die *Ruhe* finde."[84] Es

---

[81] Epikur, Schriften. Über irdische Glückseligkeit, Übers. M. Laskowsky,
München o. J.
[82] Ebd., Brief an Menoikeus, S. 68
[83] Ebd., Hauptlehrsätze, S. 79
[84] Ebd., Brief an Herodotos, S. 23, Hervorhebungen von mir

geht also um eine Ruhe, die nicht als ein Ausruhen dem Bemühen am Ende folgt, sondern um eine Ruhe *im* Bemühen. Auch Epikur hat daher nicht nur eine psychische Ausgeglichenheit im Blick, sondern zudem eine meta-psychische Ruhe, die vielleicht kein Abbild göttlichen Lebens, wohl aber eine Grundverfassung des Denkens ist, aus der heraus die Erkenntnis richtigen Lebens erst möglich werde.

Cicero benennt die Lebensmühen, die in keinem Gegensatz zur Muße stehen sollen, genauer. Über die ‚Grundsätze rechter Lebensführung‘ griechischer Philosophen heißt es zum einen: „Was aber die Art der Lebensführung angeht, so sagt ihnen die ruhige (*quieta*), die der Betrachtung (*contemplatione*) und Erkenntnis (*cognitione*) der Dinge gewidmet war, am meisten zu; da sie dem Leben der Götter am meisten glich, schien sie für einen weisen Mann am passendsten zu sein.“[85] Zugleich aber könne bei solchen Menschen der Drang nach Wissen und Erkenntnis so stark werden, daß sie sich von keinen Vorteilen und Nutzen verlocken ließen, daß sie vielmehr ohne Rücksicht auf Gesundheit und Habe ungeheure Sorgen und Mühen auf sich nähmen, die allenfalls von der Lust, die sie im Lernen fänden, aufgewogen würde.[86] Cicero steigert noch die Problematik, indem er auf die tödlich mit ihrem Allwissen verführenden Sirenen anspielt, als setzte jeder Philosoph, wie Sokrates, immer schon sein Leben aufs Spiel, um der Wahrheit treu zu folgen. Es geht also alles andere als um ein geruhsames Leben, um geruhsam philosophieren zu können. Was aber meint dann die erstrebte ‚Seelenruhe‘?

Dort, wo Cicero, als Anhänger der Stoa, von den ‚beiden Wegen zur Lebensklugheit‘ redet, scheinen die Philosophen allerdings nur noch jene zu sein, die sich in einer ‚beschaulichen Lebensführung liebevoll in die Wissenschaften versenken‘ und darin ihr Genüge finden. Sie mögen zwar als die glücklicheren erscheinen, doch sei es lobenswerter und glanzvoller, sich praktisch politisch für die öffentlichen Belange einzusetzen.[87] Die ‚Ruhe‘, die hier in den Blick kommt, liegt wohl eher in der Abschirmung gegen die Pflichten der Tugendhaften, politisch um das ‚Gemeinwohl‘ zu kämpfen, was wiederum nichts aussagt über die philosophisch Redlichen, die gegen alle Anerkennungs- und Richtungs- und

---

[85] Marcus Tullius Cicero, De finibus bonorum et malorum, V. Buch 11, a.a.O., S. 405

[86] Ebd., Buch V, 48, a. a. O., S. 445

[87] Marcus Tullius Cicero, Über den Staat III, 6, Übers. W. Sontheimer, Stuttgart 1971, S. 87

Machtkämpfe der Schulen oder auch gegen die Verstrickungen in eigene psychische Konflikte um Wahrheit kämpfen. Cicero weiß das natürlich und kann daher sogar von einer ,verhängisvollen Muße (*calamitoso otio*)' sprechen, in der manche angetrieben werden, ihre Werke zu schreiben.[88] Niemals würden Menschen ,immerwährende Ruhe' ertragen, immer strebten sie danach, etwas zu tun, selbst der trägste Mensch.[89] – Worin besteht demnach eine ,Ruhe', die man zwar ersehnt, aber, selbst wenn es möglich wäre, gar nicht scheint erreichen zu wollen? Ist sie nur, wie das Gestirn über dem Meer, der notwendig ferne Punkt einer Orientierung?

Im Denken des Stoikers Seneca nimmt die ,Seelenruhe' den Charakter einer Lebenshaltung schlechthin an. Unter Verachtung von Lüsten, Begierden und Schmerzen soll eine gewisse Festigkeit und Unerschütterlichkeit erworben werden, durch die man sich nicht nur negativ von schwankenden Umständen unabhängig machen, sondern jeden Schicksalsschlag soll ertragen lernen, auch den gewaltsamen Tod, zu dem Seneca schließlich selbst von Nero getrieben worden war. Solche Unbeugsamkeit wird zur Tugend insofern, als sie sich gleichsam selbst als ein ,Abbild' unwandelbarer Grundsätze göttlicher Vernunft versteht, durch die man, ihnen nachfolgend, seinen Lebensweg bestimmt.[90] ,Sich Gott ähnlich machen' bedeutet hier, praktisch einem unwandelbaren Prinzip gemäß leben. Doch unter diesem Vorrang der Praxis verändert sich der Sinn von Muße (*otium*). Gewiß verheißt sie nach Seneca äußere und innere Ruhe (*quietas, tranquillitas*) und gegen die Zerrissenheit durch wechselnde Umstände, durch Begierden und Lebensängste ermögliche sie eine gleichbleibende Gelassenheit, ja Fröhlichkeit (*laetitia*).[91] Aber nicht im Wohlbefinden, sondern in der ,Übereinstimmung mit der göttlichen Allnatur' fände ein rechtes Leben seine Erfüllung.[92] Die Aufassung von Muße, *otium*, rückt nun mehr und mehr in einen einfachen Gegensatz zu ,*neg-otium*', nämlich zu den ruhelosen Beschäftigungen der *vita activa*. Die Muße der *vita contemplativa* wird einem Leben zugeschrieben, das sich als privates den Zwängen und Pflichten des öffentlichen Lebens entzieht. Wenn Seneca gleichwohl davon

---

[88] M. T. Cicero, De finibus bonorum et malorum, a.a.O., S. 451
[89] Ebd., S. 55 – 56
[90] L. Annaeus Seneca, De vita beata, Übers. F.-H. Mutschler, Stuttgart 1990
[91] Ebd., S. 43
[92] Ebd., S. 85

spricht, man könne dem Staat auch in Muße dienen[93], dann ist damit nicht mehr vorrangig die aller Bewegung als deren Form inhärente Ruhe gemeint, sondern nur dies, daß man sich in den unvermeidlichen Unruhen und Konflikten der Tätigkeiten Zeit auch für ‚denkende Betrachtung‘ nehmen solle[94], damit die Seele Atem schöpfen und in sich zurückkehren könne.[95] Auch wenn hier unter *contemplatio* kaum mehr verstanden wird als ein pragmatisch sich Zeit lassendes Nachdenken, Überlegen und sich auf das Wesentliche Besinnen, nämlich auf das, um was es überhaupt in all den Aktivitäten gehen soll; so ist doch dieses denkende Betrachten nach wie vor an den höchsten, vollkommensten Grundsätzen der Vernunft orientiert, von denen sich alles tugendhafte Handeln ableite. Nun gebe es zwar Menschen, die als Lebensform einzig die Kontemplation zum Ziel ihres Strebens erhöben; doch ‚für uns ist sie nur Rastplatz (*statio*), nicht Hafen‘.[96] Seneca gesteht noch zu, daß auch Kontemplation eine Weise von Tätigkeit ist, und insofern hat das mit ihr verbundene ruhige Leben nichts mit Trägheit und ‚schändlichem Müßiggang (*vacatio*)‘ zu tun.[97] Gleichwohl nimmt die *vita contemplativa* schon die Bedeutung einer Lebensform an, die sich einem öffentlich und in diesem Sinne ‚tätig-praktischen‘ Leben entzieht, lang bevor die *vita scholastica* ihrerseits zu einer öffentlich schulischen Tätigkeit und in diesem Sinne zur Form einer *vita activa* wurde. Schon in spätantiker Auffassung vollzieht sich eine Umwertung: galt es noch in den Augen von Aristoteles als eine Auszeichnung, wenn denkende Tätigkeit frei von jedem Nutzen war, so nimmt dies nun bereits die Färbung eines Mangels an.

Mit dem Auftauchen des Christentums beginnt sich das Verständnis der *vita contemplativa* grundlegend zu ändern, wie sich an Überlegungen Augustins skizzieren läßt. In seiner frühen, vom Neuplatonismus geprägten Schrift *Beata vita* bemerkt er zunächst in Hinsicht auf die ‚Akademiker‘, daß deren beständige Suche nach Wahrheit doch eigentlich ausschließen müsse, ein glückliches Leben zu führen. Dann räumt er in Hinsicht auf die Gottessuche ein, daß ein Suchender doch zumindest in seiner Liebe zu einer Sache um ihrer selbst willen ein gewisses Glück

---

[93] L. A. Seneca, De otio, Übers. G. Krüger, Stuttgart 1996, S. 11
[94] Ebd., S. 15 – 17
[95] L. A. Seneca, De vita beata, a a.O., S. 9
[96] L. A. Seneca, De otio, a.a.O., S. 21
[97] L. A. Seneca, De vita beata, a.a.O., S. 37

finden könne, obwohl er nicht habe, was er begehre.[98] Letztlich jedoch sei auch der Gottessucher trotz Gottes Hilfe noch nicht vollkommen ‚weise und glücklich'[99]. – Man spürt hier bereits eine gewisse Akzentverschiebung vom ‚gelingenden' zum ‚sich wohlfühlenden' Leben, auch wenn ersteres die Grundlage des letzteren bleibt. – Doch durch seine spätere, sich wieder dem Manichäismus zuneigende Lehre von den zwei Reichen ändert sich die Situation. Nun wird als gültig behauptet nicht allein, daß man ‚zur ewigen Ruhe und unbeschreiblichen Seligkeit der Anschauung Gottes'[100] erst nach dem Tode gelangen, sondern ebenso, daß man zur ewigen Unruhe und Qual verdammt werden könne. Da Augustinus durch seine Lehre von der Erbsünde menschlichen Willen als unfrei und böse bestimmt, bleibt nur der Weg, mit Hilfe der Gnade Gottes die eigenen Geistesrichtungen, *intentiones animi,* dem Willen Gottes unterzuordnen und seinen Geboten sowie dem Leben des Gottessohnes zu folgen. Zwar hält er neuplatonisch daran fest, daß die seelischen Tätigkeiten des Denkens und Wollens Ein-Leuchtungen der Grundwahrheiten Gottes seien. Doch die *vita contemplativa* wird durch das Konzept der Nachfolge gleichsam einer ‚*vita reactiva-imitativa*' eingegliedert und untergeordnet. Entsprechend steht nicht mehr die philosophisch ‚denkende', sondern die ‚gläubig verehrende' Betrachtung Gottes im Vordergrund. Darin liegt zugleich, daß das tätige Moment denkender Einsicht zurücktritt gegenüber dem passiven der ansichtig werdenden Eingebungen und Einbildungen. Man könnte darin, – nach gängigem Verständnis gesprochen –, den Beginn einer gewissen ‚Ästhetisierung' der Muße sehen.

Es war zuletzt Boethius, der sich, und zwar im Gefängnis vor seiner Hinrichtung, gegen diese Tendenz zu wenden versuchte, indem er die stoische Lebensführung durch neuplatonische Gedanken zu übersteigern suchte, um noch einmal einen emphatischen Entwurf der *vita contemplativa* als den Weg denkender Erkenntnis zur Wahrheit zurückzugewinnen, anstatt sie nur als methodisch-technische Anweisungen für eine bestimmte Lebensführung zu praktizieren.[101] Er schildert zunächst

---

[98] Aurelius Augustinus, De beata vita, Übers. Schwarz-Kirchenbaur u. W. Schwarz, Stuttgart 1997, S. 27 u. S. 39

[99] Ebd., S. 61

[100] Aurelius Augustinus, Vom Gottesstaat, VII 31, Übers. W. Thimme, München 1977, S. 364

[101] Boethius, De consolatione philosophiae. Trost der Philosophie, Übers. K. Büchner, Stuttgart 2002

ausführlich nicht nur die Zerbrechlichkeiten des Glücks (*fortuna*), sondern zudem die ständigen Sorgen jener, deren Lebensform darin besteht, nach Reichtum, Macht, Ehre, Ruhm oder nach flüchtigen Genüssen zu streben. Was sich dagegen ‚in stiller Muße‘ erlernen und erreichen lasse, sei eine nach dem Vorbild himmlischer Ordnung gebildeten Sinnesart als etwas, das sich nicht rauben lasse.[102] Vollkommene Einsicht stehe zwar nur Gott zu, aber denkend könnten freie Seelen sich im Schauen des göttlichen Geistes halten.[103] Was das bloß physische, endlos gefährdete Leben betreffe, so könne auch derjenige, der als besitzloser Wanderer den Pfad des Lebens betreten würde, von einer Mücke getötet werden.[104] Überhaupt sei den Menschen die Fülle und das Ganze des Lebens nie gegeben. In Weiterführung von Gedanken, die Platon im *Timaios* darlegte, denkt Boethius die ‚unendliche Bewegung zeitlicher Dinge‘ als eine Nachahmung des ‚Zustandes unbeweglichen Lebens‘, den Augenblick aber als ein ‚Abbild bleibender Gegenwart‘.[105] Was die *Natur* des Lebens betrifft, so läßt sich sagen: „Da sie […] nicht dauern konnte, ergriff sie den unendlichen Weg der Zeit, und so geschah es, daß sie durch Weiterschreiten das Leben fortsetzte, dessen Fülle sie im Bleiben nicht umfassen konnte.“[106] Gleichwohl gebe es die Möglichkeit jenes wie auch getrübten Augen-Blickes in die ewige Anwesenheit Gottes, in Hinsicht auf welche das schlechthin Undenkbare gedacht werden soll: die Allwissenheit und ihre absolute Macht.[107] Für Boethius ist daher die *meditatio* als Weg und Methode der Lebensführung nicht die Realisierung der *speculatio* oder *contemplatio*, sondern umgekehrt nur ein vorläufiger Schritt in deren Richtung. Bedeutsam aber scheint mir, daß er erstmals eine am Unendlichen sich reflektierende, endliche Zeitlichkeit von Muße der *vita contemplativa* thematisierte, anstatt sie nur zugunsten einer ausgemacht scheinenden ‚Unsterblichkeit der Seele‘ immer schon übersprungen zu haben. Auch wenn es Boethius um eine bestimmte Lebenshaltung ging, die nicht einfach von allen organischen Bedingungen und psychischen Akten absieht, bleibt doch auch bei ihm das

[102] Ebd., S. 47 – 48 u. 69
[103] Ebd., S. 161 u. 151
[104] Ebd., S. 73
[105] Ebd., S. 165
[106] Ebd.
[107] Ebd., S. 168 f. Vgl. dazu: Rainer Marten, Die Möglichkeit des Unmöglichen. Zur Poesie in Philosophie und Religion, Freiburg – München 2005

strukturelle Verhältnis von Leben und Denken, *bios* und *logos*, im Dunkeln (5.).

Dagegen blieb, trotz der großen Geschichte christlich geprägter Theo-Logik, die augustinische Grundentscheidung vorherrschend, Muße in der *vita contemplativa* nicht mehr vorrangig auf das philosophische Erforschen und Erschauen von Wahrheit zu beziehen, sondern auf den Glauben an offenbarte Gewißheiten, denen gehorsam nachzufolgen sei. Es geht nicht mehr darum zu versuchen, sich für ein Leben in denkender Betrachtung möglichst vom Druck des Daseins zu entlasten, sondern es wird die Methode der praktischen Lebensführung dominant, welcher zunächst auch alle kognitiven Tätigkeiten untergeordnet werden. Der markanteste Ausdruck dafür ist die *Regula Benedicti,* die im 6. Jahrhundert in Monte Cassino niedergeschrieben worden war.[108] Zwar wird in ihr die später institutionalisierte *vita scholastica* vorgeprägt[109], zumal in der Abfolge von *lectio-meditatio-oratio,* der Vorlesung, der Übung durch Wiederholung und dem Gebet, zu dem auch das Singen der Psalmen gehörte. Doch darin geht es vor allem anderen um die Verherrlichung *als Dienst* am offenbarten Gott, nicht um Wege seiner Erkenntnis. Denn in einem gewissen Sinne ist für den Gläubigen die ‚Erkenntnis der Wahrheit' mit der gläubigen Kenntnis der Heiligen Schrift und des Lebens Jesu abgeschlossen. Es bleibt nur, dem nachzuleben (*imitatio*). – Gleichzeitig, darüber war sich Benedictus sehr bewußt, wuchs eben dadurch auch die Gefahr geistiger Trägheit auf ungeheuerliche Weise an. „*Otiositas inimica est animae* (Müßiggang ist der Seele Feind)."[110] Aus diesem Kontext heraus gewinnt erstmals die ‚Arbeit' eine Funktion, die weit über die Notwendigkeit, den Lebensbedarf zu decken, hinausgeht.

Bereits Paulus hatte seinen Gemeinden, mit einer Wendung gegen das Halten von Sklaven, geboten, jeder habe das Seine zu schaffen und mit eigenen Händen zu arbeiten.[111] Die christliche Bewertung von Arbeit aber war von vornherein von einem Zwiespalt durchzogen. Zum einen konnte die Bemerkung im ersten Buch Moses, daß Gott Adam in den Garten Eden versetzt hätte, ‚daß er ihn bebaute und wahrte'[112], so ausge-

---

[108] Regula Benedicti. Die Benedictus-Regel, Beuron 1992

[109] Vgl. hierzu: Emil Reicke, Der Gelehrte in der deutschen Vergangenheit, Leipzig 1900

[110] Regula Benedicti, a. a. O., regula 48,1

[111] Paulus, 1. Thessaloniker-Brief 4, 11, in: Die Bibel, nach der Übersetzung Martin Luthers, Stuttgart 1967

[112] 1. Moses 2, 15

legt werden, daß der Mensch durch Arbeit Gottes Schöpfung nicht nur bewahre sondern zudem fortführe. Und in diesem Sinne konnte ‚Arbeit' sogar als Machtfaktor angesehen werden, dem göttlichen Gebot folgend, sich die Erde untertan zu machen. Zum Dritten aber lag auf der Arbeit der Fluch Gottes nach dem Sündenfall, demzufolge Adam sich sein Leben lang mit Mühsal nähren solle.[113] Im Sinne einer Strafe für den Ungehorsam konnte Arbeit, über den durch sie ‚asketisierenden' Effekt, als Buße angesehen werden, nämlich durch erzwungenen Triebverzicht jene Begierden zügeln zu müssen, denen zumal die Untätigen, vor allem Reiche und Mächtige, zu frönen schienen. Während nun nach dem zweiten Buch Moses nur das Gebot bestand, am siebten Tag, da Gott nach der Schöpfung ruhte, keine Arbeit zu tun[114], dehnte das Mönchtum diese Muße zur Verherrlichung Gottes auch auf die Werktage aus, was ja in einem Leben in der Nachfolge Christi ohnehin angelegt war. Der *Regula* des Benediktus nach durfte nichts, auch nicht die Arbeit, dem Dienst Gottes durch Lesungen, Gesängen, Meditationen und Gebeten vorgezogen werden.[115] Im *ora et labora* der Mönche bleibt Arbeit noch von untergeordnetem Wert.

Im ‚Mendikantenstreit' des 13. Jahrhunderts war es nicht nur um die Frage gegangen, ob und in welchem Ausmaße Klöster über weltlichen Besitz verfügen dürften oder ob sie sich nicht der Besitzlosigkeit verpflichten sollten, sondern auch um die Frage, ob Mönche sich weiterhin vorrangig dem *geistlichen* Leben hinzugeben hätten oder ob sie ihre Klausur verlassen dürften, um überall ‚in der Welt' lehrend, seelsorgend, missionierend und geistig-wissenschaftlich tätig werden zu können. Letzteres wurde bekanntlich von den entstehenden Bettelorden befürwortet. Man kann das jedoch nicht einfach als einen Sieg der *vita activa* über die *vita contemplativa* ausgeben.[116] Zumal es die neu gegründeten Bettelorden der Augustiner, Dominikaner und Franziskaner waren, durch welche die philosophische Theologie eine neue Blüte erlebte, vor allem im Rahmen des Universalienstreites, wie er durch die Rezeption aristotelischer Schriften ausgelöst worden war.[117] Zwar betonten Fran-

---

[113] 1. Moses 3, 17 – 19
[114] 2. Moses 20, 9
[115] Regula Benedicti, Die Benediktus-Regel, a. a. O.
[116] Vgl. Klaus Bernath, Thomas von Aquin und der Verlust der Muße, in: Joseph Tewes, Hg., Nichts Besseres zu tun. Über Muße und Müßiggang, Oelde 1991
[117] E. Reicke, a.a.O., S. 27

ziskanern wie Duns Scotus das Primat des Willens, Dominikaner wie Albertus Magnus, Thomas von Aquin oder Meister Eckhart dagegen einen Vorrang des Intellekts. Aber das deckt sich nicht mit der stoischen Differenz von *vita activa* und *vita contemplativa,* noch entwertet es das geistliche gegen ein für die Gemeinschaft handelndes Leben. Wille wie Intellekt galten als höchste Tätigkeit, wie sie allein in der Kontemplation vollzogen werden konnte. Meister Eckhart steht durchaus im aristotelisch-neuplatonischen Verständnis von Muße als einer von Ruhe ausgehender, in sich ruhender und zur Ruhe gelangenden Tätigkeit. Zum einen grenzt er allgemein ab: „Geschäftigkeit ist ein äußerliches Getue; aber Tätigkeit, das ist, was man mit Bescheidenheit von innen her ausübt."[118] Zum anderen sieht er, über die plotinische Unterscheidung des ‚äußeren‘ und ‚inneren‘ Menschen, kein Verhältnis des Ausschlusses zwischen kontemplativer Muße und äußeren, bewegten Tätigkeiten: „Nun sollst du auch wissen, daß der äußere Mensch gar wohl in Tätigkeit stehen kann, und dabei doch der innere frei und unbewegt zu sein vermag."[119] Sein Gemüt solle man ‚allezeit auf ein heiliges Schauen‘ richten, in welchem schließlich ‚alle Erkenntnis frei von jeder Kenntnis‘ werde. Diese Formulierung spricht erstmals die stets latent gebliebene Entgegenständlichung eines sich selbst denkenden Denkens an, die man allzu bequem nur als mystische Selbst-Versenkung ansehen wollte. Im Denken eines Nicolaus von Kues wird sie dann zur höchsten Form negativer Theologie erhoben.[120]

Die italienische Renaissance versuchte nochmals, der *vita contemplativa,* entgegen ihrer Einschränkung auf das nur mönchisch-geistliche Leben, wieder einen umfassenderen philosophisch-theologischen Sinn zurückerstatten. Darin ist noch kein Anzeichen einer Neigung zu bemerken, ‚Muße‘ mit ‚Passivität‘ in Verbindung zu bringen. Man sucht vielmehr zu dem zurückzukehren, was man für den ‚Geist der Antike‘ hielt. Und doch wird hier bereits die Neigung spürbar, die sich später erst manifestieren wird, nämlich ‚Muße‘ wie die Belohnung für einen

---

[118] Meister Eckhart, Vom tätigen und schauenden Leben, in: Vom Wunder der Seele. Eine Auswahl aus den Traktaten und Predigten, Hg. Schmid Neorr, Stuttgart 1989, S. 31

[119] Meister Eckhart, Von der Abgeschiedenheit, in: Vom Wunder der Seele, a.a.O., S. 26

[120] Nicolaus von Kues, De Li Non Aliud. Vom Nichtanderen, Übers. P. Wilpert, Hamburg 1987. Durch diesen Ausdruck sucht er die einfache Identifizierung Gottes zu vermeiden.

mühevollen Gang am Ende des Weges zu verstehen. Noch allerdings vollzieht sich Muße in eins mühevoll und durch ruhige Betrachtung im Glanz des Festlichen. Wie Pico della Mirandola sich ausdrückte, ist Muße, in welcher man sich ganz und gar der geistigen Betrachtung überlasse, ‚mit großen Mühen zur Bildung des Geistes und der Erkenntnis der Wahrheit‘ verbunden und zwar so, daß die Sorgen um private und öffentliche Angelegenheiten hintangesetzt werden.[121] „Wenn wir, frei von Geschäften, das Werk betrachten und dabei an den Schöpfer denken, beim Schöpfer denken an das Werk, und so in ruhiger Betrachtung geschäftig sind, dann werden wir rundum im Licht der Cherubim erstrahlen“.[122] Und solches Tätigsein in feiernder Ruhe und Ruhen in feierndem Tätigsein, wonach der Denker wie nach einem ‚engelgleichen Leben‘ strebe, scheint sich durchaus nicht nur mit den sich aufschwingenden und wieder ermattenden Bemühungen sondern auch mit den ‚Erregungen‘ zu vertragen, welche, wie er meint, die ‚Begeisterung der Musen‘ auslösen.[123] – Aber wird uns nicht immer rätselhafter, was dieses Reden von ‚Ruhe‘ zu bedeuten hat?

2.5. Die göttliche Ruhe und ihr Entzug

Die folgenden Anmerkungen zielen auf die Frage nach einigen theo-*logischen* Voraussetzungen, die entscheidend dazu beigetragen haben, daß sich der Entwurf von Muße als Seelen*ruhe* in der Neuzeit grundsätzlich zu ändern begann. Es handelt sich also weder um Fragen der Glaubensgewißheit noch um solche der Religionsphilosophie.

Oft nur unterschwellig wurde, wie gesehen, die in den spätantiken Lebensentwürfen beschworene *Ruhe*, die statt des Festes oder als Fest das Wesen der Muße ausmachen soll, in einem aristotelischen Sinne als göttliche verstanden, nämlich als die Unbewegtheit eines ersten Bewegers, welcher sich die denkende Seele anzunähern vermöge. Die festliche Ausstrahlung des unbewegten Bewegers wurde dabei eher nur im negativen Sinne göttlicher Unbedürftigkeit mitbedacht. Sich dieser anzunähern, das sollte nun einem stets gefährdeten Leben *nutzen*. So wird, gegen das

---

[121] Pico della Mirandola, De hominis dignitate. Über die Würde des Menschen, Übers. G. v. Gönna, Stuttgart 1997, S. 41
[122] Ebd., S. 15
[123] Ebd., S. 19 u. S. 29

Feiern des Göttlichen, die Klärung einer *Logik* des Gottes bedeutsamer, an der man sich orientieren konnte. – Nun hatte man schon gegen Aristoteles einwenden wollen, daß das Denken des Denkens (*noesis noeseos*) als göttlich reine Wirklichkeit (*energeia*) ohne jedes inhaltlich bestimmbare Vermögen (*dynamis*) sich gar nicht in dem Gedanken ‚Gott‘ vergegenständlichen könnte. Im Fehlen jeder möglichen Intentionalität käme er gar nicht zu Bewußtsein. Woran also sollte sich die ersehnte Seelenruhe orientieren können? Von vorn herein schien vielmehr der Weg einer negativen Theologie vorgezeichnet, auf dem sich gerade das ‚zeitlos‘ und absolut Vollkommene schlechthin der Denkbarkeit zu entziehen begann.[124] So schien nur übrig zu bleiben, den leeren Ort des ‚undenkbaren Gottes‘ mit Festlichkeit auszufüllen, diese aber zugleich ihrerseits ins Göttlich-Ewige umzudeuten. Die Feier des Göttlichen begann gleichsam den Gott zu ersetzen und das Göttliche wiederum begann das Fest zu instrumentalisieren und ihm somit das eigene endliche Wesen zu entziehen. Zwar bewahrten sich auch im kirchlich-religiösen Glauben Züge, die über das ‚Seelenheil‘ als erstrebten Nutzen hinausgingen und damit über bloße ‚Seel-Sorge‘. Nur wie sollte sich die Suche nach Muße an einem reinen Transzendieren orientieren können? Brach da nicht eine antinomische Situation auf, die das Heraufkommen einer transzendenzlosen Arbeitswelt beförderte, welche die Sehnsucht nach der verlorenen Muße dann in ihrem unfestlichen Sinne einverleibte und instrumentalisierte (3.)? Aber der Entzug göttlicher Seelenruhe setzte zugleich auch die Möglichkeit frei, wieder auf andere Weise das mußische Erschauen festlicher Schönheit verstehen zu können (10.). Und die entstehenden Ästhetiken begannen sich darauf zu beziehen.

Ich werde einige Argumente negativer Theologie in der Weise skizzieren, daß der Entzug der gesuchten göttlichen Ruhe deutlich werden kann, und zwar in einer groben Anlehnung an eine Gedankenbewegung, die von Platon und zumal von Aristoteles ausging und über Denker wie Plotin und Nicolaus von Kues zu Kants Kritik der Antinomien geführt hatte und darüber hinaus zur Dialektik des Deutschen Idealismus. Der Blick auf die der Muße eigenen Festlichkeit war schon dadurch getrübt worden, daß man sie vorrangig als Mittel der Verherrlichung Gottes ansah, wodurch sie sich auf eine bloß psychische Haltung und Erlebnisweise zu reduzieren begann. Zudem hatten nun die Glaubenslehren

---

[124] In dieser Tradition: Michael Theunissen, Negative Theologie der Zeit, Frankfurt a. M. 1991

auch die Funktion zu übernehmen, sich über die theo-logisch aufge-deckte *Unerkennbarkeit* und *Unbegreiflichkeit* Gottes hinwegsetzen zu können. Die ‚Ruhe‘, an der man sich orientieren wollte, wurde immer unkenntlicher, und vielleicht sind die ausbrechenden Religionskriege auch davon ein Ausdruck.

Der Begriff der Schau (*theoria*) hatte schon früh auch die Funktion zu übernehmen, Aporien zu verhüllen und dem Blick zu entziehen, Aporien, die auftreten, wenn eine Totalität absolut gesetzt sich selbst enthalten soll. Heute aber neigt man zu der Auffassung, daß die Ausfüllungen einer leeren Freizeit, die an die Stelle der Muße getreten seien, als Niedergang jener einst höchsten Erfüllung zu verstehen seien, wie sie in der festlichen Schau des ‚Göttlichen‘, in der *theoria*, erfahren worden waren. In solchen Augenblicken der Gunst sei Zeit still gestanden, um in Muße eine beglückende Einsicht in das höchst Vollkommene und Ewige zu gewähren. – Wie aber, wenn Muße eben deshalb unter den Bann von Leere und Mangel geraten konnte, weil man in ihr eine Verheißung vollkommener göttlicher Erfüllung hatte sehen wollen? Was suchte man unter dieser Göttlichkeit zu verstehen?

‚Göttlich‘ wurden solche Eigenschaften genannt, die einem Gott als Person und nicht nur einer subjektlosen kosmischen Macht zukommen sollen und die, jedes Maß überschreitend, über die göttliche Person hinaus auf das Andere ihrer selbst zu wirken vermögen, um in einem erwidernden Kult verehrt zu werden. An der Form dieser Auffassung, wonach ‚göttlich‘ als Prädikat einem Subjekt zugesprochen wird, ändert sich nichts grundsätzlich, wenn man in der personenhaften Göttlichkeit nur eine Vergöttlichung der menschlichen Person und eine Hypostasierung solcher ihrer Eigenschaften sieht, die im Wunschbild und Ideal der Vollkommenheit und Unbeschränktheit jede Begrenztheit überschreiten. Gleichermaßen haben kirchliche wie atheistische Erklärungsversuche mit der alten Erfahrung des Denkens zu tun, daß im Medium einer zweiwertigen Logik unlösbare Widersprüche und Antinomien auftauchen, wenn die quantitative Bestimmtheit von Begriffen absolut gesetzt wird. Wenn religiöse Dogmen ihre soziale Durchsetzungskraft einbüßen und Ausdrücke wie Allmacht, Allgüte, Allwissenheit in ihren begrifflichen Widersinn entgleiten, anstatt nur als Anzeichen dafür zu gelten, daß Menschen Übermächtiges und somit die eigene Ohnmacht erfuhren; dann tritt ihnen gewöhnlich ein Glauben oder ein ‚gefühlsmäßiges Verstehen‘ göttlicher Unbegreiflichkeit entgegen, das allen Ansprüchen

auf Verständnis trotzt. Das heißt, in dem Maße wie der göttlichen oder
der vergöttlichten Person die höchste *Vollkommenheit* und *Unbeschränktheit* zugeschrieben wird, taucht auf seiten des erfahrenden Denkens dessen ‚vollkommener‘ Mangel auf. Man hält es für selbstverständlich, daß endliches Dasein von bestimmten Ereignissen derart mächtig
betroffen, überwältigt und in Erstaunen versetzt werden kann, daß es
darauf zu antworten sucht, als hätte es einen Anspruch des Übermächti-
gen erfahren, das sich dem Verständnis zugleich entzieht. Der Begierde
aber nach vollkommener und unbeschränkter Erfüllung, um dieser
Macht gleich zu werden, widerfährt allerdings gerade dort nur ein Entzug, wo es um das Begreifen des Göttlichen gehen soll.

Wird ‚Beschränktheit‘ welcher Art auch immer als ein Mangel an
Macht verstanden, so verliert – in der bloßen Verneinung derselben – der
Mangel nur seine eigene Bestimmtheit und Begrenztheit. ‚Unbeschränktheit‘ würde dann dasselbe bedeuten wie ‚bestimmungslose
Leere‘ und ‚absoluter Mangel‘, fügte man nicht zugleich hinzu, diese
Leere sei erfüllt von einem unerschöpflichen virtuellen Reichtum an Bestimmungen. Wie aber wäre diese schrankenlose Fülle überhaupt von einem Zustand absoluter Entropie zu unterscheiden? Der Mangel dieser
Erfüllung selbst läge im Fehlen jeder Abständigkeit, jeder Spannung, jeder individuierenden Gestaltung, jeder offenen Möglichkeit. *Vollkommenheit* mußte daher paradox durch *Unbeschränktheit* und *Unendlichkeit* im Sinne von *grenzenloser Freiheit* ergänzt werden, um überhaupt
als göttlich gelten zu können.

Eine der frühesten Bestimmungen der göttlichen Person zeigt sich in
der Rede von der *Unsterblichkeit* und *Unvergänglichkeit*, noch bevor
dann auch ihre *Unentstandenheit* postuliert wurde. Derart vollständig
dem Werden und der Veränderung entzogen, erklärte man den Gott zunächst als unbeschränkt *beständig* und, noch in jeder seiner Äußerungen, absolut in sich selbst *ruhend*. In dieser anfangs- und endlosen Beständigkeit ist bereits seine *Unbedingtheit* und *Immaterialität* auf mehr-
fache Weise mit ausgesagt: der Gott ist weder von körperlicher und somit begrenzter Ausdehnung, noch stellt er sich in einem Spiel der Kräfte
dar, worin sich Aktivität und Passivität wechselseitig beschränken würden, noch ist er teilbar oder ergänzbar. Aus diesen Verneinungen heraus
erhebt sich der Gott zur einfachen und unendlichen *Totalität des Geistes*
in seinem reinen, transzendenten Vollzug. Aber genau genommen ließe
sich von diesem Geist nicht einmal sagen, er bestimme sich selbst, weil

mit jeder Selbstvergegenständlichung unvermeidlich Passivität und somit Stofflichkeit wieder ins Spiel käme. *Unabhängigkeit* und *Freiheit*, *Unbedürftigkeit* und *Selbstgenügsamkeit* mag man vielleicht noch mit ,reiner Aktivität' und absolutem Willen verbinden können. Aber wie sollte dieser göttliche *actus purus* selig sich selbst genießen können, um zugleich als Vorbild einer Nachfolge gelten zu können?

Von der immateriellen Seinsweise eines reinen, in sich ruhenden Vollzuges läßt sich schließlich nicht einmal mehr sagen, sie sei von unendlicher Dauer und Ausdehnung. Das ,Jederzeit- und Überall-zugleich-Sein' (*semperitas*, *omnipraesentia*) des Gottes löst sich auf in eine schlechtin unbegreifliche Ewigkeit (*aeternitas*).

Was aber unterschiede diese, durch verabsolutierte Totalität begriffslos gewordene Göttlichkeit noch von jenem ,absoluten Mangel', den Nietzsche als ,toten Gott' bezeichnete, ermordet von einer sich im Maßlosen auflösenden Begrifflichkeit?[125] Ist der Entrückung des Gottes zur absoluten Idee als reiner *activitas*, noch über jedes vergleichbare ,höchste Gut' hinaus, nicht zugleich dessen vollkommener Entzug zur absoluten Gottlosigkeit? Heißt das nicht – um einen Gedanken Newtons zu ,übertreiben' – daß ,Ruhe' und ,Unruhe' indifferent eins geworden sind? Wie ließe sich dann die Sehnsucht nach einer Muße als göttlicher Seelenruhe noch von einer Todessehnsucht unterscheiden? Vielleicht als der Traum, vor der Maschinerie der Arbeitswelt Ruhe zu finden?

---

[125] Friedrich Nietzsche, Also sprach Zarathustra, In: Nietzsches Werke Bd. VII, Leipzig 1906, S. 12

3. Muße und Arbeitswelt

3.1. Der Zirkel der Nützlichkeit

Der Entzug des Göttlichen läßt in der Neuzeit eine gänzlich andere Form des ‚Strebens nach Glückseligkeit' aufkommen, ein Streben nicht mehr aus einer Ruhe, in ihr und auf sie zu, sondern als grenzenlose Bewegtheit und Unruhe in Hinsicht auf einen fingierten ‚Anhalt im Absoluten', der als Maß einer ‚unendlichen Annäherung' dienen sollte. Nur, was soll das überhaupt noch bedeuten können? Im Geiste eines rastlos strebenden Bemühens, das sein Ziel ohnehin in diesem Leben nie würde erreichen können, wird man vielleicht noch ein Gott wohlgefälliges, aber kein gottähnliches Leben mehr führen können. So wird das Leben zu einem Provisorium, das ständig bearbeitet wird, ohne daß man noch wüßte woraufhin. Alles was als nützlich und insofern als ‚rational' gilt, schließt sich zu einer Welt zusammen, zur Arbeitswelt, von der schon angesichts der endlosen Beschädigungen nicht eindeutig gesagt werden kann, sie nütze insgesamt einer Selbsterhaltung der Gattung. Dem Funktionieren der Arbeitswelt kann eine beabsichtigte oder unbeabsichtigte Vernichtung von Leben und Zerstörung von Umwelt ebenso ‚von Nutzen' sein wie deren Erhaltung. In der Arbeitswelt hat sich der Kreis der Nützlichkeiten zu einer funktionalen Totalität geschlossen, in deren Abwandlungen keine Richtung mehr erkennbar ist.

Antikes Denken hatte sich vom Bild der Treppe und des Aufstiegs leiten lassen, von einer bestimmten *Rangfolge* nützlicher Tätigkeiten, die sich an einer Spitze vollenden, nämlich in einer Muße, die allein in ihrem festlichen Vollzug gelingt und schlechthin frei von jedem Nutzen ist. Man verstand solche Muße einst als eine grundsätzliche Abkehr vom Zweckmäßigen nicht nur der alltäglichen Beschäftigungen sondern auch der alltäglichen Erholungen von diesen und für diese. Sie vollzog sich als eine sich feiernde, überschwengliche und schlechthin ‚unproduktive Verausgabung'.[126] Nur soweit handelndes Feiern in seiner Auswirkung auf das alltägliche Leben reflektiert wurde, suchte man in einem kulti-schen Rahmen die Grenzen zur Destruktivität zu wahren. Aufsteigend sollte alles Herstellen, Verwenden und Handeln zum ‚Wohl eines Gan-zen' geschehen, das als erschaute Wahrheit zu nichts mehr tauge. Und doch kehrte man die Nutzlosigkeit um in den Gedanken, in ihr komme das Wesen der Dinge erst zu der ihr angemessenen Entfaltung, die so ihr Ziel allein in sich trüge. Dieser Skala entsprach zugleich eine soziale Hierarchie, deren Basis die Sklavenarbeit, deren Spitze das Philosophie-ren freier Männer bildete. Nach Aristoteles bedurfte die privilegierte so-ziale Stellung des Philosophen schon deshalb keiner Rechtfertigung, weil die Ergebnisse seiner Tätigkeit, die Einsicht in die Wahrheit, jedem Nutzen außer dem Nutzen für sich selbst sollte entzogen sein und inso-fern natürlich auch nicht mittelbar den arbeitenden Massen oder sonst menschlichem Leben zugute kommen würde. Als leibhaftige blieb na-türlich die Existenz des Philosophen auf die Arbeitswelt angewiesen; für sich als Tätigkeit aber trage sie ihren Zweck in sich. Man ging nicht so weit zu sagen, sie verausgabe sich – wie das Fest – umsonst.

Mit der ‚Entrückung des Göttlichen' zum unendlich Erstrebten tauchte nun dagegen ein geschlossener *Zirkel* zweckmäßiger Tätigkeiten und Bedingungen auf, der als Ganzer die Selbsterhaltung und – seit Be-ginn der Neuzeit – die Selbsterweiterung zum Ziel haben solle; wobei ‚Muße' in diesen Kreis kalkulierbarer Nützlichkeiten hineingezogen wurde, indem ihre ursprüngliche Bedeutung, nämlich unproduktive festliche Verausgabung zu sein, aber auch ihre abgeschwächte Bedeu-tung, nämlich Genuß von Seelenruhe zu gewähren, sich mehr und mehr verflüchtigte. Als ‚freizeitliche' Weise einer Erholung von Arbeitsmühen und Anspannungen überhaupt wird dieser alltäglich gewordenen ‚Mu-

---

[126] Georges Bataille, Die Aufhebung der Ökonomie, in: Das theoretische Werk Bd. 1, Übers. T. König, München 1975. Dazu: Jacques Derrida, Von der be-schränkten zur allgemeinen Ökonomie, in: Die Schrift und die Differenz, Übers. R. Gasché, Frankfurt 1976, S. 380 – 421. Obwohl ein Denker wie Josef Pieper das verschwenderische Moment der Muße scharfsinnig gesehen hat, neigt er doch manchmal dazu, ‚Muße', als eine ‚seelische Haltung', nur durch ‚Entspan-nung und Gelöstheit' zu kennzeichnen gegen die ‚Angespanntheit' in der Arbeit. Tatsächlich verlaufen aber inzwischen manche Arbeitstätigkeiten entspannter und geruhsamer als viele der sogenannten Freizeitaktivitäten. Bedeutsamer ist deshalb Piepers Erinnerung daran, daß Muße wesentlich mit einem alle nützli-chen Tätigkeiten unterbrechenden Festkult zu tun hatte. Josef Pieper, Muße und Kult, München 1952

ße' selbst eine nützliche Funktion in der Arbeitswelt zugeschrieben. In einem solchen ‚System der Bedürfnisse', wie Hegel es nannte[127], gibt es keinen Wert mehr, der nicht weiteren Zwecken als Mittel diente und dem nicht andere Zwecke als Mittel dienten. Jeder Vorgang wird danach bemessen, in welchem Grade er anderen Vorgängen förderlich, gleichgültig oder schädlich und von solchen selbst befördert oder geschädigt wird. Die Dynamik dieses Funktionskreises bildet daher das allerdings ‚stofflich' gebundene negative Pendant zum reinen, gegenstandslosen Am-Werk-Sein der aristotelischen *energeia* – als sei in ihm die festliche Befreiung vom Nutzen negativ als Sinn- und Nutzlosigkeit des Ganzen verwirklicht. Mit Beginn der Neuzeit nahm das menschliche *sub-iectum* und dessen Wille zur Bemächtigung, in welchem man nun etwas ‚relativ' In-sich-Ruhendes fixierte, mehr und mehr die Stelle des entrückten göttlichen *actus purus* ein, bis schließlich Schopenhauer und Nietzsche die Sinnlosigkeit dieses Willens ‚im Ganzen' aufzudecken begannen. Die Totalität der Arbeitswelt zeigt sich gleichsam als ‚negatives Fest'. In der Arbeitswelt dienen die Funktionen primär der Aufrechterhaltung ihrer Zirkulation und erst ‚in der Folge' auch mehr oder weniger einem individuellen Gebrauch. Daher findet die Arbeitswelt im Geld seine angemessene, grenzenlos zirkulierende Form, in der nebenbei auch die rechtmäßigen oder unrechtmäßigen Gewalten ihre besonderen Gestalten ausprägen. In dieser Welt des alltäglichen ‚Bewandtniszusammenhangs der Zuhandenheiten'[128], gibt es, außer im Glauben an ein unbestimmbares Jenseits, keinen Sinn des Ganzen mehr. Gleichwohl mußte der Zirkel fiktiv zu einer *Spirale* aufgebrochen werden, in welcher sich Elemente seiner Funktion mit solchen der Skala zu einer neuen Form verknüpfte, damit nicht überhaupt jede Orientierung verloren gehe. Man mußte nämlich der Bedrohung entgehen, daß dieses System der Funktionen von seiner sisyphosartigen Sinnleere eingeholt würde. Das wurde dadurch bewerkstelligt, daß man in den gewaltigen, technisch bewirkten Veränderungen einen ‚Aufstieg' imaginierte, der dadurch eine gewisse Glaubwürdigkeit gewinnen konnte, daß sie in einer Reihe von Lebensbereichen, außer der gesteigerten Vernichtungskraft, auch Verbesserungen brachte. Und man wird weiterhin zumindest solange unbekümmert von stetem Fortschritt, Wachstum, Leistungssteigerung reden, solange

---

[127] G. W. F. Hegel, Grundlinien der Philosophie des Rechts § 189 – 208, in: Werke in 20 Bänden, a.a.O., S. 346 ff.
[128] Martin Heidegger, Sein und Zeit § 18, Tübingen 1960, S. 83 f.

in diesem ‚Sich-Hinauf-Schrauben' das mitwachsende Ausmaß an Zerstörungen und Verelendungen in Kauf zu nehmen oder auszublenden war. Da aber die Sehnsucht nach der verlorenen Muße weitergeistert, müssen unentwegt gegen die Unruhe technischer ‚Herausforderungen'[129] eben diese allgemein als ‚Errungenschaften' gefeiert werden, die sich menschlichem Erfindungsgeist verdanken und Ausdruck der Macht menschlichen Willens und seiner Fähigkeit sei, Probleme zu lösen. Daß umgekehrt dieser Wille in den Dienst der Arbeitswelt geriet, dies zu sehen läßt menschliche Eitelkeit selten zu.

Schließlich begann durch die Maschinisierung Lohnarbeit selber zu einem ökonomisch knappen Gut zu werden, dem nun ein nutzlos werdendes, inflationäres Angebot der Ware Arbeitskraft gegenübersteht, die mit der Wirksamkeit auch ihre kämpferischen Züge einbüßt. Würde die Arbeitskraft, um sich gegen die Arbeitswelt überhaupt aufzulehnen, wieder nur auf ihren ‚revolutionären Willen' setzen, hätte eben diese Arbeitswelt schon von vornherein in ihren Gegnern über diese gesiegt. Wie aber, wenn aus einer Besinnung auf Muße der Arbeitswelt ein weit gefährlicherer Gegner erwachsen könnte? Dann jedoch wäre ‚Muße' erst von der Funktion zu befreien, der ihr in der Arbeitswelt zugewiesen worden ist.

Der Weg zur totalen Arbeitswelt hatte damit begonnen, daß Arbeit zu einem göttlichen Wert erhoben wurde, weit über ihre lebenserhaltende und ‚moralisch' disziplinierende Funktion hinaus. So nannte Thomas Hobbes ‚Arbeit und Fleiß' nicht nur ‚Tugenden', sondern ‚zwei Gottheiten, die bisher ohne Altar und Tempel geblieben' seien.[130] Die ‚Seelenruhe' der *vita contemplativa*, mit der man einst glaubte, Göttliches abbilden und in sich einprägen zu können, sowie deren Verheißung auf Glückseligkeit, wird, (wie auch die im Christentum postulierte absolute Verdammnis), gänzlich in ein postmortales Jenseits abgeschoben, um einer

---

[129] Martin Heidegger, Die Technik und die Kehre, Pfullingen 1962

[130] Thomas Hobbes, Vom Menschen, Kap. 14, 11, Übers. M. Frischeisen-Köhler, Hamburg 1994, S. 50. Spuren solcher Anbetung sind noch in der Heroisierung des ‚Arbeiters' zur Gestalt des ‚Kämpfers aus eigenem Willen zur Macht' zu finden, welche einen Denker wie Karl Marx mit dem ihm widrig gesinnten ‚Nietzscheaner' Ernst Jünger verbindet. Vgl. Ernst Jünger, Der Arbeiter. Herrschaft und Gestalt (1932), Stuttgart 1981. Und zur Auseinandersetzung Heideggers mit Jünger: Peter Trawny, Heidegger und ‚Der Arbeiter'. Zu Jüngers metaphysischer Grundstellung, in: Verwandtschaften, Hg. G. Figal und G. Knapp, Tübingen 2003, S. 74 – 91.

neuen, unendlichen Unruhe den Segen zu erteilen: „Das höchste Gut
oder, wie man es nennt, die Glückseligkeit und das letzte Ziel kann man
in diesem Leben nicht finden." Andernfalls bliebe ja nichts mehr zu begehren. „Das größte der Güter aber ist ein ungehindertes Fortschreiten
zu immer weiteren Zielen."[131] Denn das Leben sei beständige Bewegung, die nur dann bloß in sich kreise, wenn sie geraden Weges nicht
fortschreiten könne. – Nun soll also endloses, zielloses Streben seinen
Sinn in sich selbst finden, ohne sinnlos zu werden. Das kann nur gelingen, indem es sich ein vollkommen unbestimmtes, leeres ‚Ziel an sich'
fingiert und zugleich als ‚unerreichbar' von sich fern hält, ein ‚Ziel', dem
dann auch die Verheißung, Arbeit erlöse von allen Übeln, implantiert
werden kann.[132] Und man wird auch später, sofern nicht nur die jeweils
herrschende Form der Ausbeutung, sondern die Arbeit selbst als das
Übel angesehen wurde, nicht mehr daran zweifeln, daß sich Arbeit
‚letztlich' (also nie?) nur durch Arbeit verringern oder gar abschaffen
lasse, da ja andernfalls bloß Arbeitslosigkeit entstehe.

So herrscht also die Grundstruktur der Unruhe unendlich mühseligen
Strebens, bekräftigt von jener ‚Muße der Arbeitswelt', in welcher für
Augenblicke neue technische Errungenschaften gefeiert werden. Und
noch bevor diese Arbeitswelt als ‚faustisch' heroisiert werden konnte,
erklärte bekanntlich Lessing das Streben nach Wahrheit für wertvoller
als deren Besitz.[133]

3.2. Mühe und Arbeit

Die Zwänge der hoch entwickelten, durch Kapital vermittelten Arbeits-
teilung werden seit Beginn der Neuzeit oft so dargestellt, als seien sie
nicht nur die Wirkung von Interessenkämpfen um knappe Resourcen,
sondern Effekt der Setzung einer vernünftigen Norm durch einen moralisch guten ‚Allgemeinwillen', der schlechthin allem einen Wert verleihe,
was durch eine nutzbringende, körperliche oder seelische *Mühe* hervorgebracht werde, wobei stets um anderer Ziele willen, die zumal das
Wohl der Allgemeinheit betreffen, teils Aufschübe der Befriedigungen,

---

[131] Ebd., Kap. 11, 15, S. 29
[132] Der Existenzialismus in der Prägung Sartres wird dann gerade in der Möglichkeit, in einer absurden Welt Ziele fingieren zu können, ‚Freiheit' sehen.
[133] Gotthold Ephraim Lessing, Nathan der Weise, in: Werke Bd. 2, Köln 1965

teils Verzichte auf Genüsse in Kauf zu nehmen seien. Abgesehen davon, daß man so Arbeit mit Handlung gleichzusetzen suchte,[134] konnte nun alles zur ,Arbeit' (im Sinne von *ponos, molestia, labor*) werden, was einen Aufwand und eine erfolgversprechende Verausgabung erforderte, ob solche Arbeit bezahlt wurde oder nicht. Und man kam zur Auffassung, selbst sportliche oder kriegerische Leistungen und sogar wissenschaftliche und philosophische Tätigkeiten sowie jede psychische Bewältigung von Krisen und Konflikten dadurch ,würdigen' oder zumindest ihren Aufwand an Kräften sozial legitimieren zu können, daß man sie ,Arbeit' nannte; so wie sogar das Massenmorden noch von seinen Agenten als ,notwendige Drecksarbeit' bezeichnet wurde. Schließlich universalisierte man den Begriff der Arbeit derart, daß man auch von allen natürlichen Vorgängen definierte technische Bedingungen anzugeben begann, unter denen sie ,nutzbringende Arbeit' leisten würden. Auf diese Art konnte schließlich sogar die Erholung von den Mühen als eine ,Arbeit' des Organismus, nämlich als Wiederherstellung verbrauchter Kräfte und deren Sammlung ausgelegt werden. Im Sinne dieser durchgängigen Funktionalisierung setzte sich das System der Funktionen als totale und alles beherrschende und ausrichtende Arbeitswelt durch, in welcher Hegel allerdings noch einen umfassenden Bildungsprozeß hatte sehen wollen, der sich selbst aufzuheben in der Lage sei.[135] Selbst die Erzeugnisse einer genialen Begabung konnte man, vom Fleiß abgesehen, einem besonderen ,Bemühen' der Natur zuschreiben, während alles, was mühelos und leicht fällt, wertlos wurde oder nur den geringen Wert eines Kinderspieles erhielt. Aus diesem Grunde gilt auch ,unqualifizierte' Arbeit als minderwertig, da ihr keine Mühe des Erlernens vorhergegangen ist. Im Unterschied zu einer erzwungenen Untätigkeit in der Arbeitslosigkeit, müssen nun diejenigen, welche der Mühelosigkeit den höheren Wert im Leben zusprechen, praktisch mit Sanktionen rechnen, als würden sie gegen Gesetze verstoßen. Man prägte für die den Ausdruck ,Sozialschmarotzer'.

[134] Zum grundlegenden Unterschied von Arbeit und Handlung vgl.: Hannah Arendt, Vita activa oder vom tätigen Leben, Stuttgart 1960

[135] G. W. F. Hegel, Der sich entfremdende Geist. Die Bildung, in: Phänomenologie des Geistes, BB VI, Werke Bd. 3, a.a.O., S. 359 f. Nach Hegel allerdings kam die ,Arbeit des Begriffs' zu einem Ende, ohne daß sie zum Spiel geworden wäre. Worin aber könnte dieser Zustand zwischen Arbeit und Spiel bestehen? Liegt er etwa in einer Art ,Selbstfortpflanzung' der Maschinerien? Vgl. vom Verfasser: Über den Umgang mit Maschinen, Tübingen 1983

Nun hätte natürlich ein Predigen von Arbeitsmoral allein niemals aus-gereicht, Arbeit als allgemeine Lebensform durchzusetzen. Gegen die nun als ‚unproduktiv' erklärten Tätigkeiten von Klerus und Adel defi-nierte die entstehende politische Ökonomie mit Adam Smith *produk-tive'*, Waren herstellende Arbeit als die alleinige Quelle allen sozialen Reichtums, wie er durch den Druck des Wettbewerbes zu gewinnen sei.[136] Denker wie John Locke hatten schon zuvor den revolutionären Grundsatz gegen die Feudalität und ihre ‚Privi-legien' formuliert, wo-nach Gott den Menschen die Erde als allen gemeinsames Eigentum ge-geben habe, und da es naturrechtlich nur ein Eigentum an der eigenen Person geben könne, sei allein die Arbeit des eigenen Körpers und das Werk der eigenen Hände eine legitime Aneignungsweise.[137] Auf solche Überlegungen wird sich zunächst das Bürgertum gegen die feudale Vor-herrschaft der Grundrente berufen, dann die Arbeiterbewegung gegen das Eigentum des Bürgertums an Produktionsmitteln, schließlich die Globalisierungskritiker gegen die Verfügungsgewalt über die Kapital-ströme. Arbeits*kraft* gilt seither nicht nur als höchster Wert, sondern als das Einzige, das überhaupt Werte zu erzeugen vermag.[138]

Der Ausdruck ‚nutzbringende Mühe', – legt man die durch Kant kri-tisch unterschiedenen Diskursebenen zu Grunde – , enthält zum einen das ‚naturalistische' Moment einer durch Kausalität strukturierten em-pirischen Erfahrung, nach welcher auch ‚Zweckbestimmungen' nur psy-chisch als Auswirkungen von Beweggründen gelten können; zum an-dern das ‚intelligible' Moment einer teleologischen Reflektierbarkeit dieser Erfahrung. Dieser analytisch sinnvollen Unterscheidung kann auf praktischer Ebene die Erfahrung einer ‚Naturalisierung' der eigenen Ar-beitstätigkeit entsprechen, dann nämlich, wenn deren Bemühungen gänzlich nutzlos und ohne Erfolg bleiben. Die physischen und psychi-schen Anstrengungen werden jedes Sinns entkleidet und reduziert auf den oft vergeblichen Versuch, durch Mühen, Schuften, Sich-Plagen we-nigstens ‚nackt' zu überleben. Die Sinnlosigkeit der Bemühungen ver-wandeln Arbeit in Qual. – Doch es liegt nicht im Geist der Arbeitswelt,

[136] Adam Smith, An inquiry into the nature and causes of the wealth of nati-ons, 1776, (Eine Untersuchung über Wesen und Ursachen des Volkswohlstan-des, Gießen 1973)

[137] John Locke, Über die Regierung (1689), Buch V, Übers. D. Tidow, Reinbek 1966, S. 26

[138] David Ricardo, Principles of political economy and taxation, 1817, (Grund-sätze der politischen Ökonomie und der Besteuerung, Frankfurt a. M. 1972)

zu solcher Versklavung zurückzukehren. Es kann sogar das Mühselige des Arbeitens seinerseits zu einem Hindernis werden, das dann durch eine Bearbeitung der Arbeitsweise selbst überwunden werden soll, um verfügbare Kräfte besser auszunutzen, Abläufe zu beschleunigen etc. Und so wie die Arbeitsmittel und allgemein die Produktionsbedingungen zum Gegenstand wissenschaftlicher, technologischer und organisatorischer Bearbeitungen werden, so wird in der Ausbildung die künftige Arbeitskraft selbst zum Rohstoff einer Bearbeitung, um ihre nutzbringenden Kräfte und Fähigkeiten zu entwickeln und sie durch Übung und Gewöhnung kalkulierbarer zu machen und sparsamer zu verwenden. Gleichwohl müssen wir das Wesen der Arbeitswelt von ihrem ökonomistischen ‚Ideal' unterscheiden, das angeblich durch Konkurrenz zur Wirkung käme, demzufolge nämlich der benötigte Aufwand, durch welchen ‚unproduktive' Aufwände reduziert werden, geringer sein muß als die Ersparnis bei letzteren. In der Arbeitswelt, als ‚negativem Fest', ist solcher Rationalismus untrennbar verwoben mit ebenso gigantischen Verschwendungen und Zerstörungen. Sie erfüllt eben ‚als ganze' keinen Zweck. Und das spiegelt sich durchaus auch in Versuchen, einen angemessenen Begriff von Arbeit zu entfalten:

In den Überlegungen von Marx zum Begriff ‚Arbeit' schlagen unentwegt kausale Beschreibungen in teleologische Reflexionen um und umgekehrt. Und eben darin läßt sich ein seltsames Erbe antiker Argumentation aufzeigen. Hatte Marx in seiner *Deutschen Ideologie* noch von einer Revolution gesprochen, die schlechthin auf die Beseitigung von Arbeit durch Maschinerie ziele[139], verwendet er in seinen späteren Kritiken der Politischen Ökonomie einen Begriff von Arbeit, mit dem er zum einen mit Kant die kritische Differenz von Kausalität und Teleologie zu wahren sucht, sie aber zugleich mit Hegel in der menschlichen Arbeitskraft als aufgehoben begreifen will, was ihn zu aristotelischen Gedankengängen zurückführt. Arbeit sei ‚zweckmäßige Tätigkeit zur Herstellung von Gebrauchswerten', aber auf der Grundlage eines bloßen ‚Stoffwechsels zwischen Mensch und Natur' als einer ‚ewigen Naturbedingung menschlichen Lebens unabhängig von jeder Form des Lebens'.[140] Sehe man von jeder Nützlichkeit und Zweckmäßigkeit ab, stoße man auf ein ‚materielles Substrat', das von der menschlichen Ar-

---

[139] Karl Marx, Deutsche Ideologie, in: Marx-Engels Werke Bd. 3, Berlin 1960, S. 69 – 70
[140] Karl Marx, Das Kapital Bd. I, in: Marx-Engels Werke, Bd. 23, a.a.O., S. 198

beitskraft nach bestimmten Zwecken geformt werde, wobei diese Form-
tätigkeit wiederum von Naturkräften unterstützt werde.[141] Es geht da
also um das unbestimmte Vermögen (*dynamis*) einer Stofflichkeit (*hyle*),
die allein in einer formgebenden ‚Aktualisierung‘ (*energeia*), welche ihr
Ziel in sich hat (*entelecheia*), zur Wirkung kommen kann.[142] Unter dem
rein kausalistisch-naturalistischen Aspekt tritt der Mensch dagegen
selbst nur als eine Naturmacht der Natur gegenüber auf, und indem er
auf diese einwirke, verändere er zugleich seine eigene Natur, in welcher
geschichtlich und gesellschaftlich bestimmten Form das auch immer geschehe.

Praktisch aber kann, wie bemerkt, solches ‚Absehen‘ von jeder
Zweckmäßigkeit als der alte Fluch erlebt werden, der über der Arbeit zu
liegen scheint: die sklavische Mühsal, aus der sich dieses irdische Leben
durch den Zirkel einer ‚unendlichen Ab*schaffung* der Arbeit‘ nicht herauszuwinden vermag, eine Mühsal, die um so niederdrückender wirkt, je
ferner jede festliche Muße gerückt ist. Zugleich aber werden wir selbst in
Marxens Gedanken der alten Figur götterähnlicher ‚Ruhe‘ wiederbegeg-
nen, als gälte es, zumindest gedanklich die Menschen vor dem Schicksal
des Sisyphos zu bewahren. Was nämlich ‚Arbeit‘ doch von jedem nur
natürlichen Stoffwechsel unterscheide, sei: „Am *Ende* des Arbeitspro-
zesses kommt ein Resultat heraus, das beim *Beginn* desselben schon in
der Vorstellung des Arbeiters, also schon ideell vorhanden war." Arbeit
sei nicht nur ‚Formveränderung der Natur sondern Verwirklichen eines
Zweckes, den der Mensch wisse und der die Art und Weise seines Tuns
als Gesetz bestimme und dem er seinen Willen unterordnen müsse‘.[143]
Hier ist also nicht nur von natürlichen Bedürfnissen und psychischen
Motivationen die Rede, sondern von rein praktisch intelligiblen Setzun-
gen, wonach alle Arbeit letztlich auf etwas *untätig Immateriellem be-
ruhe* und darauf bezogen werden müsse, nämlich auf die Idee des
Zwecks überhaupt, die unbewegt die unendlichen Arbeitsbemühungen
auf einen ‚ruhenden Punkt‘ auszurichten hat.

---

[141] Ebd., S. 57 – 58
[142] Vgl. dazu: Peter Prechtl, ‚Arbeit‘ und ‚Handlung‘, in: Metzler. Philosophisches Lexikon, Hg. P. Prechtl u. F.-P. Burkard, Stuttgart – Weimar 1999. Und:
Manfred Riedel, Arbeit, in: Handbuch philosophischer Grundbegriffe, Hg. H.
Krings u.a., Bd. I, München 1973, S. 125 – 141
[143] Karl Marx, Das Kapital Bd. I, a.a.O., S. 58, (H. v. m.)

Aber um welche ‚Idee‘ kann es sich überhaupt noch handeln? Marx war sich natürlich darüber im Klaren, daß auch die konkreten Zweckbildungen selbst ständiger Abwandlungen und geistiger ‚Bearbeitung‘ unterliegen, so daß alle menschlichen Bedürfnisse in geschichtlicher Gestalt auftreten. Und die Wissenschaften und Philosophien, sofern sie sich an diesen Zweckbildungen beteiligen und deren Wahrheit zu bedenken suchten, hatten ja ihrerseits längst zur ‚geistigen Arbeit‘ werden müssen, die sich an wandelnden Leitideen ausrichtete.

Ist also die *‚Idee‘* der Zweckhaftigkeit überhaupt nicht nur jene notwendige Fiktion, an welcher die Unruhe der unendlichen Bemühungen ausgerichtet werden muß, um der Arbeitswelt einen in sich ruhenden Sinn zu verleihen?

Francis Bacon hatte von zwei Wegen zur Erforschung und Entdeckung von Wahrheiten gesprochen: einen mühevollen, der stetig und allmählich in die Höhe steige, und einen anderen Weg, mit dem man glaube, ‚im Fluge‘ zum Allgemeinsten gelangen zu können. Doch ein derart sich selbst überlassener Geist dränge nach dem Allgemeinsten hinauf, *nur um da auszuruhen*, und der allein *mühselig* zu gewinnenden Erfahrungen werde er in kurzer Zeit überdrüssig.[144] Selbst also wenn ein solcher Flug, anstatt frei von Nutzen zu sein, sich vielmehr für etwas nützlich erweisen sollte, hätte er, weil er leicht ist, nur einen geringen Wert. ‚Ruhe‘ aber, anstatt göttlich zu sein, gerät nun in die Nähe der seit je verfemten Trägheit. Man müsse daher fordern, daß auch Wissenschaft sich nützlich mache in der Entwicklung von verbesserten Werkzeugen, Geräten, Maschinen, technologischen Prozessen oder betrieblichen Organisationen.[145] So forderte auch Descartes, die spekulative Philosophie der Schulen sei durch eine praktische Philosophie abzulösen, um zu Kenntnissen und Techniken gelangen zu können, die ‚von großem Nutzen für das Leben‘ seien. Dann erst würden diese schließlich auch ohne Mühe zu einem Genuß der Früchte der Erde verhelfen‘.[146] Philosophie soll sich also dadurch legitimieren, daß sie sich als geistige Arbeit nützlich mache, gleichwohl noch mit dem Ziel, zu einem mühelosen Genuß zu gelangen. Kant ging einen Schritt weiter, indem er auch das ‚spekula-

[144] Francis Bacon, Novum Organum, Aph. 19 u. 20, Übers. J. H. Kirchmann, Berlin 1870, S. 88 (H. v. m.)
[145] Ebd., Aph. 2 und 3, S. 83, und Aph. 11, S. 85
[146] René Descartes, Discours de la Méthode, 6. T., Abs. 2, Übers. L. Gäbe, Hamburg 1960, S. 50

tive' oder theoretische Philosophieren selbst als ein Arbeiten verstanden
wissen wollte. Einer nur vornehm (man könnte auch sagen: müßiggän-
gerisch) sich gebenden ,Anschauung' setzt er die ,Herkulesarbeit' kritischen Denkens entgegen.[147] Nur so werde Philosophie einer fortschreitenden Aufklärung nützlich. Und darin geht es nicht um das Genießen.
– Wenn überhaupt noch zustimmend von ,Muße' die Rede sein wird,
dann nur noch im Sinne eines Rahmens, welcher eine von äußeren
Zwängen freie Selbstbestimmung geistiger Arbeit gewährt.[148]

Obgleich sich allgemein sagen läßt, daß Arbeitsethos und Leistungs-
prinzip heute derart in ,Sachzwänge' der Arbeitswelt integriert wurden,
daß sie immer seltener durch moralische Appelle legitimiert werden
müssen, bestimmen sie doch mehr als je zuvor die Strukturen philosophischer Diskurse. Denn nichts gerät in der Arbeitswelt unter höheren
Rechtfertigungsdruck als ,Philosophie', deren Nutzen von der Menge
zurecht bezweifelt wird. Und wenn sie schon keinen Sinn erkennen läßt,
soll sie wenigstens zu mühevoller Arbeit werden. Daher muß sich Philosophie heute noch gegen das verwehren, was man als etwas ,Müßiges'
verfemte und aus der Arbeitswelt zu verbannen suchte. So geht etwa
Dorothea Frede von der durchaus bedenkenswerten Annahme aus, Platons Ideen seien ,aktive Prinzipien', die erklärten, ,wie die Dinge funtio-
nierten'.[149] Doch bekräftigt soll diese Annahme werden durch ein Feu-
erwerk an Polemiken, die geradezu auf eine ,Pathologie der Muße'
verweisen: Wahrheit sei nicht durch ,einfaches Hinstarren auf die Ideen
mit den Augen des Geistes erfaßbar', keine ,Ergebnisse seien durch ein-

---

[147] Immanuel Kant, Von einem neuerdings erhobenen vornehmen Ton in der
Philosophie, in: Werke Bd. 6, a.a.O., S. 379 – Kant sah das ,höchste physische
Gut' und den ,größten Sinnengenuß' in einer die Kräfte sammelnden ,Ruhe nach
der Arbeit'. (I. Kant, Anthropologie in pragmatischer Hinsicht, in: Werke Bd.
12, a.a.O., S. 613) . In einer Anmerkung betonte er allerdings noch, daß der Philosoph eigentlich nicht als ,Arbeiter am Gebäude der Wissenschaften, d.h. nicht
als Gelehrter, sondern als Weisheitsforscher' zu betrachten sei, der seine Gedanken fortwährend mit sich herumtrage. Doch heißt es einschränkend dazu: „Es ist
die bloße Idee von einer Person, die den Endzweck allen Wissens sich praktisch
und (zum Behuf desselben) auch theoretisch zum Gegenstande macht" (ebd. S.
619).
[148] Typisch für diese Auffassung: Franz Boll, Vita Contemplativa, in: Sitzungsbericht der Heidelberger Akademie der Wissenschaften, Jg. 1920, 8. Abh., Heidelberg 1920
[149] Dorothea Frede, Platon und die Augen des Geistes als Zugang zur Wahrheit, in: Interpretationen der Wahrheit, Hg. G. Figal, Tübingen 2002

same visionäre Erfahrungen unaussprechlicher Wahrheiten zu erzielen, wie die unselige Redeweise von der ,Ideenschau' suggeriere'. Um ,harte Wissenschaft', um ,harte Arbeit' gehe es, nicht um ,bloßes Sterngucken im leeren Raum des Geistes', nicht um ,romantische Schönheitsschwärmerei' oder um ,visionäre Erfassung einer unbeschreiblichen Schönheit, die nur einem unkörperlichen Geist erfaßbar wäre'; ,Einsichten flögen einem nicht einfach zu' etc. – Im Gegensatz zu Hegels Verständnis einer ,Arbeit des Begriffs', die, auch wenn sie ihren Abschluß nicht gefunden haben sollte, doch zumindest im Moment ihrer ,Aufhebungen' am Thetischen eine Einsicht auch zu feiern versteht, bleibt Frede bei einem unversöhnlichen Gegensatz zwischen dem ,mühevoll arbeitenden Philosophen' und dem ,bloßen Augenfreund und Schaulustigen' stehen.[150] Könnte man da nicht geradezu von Symptomen einer ,Krankheit der Mußelosigkeit' sprechen? Ist der Gedanke, wie man mit Nietzsche fragen könnte[151], so unerträglich geworden, daß Wahrheit in philosophischer Muße frei von jedem Nutzen, jeder Zweckmäßigkeit und Funktion sein könnte? Ein Fest?

3.3. Das Gespenst der Dauer und ihr Maß

Die Arbeitswelt zeigt die Tendenz, das, was sie ,Zeit' nennt, lückenlos auszunutzen, wofür allerdings solche ,Lücken', die zu schließen seien, erst definiert werden müssen. Nicht nur sind sämtliche Produktions- und Zirkulationszeiten durchkalkuliert. Die meisten Laufzeiten und Termine werden durch gesetzlichen Zwang geregelt, teils staatlich allgemein, teils auf Grund privatrechtlicher Vereinbarungen, zu denen es selten Alternativen gibt. Unter ,Freizeit' versteht man gewöhnlich nur diejenige privat verfügbare ,Zeit', in der keine bezahlte Arbeit geleistet wird, auch wenn in ihr kaum weniger Zeiteinteilungen vorherrschen. Das Leben in der Arbeitswelt ist zeitlich durchgeplant und unterliegt derart Terminzwängen, daß inzwischen jeder ein Uhrwerk am eigenen Leib tragen muß, um jeden ,Schritt' bemessen zu können.[152] Unter dem

[150] Ebd., S. 97 – 101
[151] Friedrich Nietzsche, Über Wahrheit und Lüge im außermoralischen Sinn, in: Werke Bd. I, a.a.O.
[152] Vgl. dazu: Helga Nowotny, Eigenzeit. Entstehung und Strukturierung eines Zeitgefühls, Frankfurt a. M. 1989. Über den geschichtlichen Wandel von Zeitauffassungen: Norbert Elias, Über die Zeit, Frankfurt a. M. 1988

Diktat dieser ‚Zeit‘ verbreitet sich zugleich derart die Angst vor einer
Stille, in welcher man nur noch lang-weilend dieser lückenlosen ‚Zeit‘
ausgeliefert scheint, daß der ganze Alltag durch marschartige Taktgeber
durchschnitten wird, um einem entropischen Rauschen durch eine ihrerseits monotone Periodik von Unterteilungen zu entgehen. Je gleichförmiger die Dauer, desto gleichförmiger die ‚Schläge‘, mit der jene gegliedert wird.[153] Was könnte kennzeichnender sein für die Mußelosigkeit
der Arbeitswelt als diese Entrhythmisierung des Lebens? Die *Zeitnot*,
die hier am Werk ist, gilt es zu verstehen, indem man zunächst verdeut-
licht, was die Arbeitswelt überhaupt mit der ‚Zeit‘ meint, von der sie
ohne Unterlaß spricht. Denn von dieser Meinung ist die heute gängige
Auffassung von ‚Muße‘ geprägt (3.4.). Ich möchte darlegen, daß ein Versuch, Zeit zu verstehen, gerade in der Arbeitswelt nicht geschieht. Was
also bedeutet dieses Wort ‚Zeit‘ in ihr?

   Unter ‚Zeit‘ (*tid* gleich Teil, *tempus* gleich Abschnitt) verstand man
früher zunächst nur je begrenzte Zeitspannen[154], so daß erst zu Beginn
der Neuzeit der Ausdruck ‚*gezit*, Gezeit‘, das Ganze bezeichnen sollte,
aber wieder in die Mehrzahl der wiederkehrenden ‚Gezeiten‘ abwan-
derte. Erst als man sich der Zeitlichkeit selbst zu bemächtigen suchte,
hob man gegen das Trennende der ‚Teile‘ als ‚Stücke‘ vielmehr den Zusammenhang der Teile als ‚Dauer‘ oder ‚ganze Zeit‘ hervor. Seither begann eine uferlose Verwendung des Wortes *Zeit* noch die des Wortes
‚Ding‘ zu übertreffen, da man diesen Ausdruck auch auf das bezieht,
was *nicht ist*, nicht da, noch nicht oder nicht mehr, oder das vielleicht nie
war noch sein wird. Das hatte eine unüberschaubar schillernde Meta-
phorisierung ‚der Zeit‘ zur Folge.

   Gleichwohl taucht im Alltag die Frage, was unter ‚Zeit‘ überhaupt zu
verstehen sei, nicht auf. Ich werde zunächst darlegen, daß man gewöhnlich mit dem Wort ‚Zeit‘ zum einen nur einen bestimmten, terminierba-
ren mechanischen Vorgang im Blick hat, der als Maßeinheit gesetzt wird,
um die Dauer anderer Zustände oder Vorgänge zu messen und daran

---

[153] Dazu gehören nicht nur die ‚Gassenhauer, Schlager, Beats, Rocks und Hits‘
etc., sondern auch das endlos klappernde Geschwätz der Medien.
[154] Vgl dazu: Massimo Cacciari, Zeit ohne Chronos, Übers. R. Kacianka, Klagenfurt 1989. Auch ergaben die Analysen zur Zeitlichkeit der Sprache ‚keine ein-
heitlich ausdrückbare Zeitlichkeit, nur sich überlagernde Erfahrungsmuster‘:
Helmut Schnelle, Der Ausdruck der Zeitlichkeit in den Sprachen, in: Sagen, was
die Zeit ist. Analysen zur Zeitlichkeit der Sprache, Hg. Rudolph und Wissmann,
Stuttgart 1992, S. 152

praktisch auszurichten; zum andern aber, da ja der Maßstab selber Veränderungen entzogen sein muß, die ‚Form' dieses Vorgangs gegen ihn als Bewegung und Veränderung heraushebt, um sich ‚jederzeit' auf sie beziehen zu können. Weder die Zeitlichkeit des maßgeblichen Vorgangs noch die Zeitigkeit ihrer Form werden dabei thematisiert, obgleich sie ständig verwendet werden. Ich werde daher den Ausdruck ‚Zeit' hier nur in Anführungsstrichen verwenden. Die Gleichsetzung von Zeit und Bewegungsform hat theoretisch gesehen eine Reihe von Aporien zur Folge, praktisch-normativ aber jene Mechanisierung aller Lebensprozesse, durch welche die Zwänge der Arbeitswelt charakterisiert sind.

Man sprach und spricht von Abend- oder Sommerzeiten, von Ernte- oder Kriegszeiten, von der Lebenszeit eines Menschen, der Geschichtszeit eines Volkes, der Verfallszeit eines Atoms; man redet von goldenen oder eisernen Zeiten, von mageren oder fetten, harten oder glücklichen, unruhigen oder stillen Zeiten, von Zeiten der Trauer oder der Freude usf., – Zeiten, die erlebterweise schneller oder langsamer kommen, währen und vergehen. Gemeint ist mit ihnen das anhaltende Walten vorrangig bestimmter Zustände oder Vorgänge, deren Bedeutsamkeit die anderer Geschehnisse vorübergehend in ihren Schatten stellt. Im Alltag früherer Zeiten kam so etwas wie die *ganze Zeit'* nur unter bestimmten mythisch-astrologischen Voraussetzungen in den Blick. Es galt zumal ‚prophetisch' das Kommen bestimmter günstiger Zeiten und Termine vorab zu berechnen und als Zwischenzeiten einzugliedern in eine Spanne zwischen mythischem Ursprung und Endzeit.[155]

In der Arbeitswelt wird aber nicht gefragt, *was* ‚Zeit' sei, ob sie überhaupt ‚ist' und wenn ja, auf welche Weise. In ihr geht es zunächst um die Möglichkeit, *jederzeit,* also unabhängig von der bestimmten Gegenwart einer Person, *Zeitangaben* machen zu können. Es handelt sich um die Frage ‚*Wann*': jetzt, davor oder danach, wann früher, wann später, seit wann oder bis wann, von wann bis wann, wann nochmals oder nie usf. Ausgehend von der öffentlich möglichen Datierbarkeit eines Ereignisses, etwa des Untergangs oder der Wende der Sonne, und dessen Wiederkehr als gleicher, wird die ‚Strecke' dazwischen oder darüber hinaus, als wäre sie ein Weg, in Abschnitte eingeteilt. Die Zeitangabe besteht im Benennen von Anfang, Dauer und Ende solcher Abschnitte. Ihr liegt demnach die *Zeitrechnung* schon zugrunde. Diese wiederum bezieht

---

[155] Zum christlichen Zeitverständnis: Erich Splechta und Thomas Simon, Hg., Zeit und Ewigkeit. Beiträge zur Zeitforschung, Wien 1997

sich auf die hypothetische Setzung eines ‚lückenlosen‘, gleichförmig geschwinden und sich wiederholenden Vorgangs, der als Maßeinheit möglicher Einteilungen genommen wird.

Ständig spricht man vom Kommen, Verweilen, Vergehen von Zeit,
von ihrem Gang oder Lauf oder Fluß usf., als ob Zeit selbst ein Vorgang,
gar das Subjekt bestimmter Tätigkeiten wäre. Die Zeitmetaphern entstammen teils den Bewegungsweisen von Lebewesen, die auf solche der
Gestirne übertragen wurden, so wenn vom ‚Gang‘ oder ‚Lauf‘ der Sonne
etc. geredet wird.[156] Ausgehend von der Annahme, daß die ‚Wegung‘ der
Sonne nur für die Dauer des Tages *stetig* verlaufe, dann durch die Nacht
unterbrochen werde und sie zum Stehen oder Ruhen komme, wurden
die ‚Tages-Schritte‘ ihres Ganges gezählt, usf.. Teils wurden die Bezeichnungen auch von den Uhrwerken her übertragen: das ‚Verstreichen‘ der
Zeit als das des Schattenwurfes bei Sonnenuhren, ihr ‚Verfließen‘ und
‚Zerrinnen‘ bei Wasseruhren, – Geräte, an denen nun äußerlich Skalen
zum Ablesen der Zustände verzeichnet waren.[157] Mit dem deiktischen
Ausdruck ‚jetzt‘ in der Zeitangabe wird die momentane Zuordnung eines flüchtigen Zustandes (etwa des Zeigerstandes) zu einem anderen
(etwa dem der Ziffer) bezeichnet. Seltener schon sprach man vom ‚Rieseln‘ der Zeit wie hinsichtlich der Sanduhren oder vom ‚Ticken‘ im Blick
auf die Räderuhren, kaum aber etwa vom ‚Pendeln‘ der Zeit, wohl weil
damit der zyklischen Bewegung ein Vorrang gegen die lineare eingeräumt würde. Die ‚Zeit‘ mag zwar ‚dahinschleichen‘ oder ‚verfliegen‘
oder ‚stehen bleiben‘, aber Metaphern wiederkehrender Vorgänge werden gewöhnlich nicht verwendet. Eher poetisch spricht man davon, daß
die Zeit wie der Herzschlag ‚pulsiere‘, vielleicht ‚woge‘ wie die Gezeiten
von Ebbe und Flut. Aber wer sprach je davon, daß die Zeit ‚schwinge‘
oder ‚schaukle‘, gar wie Flammen ‚züngele‘ oder ‚hüpfe‘ und ‚flattere‘?
Als Zeitmetaphern dienen vielmehr Bewegungsarten, die stetig sind,
scheinbar unumkehrbar in einer Richtung verlaufen und an deren Dauer
irgendwie ein Maßstab der Einteilung angelegt werden kann.

Was also wird überhaupt gemessen, wenn man glaubt, ‚Zeit‘ zu messen? Feststellen läßt sich nur, daß eine bestimmte Bewegungsart als
Maßeinheit fixiert und deren Einteilung als Maßstab verwendet wird,
um Dauer und Geschwindigkeit anderer Zustände und Vorgänge zu

---

[156] Vgl. Platon, Timaios 37 d, in: Werke Bd. 5, a.a.O.
[157] P. Fintan Kindler, Die Uhren. Ein Abriss der Geschichte der Zeitmessung,
Den Haag o. J.

messen. Voraussetzung dafür ist, wie bemerkt, eine öffentliche *Datierbarkeit* ‚Je-zu‘ und diese beruht auf der (zumindest ‚ortszeitlichen‘) Gegebenheit eines bestimmten Ereignisses für viele Menschen, – ein *Dieses*, das ihnen als einmalig und unwiederholbar gelten muß. Von ihm ausgehend werden dann die Wiederkehr gleichartiger Ereignisse wie der Sonnenaufgang oder die Sonnenwende gezählt, nicht, als würde sich *dasselbe* Ereignis wiederholen, nur eben das gleiche, da andernfalls Anfang und Ende einer Dauer in eins fielen. Oder ein einmaliges Ereignis, das nicht als gleichartiges wiederkehrt, wie die Inthronisierung eines Kaisers, die Gründung einer Stadt wie Rom, die Geburt eines Gottessohnes und anderes, wird wieder und wieder repräsentiert. Es sind dann die Repräsentationen einmaliger Ereignisse, die kalendarisch gezählt werden.

Wie aber lassen sich überhaupt unterschiedlich große oder lange *Abstände* zwischen solchen Repräsentationen denken, die dann als bestimmte ‚Dauer‘ von etwas aufgefaßt werden? Es kann ja nicht allein darum gehen, eine bestimmte Strecke einzuteilen und die Teile zu beziffern. Man will wissen, ‚wie lange‘ etwas benötigt, um etwa diese Teile zu durchlaufen. Das aber hängt von der *Geschwindigkeit* ab. Wie aber soll Geschwindigkeit überhaupt gemessen werden können? Man kann zwar beispielsweise ‚während einer bestimmten Zeit‘ beobachten, daß zwei Vorgänge, die ab einem bestimmten Moment beide gleichzeitig denselben Weg zu durchlaufen beginnen, beide in einem bestimmten späteren Moment entweder gleich- oder unterschiedlich lange Strecken zurückgelegt haben, was wir als die Wirkung gleicher oder verschiedener Geschwindigkeit deuten. Um jedoch die bestimmte Geschwindigkeit eines Vorganges zur Maßeinheit der Messung aller Geschwindigkeiten und zumal ihrer Änderungen verwenden zu können, wird deren *Unveränderlichkeit* vorausgesetzt. Wie aber ließe sich denn überprüfen, ob die Geschwindigkeit eines Vorgangs überhaupt konstant ist?

Eine solche ‚empirische‘ Überprüfung ist überhaupt nicht möglich.[158] Was man als ‚gleichförmige Geschwindigkeit‘ betrachtet, ist nichts, was menschlichem Dasein wie ein Meßinstrument zur Verfügung stünde. Niemand *hat* eine solche Maßeinheit. Doch ob das Dasein sie selbst *ist* und auf welche Weise, danach gilt es erst noch fragen zu lernen (5.). Vorwegnehmend sei nur gesagt, daß die Versuche der Arbeitswelt, eine sol-

---

[158] Piaget konnte zudem nachweisen, daß Menschen nicht von vornherein über einen intuitiven Sinn für ‚gleichförmige Geschwindigkeit‘ verfügen: Jean Piaget, Die Bildung des Zeitbegriffs beim Kinde, Zürich 1955

che Maßeinheit als empirisch reale durch die Mechanisierung des Lebens selbst zu erzwingen, nur ihre abgründige Mußelosigkeit belegt.

John Locke hatte darauf aufmerksam gemacht, daß die Gleichheit zweier Zeitlängen niemals beweisbar sei, da man sie nicht übereinanderlegen könne. Newton hatte in seinen ‚Erklärungen‘ nicht nur das Axiom einer ‚gleichförmigen geradlinigen Bewegung‘ gesetzt, die ohne Fixierung eines Bezugspunktes allerdings nicht von Ruhe zu unterscheiden ist; sondern in seinen ‚Anmerkungen‘ das *Axiom* einer absoluten, wahren und mathematischen Zeit aufgestellt, die man auch ‚Dauer‘ nenne und die an sich und vermöge ihrer Natur gleichförmig verfließe.[159] Auch wenn man die gängige Auffassung, welche ‚Zeit‘ mit einer ‚gleichförmigen Bewegungsform‘ gleichsetzt, zurückweist, so bleibt doch das Rätsel, worin überhaupt die Maßeinheit für die Gleichförmigkeit einer Geschwindigkeit bestehe. Man kann sie zunächst nur als einen metaphysischen Grundsatz postulieren.[160] Als Norm wird gesetzt, daß jede Minute, jede Stunde, jeder Tag, jedes Jahr ‚gleich lang‘ dauere wie jede andere Minute usf., und man bestimmt entsprechende mechanische Vorgänge (wie das Pulsieren von Kristallen, das Pendel, die Erdumdrehungen etc.) als solche, in welchen sich diese Norm annähernd darstellt. – Da nun Einstein mit Newton davon ausging, daß ‚Zeit‘ selbst nur eine allgemeine Bestimmung zeitlicher Vorgänge sei, konnte die Konsequenz ihrer ‚Relativierung‘ gar nicht ausbleiben. Denn gäbe es nur eine einzige Abfolge aller kosmischen Veränderungen, könnte niemals ein Vorgang vergleichsweise als früher oder später bezeichnet werden, weil eine solche ‚Zeitangabe‘ ihrerseits nur ein zeitlich unvergleichbarer Akt gleichzeitig zu anderen Vorgängen wäre. Eine absolute Folge hebt sich als Folge auf. Als physikalische Größe mußte ‚Zeit‘ daher zu einer abhängigen Variablen werden, so daß Vorgänge, denen man ‚gleichförmige‘ Geschwindigkeit zuschrieb, unter anderen physikalischen Bedingungen der Beobachtung und Messung Vorgänge sein können, die sich beschleunigen oder verlangsamen.[161] Mit der Gleichzeitigkeit relativiert sich die Zeitigkeit des ‚Früher-Später‘, was zu all den Spekulationen über mögliche ‚Zeitreisen‘ führte.[162]

Der Einwand gegen die Gleichsetzung von Zeit mit einer gleichförmig geschwinden Bewegung kam nicht etwa von der Psychologie der Zeit-

[159] Isaac Newton, Mathematische Prinzipien der Naturlehre, Hg. J. Ph. Wolfers, Darmstadt 1963, S. 21 u. 25

[160] Martin Heidegger, Die Frage nach dem Ding, Tübingen 1975, S. 53 f.

auffassung, die sie vielmehr als objektiv gegebene voraussetzte, um die Abweichungen des Zeiterlebens von jener messen zu können.[163] Henri Bergson sah vielmehr die Gefahr in einer ‚Verräumlichung‘ von Zeit, durch die ihre ‚schöpferischen Potenzen‘ verdeckt würden.[164] Auch er setzt allerdings voraus, daß ‚Zeit‘ selbst eine ‚Potenz‘ sei, die sich wie auch immer ‚verzeitlichend‘ aktualisieren könne. Doch worin soll das Problem der ‚Verräumlichung‘ liegen?

Das Charakteristische dessen, was nach cartesianischer Tradition ‚Raum und Zeit‘ ausmachen, ist das *Außen*.[165] Raum und Zeit gelten als Weisen des Aus-einander-seins von Seiendem. Um jedoch Raum und Zeit durch den Unterschied von ‚Dimensionen‘ (des Nach- bzw. Nebeneinander) zu charakterisieren, muß Bezug genommen werden auf Vorgänge und Zustände. Daher neigte man dazu, Zeit einfach mit etwas Zeitlichem, dem dynamisch Beweglichen, das sich aus-dehnend seinen Weg bahne, gleichzusetzen und entsprechend den Raum mit etwas Örtlichem, dem statisch Ruhenden. Dann jedoch muß man unvermeidlich von solcher ‚Zeit‘ sagen, sie sei zugleich räumlich nach zumindest zwei Dimensionen ausgedehnt: nicht nur ihrer ‚Länge‘, sondern ebenso ihrer ‚Breite‘ nach, damit überhaupt verschiedene Vorgänge gleichzeitig sein

---

[161] Albert Einstein (und L. Infeld, Die Evolution der Physik, Hamburg 1956) scheint mit der ‚konstanten Lichtgeschwindigkeit‘ die Möglichkeit einer zumindest rechnerisch kosmischen Gleichzeitigkeit zurückzugewinnen, was in Hinsicht auf ‚Ortszeiten‘ zu Paradoxien führt. Vgl. dazu: Bertrand Russell, Das ABC der Relativitätstheorie, München 1970. Ilya Prigogine (und Isabelle Stengers, Das Paradox der Zeit, München – Zürich 1993) betont, ausgehend von irreversiblen Prozessen der Selbstorganisation und der Chaotisierung, wieder *einen* Zeitpfeil. Stephen W. Hawking, (Eine kurze Geschichte der Zeit, Reinbek 1994), von einer Entwicklungslinie seit dem ‚Urknall‘ ausgehend, wendet sich gleichwohl wieder stärker einer ‚Wellenfunktion‘ von ‚Zeit‘ zu.

[162] Dazu regten zumal auch Hans Reichenbachs Überlegungen zur Relativitätstheorie an: Hans Reichenbach, Philosophie der Raum-Zeit-Lehre, Braunschweig 1977.

[163] Vgl. dazu den Meinong-Schüler Vittorio Benussi, Psychologie der Zeitauffassung, Wien 1913. Gegen die Tendenz, die naturwissenschaftliche ‚Zeit‘ als Maß zu verwenden: Eugène Minkowski, Die gelebte Zeit (1933), Übers. M. Perrez u. a., Salzburg 1971

[164] Henri Bergson, Zeit und Freiheit (1888), Frankfurt a. M. 1989

[165] Das hat nach Kant wohl Hegel, der in der Bewegung die Wahrheit der Zeit sieht, am klarsten gesehen. Vgl. I. Kant, Kritik der reinen Vernunft, § 1 ff., a.a.O., S. 69 ff. Und: G. W. F. Hegel, Die Naturphilosophie, § 253 – 257, Enzyklopädie der philosophischen Wissenschaften II, Werke Bd. 9., a.a.O.

können.[166] Und umgekehrt würde sich ein solcher ‚Raum' nicht nur nach statischen Orten und nach Wegen in verschiedene Richtungen gliedern; er muß ebenso als zeitlich angenommen werden, da er währt und dauert. Irgendwie scheint ein solcher ‚Raum' stetig und differenzlos auf sich selbst zu ‚folgen', sofern er ‚ist', so wie eine solche ‚Zeit' als unveränderliche immer schon ‚räumlich' ausgebreitet ist: als eine sich in sich haltende Präsenz durch alle ‚Zeiten' hindurch. Es reichte daher nicht aus, ‚Zeit' nur als ‚allgemeine Bewegungsform' vorzustellen. Sie soll zudem, als sei sie selbst etwas in Bewegung Seiendes, – analog zur Abhängigkeit von Kräften im Verhältnis von Ursache und Wirkung – in einer *unumkehrbaren* Richtung verlaufen: als ‚Zeit-Fluß' oder ‚Zeit-Pfeil'. Nun kann man zwar auf Grund von Beobachtungen zu schließen versuchen, daß es irreversible Prozesse in Richtung auf einen entropischen oder sich selbst negentropisch organisierenden Zustand gibt – und zu beidem rechnet man zumal das Leben im biologischen Sinne. Die Beobachtung aber ist nur möglich in Hinsicht auf einen ruhenden Weg oder auf eine verzeichenbare Flugbahn. Das einsinnige *Hin* der vermeintlichen ‚Zeit'-Richtung kann so wenig ohne deren *Her* vorgestellt werden wie ein beliebig anderer Vorgang, der ja nicht irgendwo ‚hingehen' kann, ohne von irgendwo ‚herzukommen'. Ein ‚reines', unumkehrbares Nacheinander, ohne die äußere Position eines Beobachters dazu, würde sich selbst auflösen, da der Anfang eines Geschehens mit seinem Ende zusammenfiele und keine Wiederholung sich auf das Vorgängige bezöge. ‚Zeit' als Form einer Ausdehnung kann ohne ‚Raum' nicht gedacht werden. Wie aber, wenn weder Zeit noch Raum zureichend über die ‚Ausdehnung' verstanden werden kann (6.)?

Man betont zwar immer wieder, daß es sich nur um Metaphern handele, weil nun einmal Zeit nicht ohne Zeitliches vorstellbar sei. Aber Zeit scheint sich von ihrer Metaphorik nicht unterscheiden zu lassen, ohne daß von ihr nur noch das *Gespenst einer lückenlosen Zeitform*, ein *ens imaginarium*[167], zurückbleibt. Das Phantasma einer ‚einsinnig gerichteten' Bewegung, die irgendwie übrig bleibe, wenn von allem Bewegten abgesehen werde. Ein ‚Fluß' ohne Fließendes, ohne Quelle und

---

[166] Die Auffassung, daß ‚Zeit' eine ‚Breite' haben müsse, vertrat: Nicolai Hartmann, Zeitlichkeit und Substanzialität, in: Der philosophische Gedanke und seine Geschichte. Aufsätze, Stuttgart 1957, S. 79 – 132
[167] I. Kant, Kritik der reinen Vernunft, a.a.O., S. 307

Mündung, ohne Gefälle, Flußbett und Ufer. Das ‚Gespinst‘ einer Ausdehnung, welches alles, was ist, war und sein wird, schon umspanne.

Der Versuch, dieses Gespenst der ‚Zeit‘ zu messen, sieht sich daher zurückverwiesen auf die metaphysische Setzung einer mechanisch gleichförmig geschwinden, sich ausdehnenden Bewegung von etwas, das als Uhr, als Maßeinheit und Maßstab, fungieren kann. Da jedoch eine Stunde unterschiedslos der anderen ‚folgt‘, da der Tag auf die Nacht ebenso wie die Nacht auf den Tag folgt, soll die *Folge der natürlichen Zahlen* die Funktion übernehmen, eine unumkehrbare Richtung der ‚Zeit‘ zu markieren. Die Zahl aber vermag gar nichts in Hinsicht auf die Annahme der unveränderlich gleichförmigen Geschwindigkeit einer Bewegung als Maßeinheit. Durch sie kann man auch Serien unterschiedlicher Vorgänge mit zufällig wechselnden Geschwindigkeiten ‚zählen‘, ohne sie auf eine verkleiner- oder vergrößerbare Einheit zu beziehen. Und die Dauer eines Vorgangs wird nicht dadurch ‚größer‘, daß man die Zahlenmenge je um Eins vermehrt, sondern dadurch, daß er sich ‚ausdehnt‘. Über die Zeitadverbien wurden immer schon Abschnitte der Ausdehnung mitbenannt: ‚Jetzt-sofort-gleich-demnächst-morgen-bald-später-einst-nie‘ und umgekehrt: ‚Jetzt-eben-vorhin-gestern-früher-damals-nie‘ etc. Durch die Zahlenfolge wird diese Ordnung nur klarer ausgedrückt und leichter berechenbar. Das ‚Jetzt‘ wird zunächst nicht einfach durch die ‚Eins‘ der Zahlenfolge bezeichnet, sondern bedeutet das Je-zu auf *dieses Eine*. Denn erst durch die *folgende* Zwei wird aus dem ‚dieses Eine‘ *nachträglich* das Erste einer Menge Eins. Auf das ‚Jetzt‘ bezogen, kann dieses nun als ‚Eins‘ gleichsam den jeweiligen ‚Drehpunkt‘ bezeichnen, von dem her die Abschnitte da-*vor* und da-*nach* zählbar werden. Als ‚Zeit-Punkt‘ kann der Einschnitt zwischen Da-vor und Danach selbst nicht in einer ‚Folge‘ stehen, da diese die Ausdehnung schon voraussetzt. Entsprechend bezeichnet man mit der Zahlenmenge Null einen Null-Zeitpunkt, der als Nicht-Jetzt in ein Jetzt nur ‚springen‘, aber nicht mehr durch die Folge von ‚Eins und Eins und …‘ charakterisiert sein kann.[168] Man kann auch von einer Zahlenmenge Null nicht sagen, sie gehe der einer Menge Eins ‚vorher‘. – In der Zeitrechnung der Arbeitswelt geht man dagegen immer schon davon aus, daß einfach eine bestimmte zeitliche Ausdehnungsmenge mit Eins gleichgesetzt wird, um

[168] Aristoteles, Physik, IV. Buch, Kap. 10, Übers. H. G. Zekl, Hamburg 1987, S. 203 ff. Dazu: Udo Marquardt, Die Einheit der Zeit bei Aristoteles, Würzburg 1993

sie weiter zu teilen oder zu summieren. Der Nullzeitpunkt, als reiner
Einschnitt zwischen Früher-Später, fungiert dann als die Leerstelle, die,
beliebig durch ein deiktisches Jetzt belegt, zu Eins ‚werden‘ kann. My-
steriös bleibt der weglose Sprung von der Nicht-Ausgedehntheit zur
Ausdehnung als einer Größe.

Der Kern des Problems einer Zeit-*Rechnung* scheint mir darin zu liegen, daß die Zahlen-*Folge* keineswegs als etwas ‚zeitlos Logisches‘ bestimmt werden kann, denn das *Vor* und *Nach* einer je um die Menge
Eins verminder- oder vermehrbarer Zahl gehört von vornherein einer
intuitiven und keiner ‚zeitlosen‘ Ordnung an.[169] Damit ist natürlich
nicht eine empirische Datiertheit der Zahl über ein ‚dieses Jetzt‘ in Bezug auf ein Früher und Später gemeint, wohl aber ihr *jederzeit* differen-
zielles *Davor und Danach*. Wenn wir Zahlen nach ihren Mengen als verschiedene Anzahlen einer Grundeinheit ‚Eins‘ unterscheiden, dann kann
man von einer Zahlen*folge* erst sprechen, wenn jede Zahl eindeutig
durch ihren ‚*Vor*gänger‘ und ihren ‚*Nach*folger‘ definierbar ist.[170] Es
geht gar nicht, Zahlen ‚nur‘ nach ihren Mengen und ohne die Einheit einer bestimmten Ordnung wie die ‚Folge‘ zu unterscheiden.[171] Unterschiedliche Mengen könnten auch zerstreut und zusammenhanglos ge-

---

[169] Es verwundert, daß McTaggart eine solche Auffassung vertrat. Daß eine
Zahlenreihe ebenso vorwärts wie rückwärts *gelesen* werden kann, heißt ja nicht,
daß ihre Ordnung umkehrbar und daher ‚zeitlos‘ ist. Eine Zahl wie −10 folgt in
keinem Fall auf die Zahl +9 : John McTaggart u. Ellis McTaggart, Die Irrealität
der Zeit (1908), in: W. Ch. Zimmerli und M. Sandbothe, Hg., Klassiker der
modernen Zeitphilosophie, Darmstadt 1993, S. 67 – 86. Auch McTaggarts Ver-
teidiger widerspricht dem nicht: Michael Dummet, McTaggarts Beweis für die
Irrealität der Zeit: Eine Verteidigung, ebd. S. 120 – 128. McTaggart schließt auf
Grund der Widersprüche, welche eine Annahme, Zeit sei etwas Reales, enthält,
auf deren ‚Irrealität‘. Was aber hätte ‚Zeitlosigkeit‘ mit ‚Realität‘ zu tun? Während McTaggart sich allerdings am Ende fragt, ob nicht das Zeit-Erscheinen
selbst etwas Wirkliches sein könnte, scheint für Dummet ihr Schein-Charakter
ausgemacht.
[170] Vgl. Bertrand Russell, Einführung in die mathematische Philosophie,
(Übers. ungenannt), Wiesbaden o. J., S. 15. Und Alfred N. Whitehead, Eine Einführung in die Mathematik, Bern – München 1958. Beide zweifeln trotz ‚Vorgänger‘ und ‚Nachfolger‘ nicht an der ‚Zeitlosigkeit‘ der Zahlenreihe.
[171] Frege kritisierte zurecht die gedankenlose Rede von ‚veränderlichen‘ Zahlen. Und doch übersah auch er das Problem einer Zeitigkeit der Zahlen-Folge.
Gottlob Frege, Was ist eine Funktion? In: Funktion, Begriff, Bedeutung, Göttingen 1969, S. 81. Vgl. auch: Gottlob Frege, Die Grundlagen der Arithmetik, Stuttgart 1987

dacht werden. Erst die *Zeitigkeit* der Zeit bringt sie in eine Zahlenfolge. Und diese Folge ist erst gegeben, wenn einer natürlichen Zahl die je um Eins kleinere Menge ,vorhergeht' und die je um Eins größere Menge ,nachfolgt' und die Menge ,Eins' sich selbst äquivalent ist. Keineswegs kann also die Zahlenfolge, welche die Zeitigkeit schon voraussetzt, die Form der ,Zeit' als etwas ,Zeitloses' bestimmen. Wir werden daher mit Kant auf ein Apriori der Zeitigkeit in der Zahlenfolge verwiesen (6.3).[172] Andernfalls müßte man sich die nur wiederholte Frage gefallen lassen, ,in' welcher ,Zeit' denn solche ,Verzeitlichung' des ,Zeitlosen' geschehen solle, usw. Es ist daher die metaphysische Grundkonzeption der Arbeitswelt in Frage zu stellen, der zufolge durch ,zeitlose arithmetische Gesetze' an der Zeit selber etwas ,Zeitloses' kenntlich und hervorgehoben würde. Um alternativlos zu erscheinen, umgibt sich die Arbeitswelt mit der nur vermeintlich aufgeklärten Mythe ihrer Unvergänglichkeit.

Die Arbeitswelt blieb natürlich nicht bei einem äußerlichen Messen, Zählen und Berechnen von Zuständen und Vorgängen stehen. Technische Normierungen verwandeln jede Maschine, jede Apparatur, jede Organisation, selbst einzelne Arbeitsgänge in ein Uhrwerk, dessen Geschwindigkeit auf der Basis von Berechnungen reguliert werden kann. Darin liegt die Grundlage jener Beschleunigungen, wie sie für die technisch-ökonomische Arbeitswelt kennzeichnend ist und in welcher paradoxerweise der Traum von der unendlichen Abschaffung der Arbeit weitergeistert. Sie beruht ihrerseits auf dem Axiom der gleichförmigen Geschwindigkeit einer mechanischen Metrik, durch die jede Bewegung und Regung entrhythmisiert und in ,schlagartig' gleiche Takte gegliedert werden soll. Und hinsichtlich des mechanischen ,Schlag auf Schlag', welches die als lückenlos angenommene Dauer als gleichförmige Geschwindigkeit endlos einteilt, ist vielleicht nichts kennzeichnender als ein Fall, auf den Wolfgang Deppert hinwies: das chaotische (wohl besser: ,rhythmische') Verhalten der Pulsfrequenz verliert sich kurz vor dem Herztod in konstante Pulsfolge'.[173] – Die einst für göttlich gehaltene Ruhe in der Bewegung verkümmerte in der Mußelosigkeit der Arbeitswelt zur leersten Hülle: zum Gespenst einer gleichförmig in sich

---

[172] Immanuel Kant, Vom Schematismus der reinen Verstandesbegriffe, in: Kritik der reinen Vernunft, Werke Bd. 3, a.a.O., S. 187. Dazu: Martin Heidegger, Die Frage nach dem Ding, a.a.O. Kants Rede von ,Zeit*erzeugung*' scheint mir jedoch so verfänglich wie Heideggers Rede von ,Zeitigung', die suggerieren könnte, als gäbe es eine Art ,Reifung' der Zeitlichkeit.

ruhenden Dauer, der nichts scheint entrinnen zu können. – *Zeit* allerdings kommt in der lückenlosen mechanischen Dauer, der doch selbst einmal die Stunde schlagen könnte, nicht einmal in den Blick.

3.4. Sich Zeit lassen

Daß ‚Zeit' fehle und doch zugleich dränge, ist wohl die gängigste Klage in der Arbeitswelt. Und in einem tieferen Sinne ist diese tatsächlich durch einen Mangel an Zeit charakterisiert und zwar gerade darin, daß es in ihr niemals keine ‚Zeit' gibt. Stets ist die ‚Zeit' vorgegeben. Zeitnot entstehe nur, wenn man sie nicht richtig ausfülle, sondern sie entweder leer verstreichen lasse oder sie überfülle, um dadurch in Bedrängnis zu kommen. So gesehen scheint Muße darin zu bestehen, daß man sich ‚Zeit' lassen kann. Was aber läßt man sich, wenn man sich ‚Zeit' läßt?

Wo Zeit selber für etwas Zeitliches gehalten wird, konnte man, wie auch bezüglich des Raumes, darüber streiten, ob es eine ‚leere' Zeit geben könne, wie Newton dachte, oder ob Zeit stets ‚erfüllt' sein müsse, wie Leibniz meinte. In der Arbeitswelt scheint man an beides zugleich zu glauben. ‚Zeit', die nicht da ist, scheint überhaupt nicht zu sein und doch in Einem fehlen und drängen zu können. Das liegt schlechthin in der Struktur des *Mangels*, die niemals nur im Fehlen von etwas beruht, sondern immer zugleich in einem Mehr-als-genug-Haben, wie es sich in allen Nöten, Bedrängnissen und in allem Schmerz, der einen erfüllt, meldet, im Schmerz über Fehlendes, Verletzendes, Verlorenes oder Unerreichtes. Und umgekehrt erfährt man selbst Erfüllung, Befriedigung, Sättigung nicht nur als Genüge, sondern als ein Zu-viel an Fülle, oft schon als bedrängende Überfülle, von der man sich zu befreien sucht. Im Mangel herrscht demnach eine Spannung zwischen Leere und Vollheit, die zugleich ständig zusammenbricht. Der Form nach ist es, wie sich zeigte, die Dauer, die Aus-Dehnung, der ihrerseits jede Spannung zu entbehren scheint, welche Anspannung und Abspannung miteinander ‚verspannt' (6.1.).

---

[173] Wolfgang Deppert, Die Alleinherrschaft der physikalischen Zeit ist abzuschaffen, um Freiraum für neue naturwissenschaftliche Forschungen zu gewinnen, in: Das Rätsel der Zeit. Philosophische Analysen, Hg. Baumgartner, München 1993, S. 111

Nichts scheint angesichts dieser Struktur des Zeit-Mangels irriger als der alte Glaube, vollkommene Erfüllung biete höchste Lust. Umgekehrt: Lust und Glückseligkeit erfordern einen angemessenen, stimmigen Abstand gleichermaßen von Leere wie von einer Vollheit, die jeden offenen Ort, jede freie Zeit besetzt. Insofern ist das Erleben von Glück, wie es Muße verheißt, eine Frage des stimmenden Maßes von Zeit und Raum. Ebenso wie vollendeter Mangel ist vollendete Erfüllung nur der Tod.[174] Wogegen wir im Glück der Muße der Offenheit der Zeitnis (6.3.) ausgesetzt sind.

Aber da gibt es die ‚Zeit‘ der Arbeitswelt, die immer schon wie ein Übersubjekt tätig scheint, eine Zeit, die schaffe und webe, füge, heile und gebäre, zugleich aber trenne, verwunde, zerstöre, verschlinge, töte. Menschen scheinen schicksalhaft einem unbeugsamen Zeitgesetz unterworfen, in dessen Unverfügbarkeit man Züge eines göttlichen oder blinden Willens zu sehen glaubte. Es ist daher nicht verwunderlich, daß solche ‚Zeit‘, über die man nicht verfügt, in der Zeitlichkeit mechanischer Zwänge, nämlich der Uhrzeit, zum alles beherrschenden Maß wurde. Und doch kann Zeitnot nur herrschen, wenn Dasein solcher Zeitlichkeit nicht nur ausgeliefert ist, sondern solche Not sich wenden läßt.

Eine Ökonomie, in welcher jeder im Wettkampf gegen jeden rational-produktiv und nützlich zu sein hat, will er nicht untergehen, scheint solcher Not-Wendigkeit fähig. In ihr scheint man die ‚Zeit‘ beherrschen zu können, indem man auf die Tätigkeiten und Vorgänge so einzuwirken beginnt, daß mit einem geringeren Aufwand ihr Ziel erreicht wird, indem man Leerläufe und Hemmnisse beseitigt, Geschwindigkeiten beschleunigt u.a. Es geht darum, ‚Zeit‘ zu *gewinnen* anstatt sie zu verlieren, anstatt sie ungenutzt verstreichen zu lassen oder anstatt sie zu verschlafen; es gilt sie zu *sparen*, anstatt sie zu verschenken, zu vergeuden oder totzuschlagen. Und da in diesem Kampf um die ‚Zeit‘ jeder dazu neigt, sie dem anderen zu stehlen und zu rauben anstatt sie ihm zu widmen, wird die bestimmte Dauer von ‚Zeit‘ vertraglich als Wert bestimmt und gesetzlich festgelegt. Indem künftige Termine fixiert werden, scheint ‚Zeit‘ noch als leere Dauer drängen zu können.

Wie aber glaubt man Zeit, die man nicht hat, ‚gewinnen‘ oder solche, die man hat, ‚einsparen‘ zu können? Es werden virtuelle, absehbare Vorgänge auf einer Erfahrungsgrundlage antizipierend ‚gemessen‘ durch jenen maschinellen Vorgang, der sich als gleichförmig verlaufendes Dau-

---

[174] Vgl. vom Verfasser: Den Tod denken, München 2002

ern oder als ‚Uhrzeit' etabliert hat. Gelingt es nun, auf einen Vorgang so
einzuwirken, daß das Ziel in kürzerer Dauer erreicht wird, scheint man,
verglichen mit der vorigen Dauer, ‚Zeit' gespart zu haben. Es ist jedoch
die Eigenart dieses Phantasmas ‚Dauer', daß das Eingesparte wertmäßig
nichts ist, wenn es nicht sofort wieder genutzt wird, indem man es durch
andere Tätigkeiten und Vorgänge ausfüllt.[175] Daher kann ‚Zeit' ‚Nichts'
sein, wie die globale Arbeitslosigkeit erbarmungslos demonstriert. Umgekehrt kann ‚Zeit' nur fehlen, wenn die Menge bestimmter Vorgänge
oder sonstige Hindernisse es nicht zulassen, weitere in Gang zu setzen.

Gegen die Terminzwänge, die man gerne als vermeintliche ‚Sachzwän-
ge' verschleiert, fühlt man sich, wie es so kennzeichnend heißt, ‚bemü-
ßigt', ‚Freizeit' zu gewinnen, als eine Zeitdauer, in der sich privat jeder
nach gewissem Belieben ‚Zeit' lassen kann.[176] Man entscheidet sich für
Beschäftigungen oder sonstige Verhaltensweisen, indem man einer Ge-
wohnheit oder einer Sitte folgt, indem man sich danach richtet, was unterhaltsam statt anstrengend oder herausfordernd statt leicht ist, was
Lust statt Unlust bereitet, was einem Sinn zu ergeben scheint, etc. Daß
man sich dafür ‚Zeit' *nehmen* kann, heißt zunächst nur, daß man davon
abläßt, sich zu bestimmten Beschäftigungen zu zwingen. Was man dann
als ‚Zeit' zu ‚haben' scheint, ist wiederum nur die ‚Zeit', die *nichts* (außer
Langeweile) ist, wenn diese Leere nicht mit anderen Beschäftigungen
ausgefüllt wird.

In Hinsicht auf die Muße sagt man jedoch nicht nur, daß man sich für
etwas ‚Zeit' nimmt, sondern daß man sich ‚Zeit' läßt, womit gemeint ist,
daß man sich und einer Sache angemessen ‚Zeit' geben könne. Wie aber
ist solches Lassen von ‚Zeit' zu verstehen? Liegt darin die Ahnung, daß
selbst alltägliche Muße erfordert, von der ‚Zeit' der Arbeitswelt abzulassen? Das aber scheint nur in *Gelassenheit* zu gelingen. Was aber läßt sich
darunter verstehen?

Auch wenn ‚Gelassenheit' nicht von einer Gleichgültigkeit her, die
keine Anteilnahme und keinen Einsatz erfordert, verstanden wird, so
doch zumeist von einer Ausgeglichenheit her, welche die Verschieden-
heiten nicht einebnet, sondern durch alle Wechsel hindurch zu ertragen

---

[175] Vgl. dazu das ‚Märchen' von Michael Ende: Momo oder die seltsame
Geschichte von den Zeitdieben und von dem Kind, das den Menschen die
gestohlene Zeit zurückbrachte, Stuttgart 1973
[176] So auch die Ansicht von Otto Friedrich Bollnow, Das Verhältnis zur Zeit,
a.a.O., S. 28 – 29

versteht. Aber auf welchem Niveau? Ausgeglichenheit kann sich im Mittelmäßigen einfinden und sogar auf der Ebene des Unbeträchtlichen, Horizontlosen, Kleinlichen. ‚Gelassenheit‘ aber, als außergewöhnliches Gelassensein[177], als Ausgelassenheit aus und Zugelassenheit zu einer abgründigen Offenheit von Zeit (6.3), die ich das ‚Ge-lück‘ nennen werde (7.3), – solche ‚Gelassenheit‘ wäre dem entgegen als dasjenige zu denken, was sich als Hervorragendes und Bedeutsames gibt und zwar nicht etwa befangen im äußersten Gegensatz zum Nichtigen, so daß ein Ausgleich zwischen dem Belanglosen und dem Hervorragenden stattfände. Letzteres bricht vielmehr jede Beziehung zum Mittelmäßigen und Belanglosen ab, so wenig es nur deren Übersteigerung zu einem Höchstmaß ist. In diesem Sinne erscheint Gelassenheit einzig in einer ihr eigenen, rhythmischen Spannung, welche sich an einer imaginären Ausgeglichenheit orientiert, die sie als reale zu meiden sucht, will sie ihre Lebhaftigkeit nicht einbüßen (5.). Auf diese Art vermag Gelassenheit ein neues Maß zu stiften und erweist sich darin als ein geschichtliches Ereignis. Die Stimmigkeit dieses Maßes ist dann – im Unterschied zur bloßen Richtigkeit der Ordnungen – nichts, was sich nur bewahrend abwandeln ließe. Sie prägt vielmehr dasjenige, was man einst *Stil* genannt hat und sich willentlich allein, nämlich gedankenlos, nicht herstellen ließ. Auch von daher gesehen charakterisiert die Stillosigkeit der Arbeitswelt zugleich ihre Mußelosigkeit. Es fehlt mit dem Verständnis von Zeit jedes Maß, jede Gelassenheit, jede Ausgelassenheit. Aber die alltägliche Muße, wie sehr auch dem System der ‚nützlichen‘ Funktionen unterworfen, legt doch eine Spur zu ihnen.

3.5. Das Maß alltäglicher Muße

Die beginnende Neuzeit hatte, wie bemerkt, zunächst das asketische Konzept übernommen, wonach den Arbeitszwängen positiv der Wert einer gesellschaftlichen Disziplinierung beigemessen wurde, die man zugleich auch zu einer ökonomisch nützlichen erhob, da man nur durch sie am fortschreitenden Wohlstand teilnehmen werde. Und dem entsprechend mußte zugleich die Sphäre zwanglosen Nichtstuns in eine Funktion der Arbeitswelt außerhalb der Arbeitstätigkeit überführt werden: ‚ungezwungenes‘ Leben wird als die ‚Frei-Zeit‘ definiert, in welcher sich

---

[177] Vgl. Martin Heidegger, Gelassenheit, Pfullingen 1959

die Arbeitenden von den Mühen und Zwängen während der Arbeitszeit
zu erholen haben, um sich erneut für das Arbeiten zu ertüchtigen.

Sofern nun überhaupt noch von ‚Muße' die Rede ist, wird sie zu einer
der vielen Arten, die Leere der Freizeit auszufüllen. Im Rahmen der in-
dustriell organisierten Freizeit-Beschäftigungen empfiehlt man nun dasjenige, was einst als die höchste nutzfreie Tätigkeit gefeiert wurde, nämlich Muße, allenfalls noch als therapeutisch nützlich gegen Unruhe,
Stress und Unrast, als eine Weise passiv beschaulichem und erholsamem
Laissez-Faire. Was da als ein Schatten von Muße weitergeistert, rückt in
die Nähe zu einer gewissen Lebensmüdigkeit, die sich nur dann ohne
weiteren Aufwand genießen läßt, wenn man nicht wach zu bleiben versucht.

Erinnerte der Ausdruck *Feierabend*[178] noch daran, daß Muße sich
einst nur im betonten Bruch mit der Sphäre nützlicher Tätigkeit ereignete, so wird nun, wie gesagt, ‚Freizeit' als etwas aufgefaßt, dessen Nutzen der Arbeit selbst zugute kommen soll, womit sich der Kreis schließt
und ‚Nützlichkeit' im Ganzen sich als dasjenige System der Funktionen
erweist, das, wie das Göttliche, jeder Bewegung entzogen ohne Ziel in
sich ruht. Es ist nun diese absolute Nützlichkeit oder ‚Rationalität', die
leer in sich zu ruhen und wie der Gott alles in Bewegung zu setzen
scheint. Und man könnte daher mit Nietzsche in solcher ‚Ruhe' eine
spezifische Form der ‚Trägheit' rastloser Aktivitäten selbst sehen: denn
es seien die Aktiven, die zu faul sind, um sich auf das einzulassen, was
Muße gewähre.[179]

Früh schon hatte man beim Wort ‚Müßiggang' nicht mehr an die kon-
templierenden Gespräche in den Wandel-*Gängen* der Schulen gedacht,
sondern nur noch, wie etwa bei Luther, an die Laster des ‚Fressens, Sau-
fens, Spielens, Tanzens und der Unkeuschheit'.[180] Müßiggang wurde zur
Sünde erklärt, da er wie eine subversive Haltung und Rebellion[181] gegen
die göttlich in sich ruhende Arbeitswelt aufgefaßt wurde, in deren Bann

---

[178] Zumindest sah Schopenhauer noch in der Muße eine ‚kurze Feierstunde':
Arthur Schopenhauer, Die Welt als Wille und Vorstellung Bd. I. In: Sämtliche
Werke Bd. 3, Leipzig 1938, S. 415
[179] Friedrich Nietzsche, Menschliches Allzumenschliches I, in: Nietzsches
Werke Bd. 3, a.a.O., Aph. 286, S. 263
[180] Vgl. dazu: J. Tewes, a.a.O., S. 11
[181] Selbst Spaziergänger konnten in den Ruf geraten, dem Müßiggang zu frönen. Vgl. auch: Wolfgang von der Weppen, Der Spaziergänger. Eine Gestalt, in
der Welt sich vielfältig bricht, Tübingen 1995

er doch dadurch blieb. Indem ,Muße' nun, wenn sie über das nützliche Maß der notwendigen Erholung hinausging, geradezu als ,Anti-Arbeit' und ,Regression' gedeutet wurde, führte man sie eben auf dasjenige zurück, wovon sich Muße die Jahrtausende zuvor unentwegt abgegrenzt hatte: nämlich auf Passivität und Untätigkeit, und brachte sie gar mit Trägheit und Faulheit zusammen.

Und doch, wie verkümmert auch immer, erhielten sich Spuren von ihr gerade dort, wo Philosophen sie stets am wenigsten vermutet hatten, nämlich im *bios apolaustikos* der Menge, sofern der sättigungslosen Sucht nach Unterhaltung und Zerstreuung noch das Moment unproduktiver Verausgabung verblaßter Feste anhaftet. Freilich aber lösen sich selbst diese Spuren gerade dort auf, wo Muße nur der Lust *dienen* soll. Denn umgekehrt ist es ja die Muße, welche eine Lust allererst in der Weise zukommen läßt, daß dieser auf festliche Art Zeit gelassen und sie damit von ihrem bloßen Antriebs- und Verbrauchscharakter befreit wird. Und eben deshalb läßt sich auch fragen, ob Muße nicht ebenso dem Leid eine Zeit zukommen läßt, die uns der bloßen Getriebenheit oder Verkümmerung durch die Schmerzen ,entnähern' kann. Solches Zeit-*Lassen* der Muße hat nichts mehr mit dem oben beschriebenen *Sich*-Zeit-*Nehmen* oder -*Lassen* für etwas zu tun, sondern gehört einer ganz anderen Zeitlichkeit an.

Wie auch immer in der Arbeitswelt Muße zur bloß passiven Erholung verkümmerte oder gar als Müßiggang auf eine arbeitsscheue Trägheit reduziert wurde: nie erlosch die Spur ihres Glanzes vollständig. Etwas an ihr entzog sich dem durchgängigen Beschäftigtsein in Arbeit und Freizeit und ihrer Funktionalisierung als der Arbeitswelt nützlich. – Bisher hatte ich nur erwähnt, daß Feiern mißlingen können und so das Wesen des Festes nicht zu erschließen vermögen. Solches Mißraten des Feierns scheint heutiges Leben geradezu auszuzeichnen. Und doch glauben wir wohl nicht zu Unrecht, daß wir irgendwie die Kriterien ihres Gelingens selbst dort noch erspüren können, wo ,Muße' auf eine nützliche Funktion in der Arbeitswelt reduziert wurde. Man ahnt noch, daß der ,Muße', im Gegensatz zum Lärm der Freizeit, eine eigenartige *Mäßigung* zugehört, die nicht etwa nur als Verzicht auf Exzesse zu verstehen ist, sondern merkwürdig berührt und bewegt. Das Maß, das der alltäglichen Muße eigen ist, wird uns nicht im strengen Sinne analytisch, wohl aber topisch verständlich. Die Struktur des Maßes, die sich hervorheben läßt, mag zwar weitgehend der alltäglichen Arbeitswelt verpflichtet bleiben. Doch kann sie wie ein Vorspiel auf das der Muße in tieferem Sinne eigene Maß verstanden werden.

Gewöhnlich meint man, in der ‚Muße' – und darunter ist im Folgenden nur die in der Arbeitswelt erlebbare Muße zu verstehen – ginge es vorrangig um ein Ankommen und um eine Erfüllung, der man sich überlassen und hingeben könne, wogegen im Unterwegssein, zu dem man getrieben werde oder sich selbst antreibe, Ruhelosigkeit und Unmuße herrsche. Dennoch will man das Verständnis von ‚Muße' damit nicht einfach in die Richtung einer Auffassung von ‚Sättigung' oder gar ‚Schlaf' drängen. Man erwartet von ihr vielmehr eine andere Weise von Wachheit und Helle, als gewöhnliche Aktivitäten erfordern. Gleichwohl dominiert die Vorstellung von Ruhe, ob ‚Muße' sich nun in bestimmten Körperhaltungen manifestiert oder in einer Geistes- oder Gemütsruhe, in entspannten Zurückhaltungen, gemäßigten Beschäftigungsrhythmen, besonnenen Lebenseinstellungen u.a. Insofern sich solche Ruhe der Unruhe, der Hast, der Unrast und fieberhaften Hektik entgegensetzt, scheint sie zugleich eine gewisse Beständigkeit und Verläßlichkeit auszustrahlen gegenüber der vorherrschenden Flüchtigkeit und Unbeständigkeit von Zuständen und Geschehnissen. ‚Muße' scheint hier derjenige zu genießen, der zu verweilen und sich aufzuhalten vermag, einerlei welchen Dingen er sich auch anschauend oder denkend widmet. Daher soll diese Ruhe nicht zur Bewegungs- und Reglosigkeit tendieren, weder in der Weise bloßer Abgespanntheit der Erlahmenden und Erschöpften, noch in der einer starren Angespanntheit oder eines aufmerksamen Lauerns. Überlegter spricht man daher der ‚Muße' eine gewisse Bewegtheit im Ruhigen und etwas Geruhsames in der Bewegung zu, worauf ja noch, wie bemerkt, die ursprüngliche Bedeutung von ‚Müßig-*Gehen*' verweist, bevor es mit nur ziellosem Dahinschlendern und Umherschweifen gleichgesetzt wurde. Man meint damit mehr als nur ein gewisses Ruhebewahren im allgemeinen Treiben, um sich überlegter und besonnener verhalten zu können. Daß man ohne eine gewisse Entspannung und Gelöstheit keine ‚Muße' erleben wird, aus dieser Erfahrung neigte man dazu, in ihr fälschlicherweise nur eine passive Haltung zu sehen. Richtig ist zwar, daß in der ‚Muße' ein Abstand zu den Dingen und Ereignissen aufbricht, durch den diese aber gerade nicht aus der Nähe in die Ferne gerückt werden, sondern umgekehrt die ihnen eigene Fernhaftigkeit in den Blick kommen kann. Solcher Abstand, durch welchen allererst das Entgegenstehen der Dinge als Gegenstände offenbar wird, hat daher nichts mit Gleichgültigkeit, Ungerührtheit oder Unbeteiligtsein zu tun. Es ist vielmehr eben die ‚Muße‘, in der wir aus solchem Abstand heraus zu einer wirklichen Hingabe, zu einer wagnisreichen Vertiefung und Versenkung und zu anspruchsvollem Einsatz gelangen können, zu welcher die übliche Betriebsamkeit und pausenlose Geschäftigkeit keine Zeit lassen. Und zugleich sorgt die Abständigkeit dafür, daß solche Hingabe nicht zu lückenloser Einnahme, Auslastung und Besetzung wird. Denn ‚Muße‘ stellt nicht ruhig, sie spannt ein in die Gelöstheit. – Man hat nun versucht, die Bewegtheit ‚in Muße‘ einem bestimmten Modus von Geschwindigkeit zu unterwerfen. Zu ihr gehöre eine gewisse Langsamkeit und Gemächlichkeit, die scheinbar in solchen Ausdrücken wie ‚Betrachtung‘, ‚Besinnlichkeit‘, ‚Beschaulichkeit‘ schon mitgemeint werde. Allerdings soll diesem bedächtigen Adagio nicht Schwunglosigkeit, Trägheit, Apathie oder Schwerfälligkeit anhaften. Warum aber sollte zur ‚Muße‘ nicht eine gewisse Leichtigkeit gehören können, die sich nicht nur im gemächlich Schwebenden, sondern ebenso im rasch Beschwingten und Beflügelten, in der Gedankenschnelle und der Begeisterung zeigt, wie es evidenterweise ja in der Musik, im Tanz, in Rede und Dichtung vorkommt, denen wir uns ohne ‚Muße‘ nicht zu widmen vermögen? Man sagt, ‚Muße‘ sei dort am fernsten, wo Mühe und Beschwerlichkeit herrsche. Aber im nur Leichtfertigen und Verspielten fehlt sie nicht weniger. Allerdings kennt sie eine Leichtigkeit, die das Ernsthafte und die Strenge des Bedeutsamen davor bewahren kann, zu einer mühseligen, verkrampften Aufopferung zu werden.

Auch wenn sich demnach ‚Muße‘ nicht auf Untätigkeit und passive Hinnahme reduzieren läßt, scheint sie doch unbeschränkt der Sphäre des Friedlichen anzugehören. Niemand wird sich ‚Muße‘ unter der Bedingung von Gewalt oder auch nur von Heftigkeit, Hader, Unfriede vorstellen können. Zu Unrecht neigt man deshalb jedoch dazu, ‚Muße‘ nur einer Atmosphäre von Milde, Weichheit, Nachgiebigkeit zuzuordnen, als sei allein unstrittige Ein-Förmigkeit und widerstreitlose Kongruenz ihr Medium. Aber so wenig wirkliche Versöhnung ohne ‚Muße‘ gelingen kann, so wenig strittige Auseinandersetzung um die Sache.

Es lassen sich also zahlreiche Lebenszustände ausmachen wie Qualen, Not und Gewalt, Bedürftigkeit oder Gleichgültigkeit, starke Affekte und Gier, Bedrückung und Schuld, Gehetztheit und Lähmung u.a., durch welche ein Zugang zur ‚Muße‘ verwehrt scheint. Und wenn auch die Bandbreite groß ist, in welchen man sogar von schmerzlichen Regungen des Lebens gleichsam zurücktreten und vom Leben selbst in ,Muße' Abschied nehmen kann, um noch darin etwas seltsam Feierliches zu begehen; so sind doch dem Feiern der ,Muße' durch die Umstände menschlichen Daseins Grenzen gesetzt. Sokrates, Boethius, Bruno konnten noch im Gefängnis vor ihrer Hinrichtung in ,Muße' zur Philosophie gelangen. Schwer aber, wenn nicht unmöglich ist es uns vorzustellen, daß Menschen unter Bedingungen der Folter und der Industrie des Massenmordens noch zu Augenblicken der ,Muße' finden könnten!

In einer gewissen Ausgeglichenheit zwischen Ruhe und Bewegung, Abstand und Hingabe, Leichtigkeit und Ernsthaftigkeit, Friedlichkeit und Erregtheit, wie man sie in einer bestimmten Sorglosigkeit, Unbekümmertheit, Unbefangenheit zu finden hofft, sucht man jene Mäßigung zu finden, die der ,Muße' günstig sei. Und wo sie gewährt ist, da scheinen diese Verhältnisse zu stimmen, und ihre Ausgeglichenheit bewirkt, daß all diese Momente in ihrer besonderen, gar vordrängenden Bedeutsamkeit zurücktreten können, um solcher ,Muße' den Raum zu öffnen. Wird aber diese Entkrampfung und Entspanntheit schon mit Muße im emphatischen Sinne der Festlichkeit gleichgesetzt, kommt die der Muße eigene Spannung, ihre Gestimmtheit und ihr Maß, gar nicht mehr in den Blick. Um daher die Möglichkeit zu verstehen, wie menschliches Dasein sich überhaupt der Muße zu öffnen vermag, scheint es mir unumgänglich, die Grundverhältnisse von Verspannung und Entspannung darzulegen, von denen her auch die gewöhnliche Auslegung von Zeitlichkeit begreiflicher wird.

4. Entrückung

Antike Denker sahen in der Entlastung von den Nöten, Bedrängnissen, Belastungen des alltäglichen Lebens eine Voraussetzung, um zur Muße gelangen zu können. In der modernen Arbeitswelt herrscht dagegen die Auffassung vor, ‚Muße‘ sei, in der Freizeit, selber eine Weise legitimer, notwendiger Abspannung von den Anspannungen der Beschäftigungen und wieder auf diese hin. Allerdings sind heute die physisch und psychisch erlebbaren Belastungen und Entlastungen nicht mehr eindeutig auf Arbeitszeit und Freizeit verteilt, denn manche Arbeitstätigkeiten können entspannender sein als manche Freizeitbeschäftigungen und allemal befriedigender als die wachsenden bürokratischen Zwänge, das alltägliche Leben außerhalb der Arbeitspflichten verwalten zu müssen.

Nun können sich aber auf Grund bestimmter Entspannungen Spannungen ganz anderer Art ergeben, die nicht einer erneuten Ausrichtung auf Ziele und Mittel verdankt sind und sich daher dem Zirkel der Nützlichkeiten und deren Mühsal entziehen. Es sind jene Spannungen, die in der Mythe um Apollo durch das Bild der Lyra auf die festliche Verausgabung verweisen. Als bestimmte Weisen und gleichsam als ‚Melodien‘ sind sie jenen alltäglich erlebten Anspannungen gänzlich fern, die gewöhnlich zu Verspannungen führen und daher der Abspannung bedürfen. Und ich denke, daß es bestimmte Arten der Entspannung gibt – wie eine gewisse Sorglosigkeit, Schuldlosigkeit oder Unbefangenheit –, die jenen spannenden Weisen gleichsam den Raum ihres möglichen Geschehens eröffnen können. Was an ihnen noch als ‚Entspannungen‘ erlebt werden kann, sind vielmehr *Entrückungen* der Art, die allererst einen Ab-stand freigeben, damit die Spannungen des Daseins in den Blick kommen können, – freigeben hin auf eine Gegenständlichkeit, die gewöhnlich in der bloßen Zuständlichkeit aufgeht. In solchen Entrückungen, so scheint mir, kann sich der Zugang zu einer Muße öffnen, die nicht mehr den Regeln der Arbeitswelt unterworfen ist.

Ich werde die zeitlichen Grundstrukturen solcher Anspannungen skizzieren, von denen aus derartige Entrückungen verstanden werden, und zwar – in einer gewissen Fortführung und Abwandlung von Heidegger Daseinsanalytik – die *Sorge* mit dem Vorrang der Zukunft, die *Schuld* mit dem Vorrang von Gewesenheit und schließlich die *Befangenheit* mit dem Vorrang der Gegenwart.[182] Die Ausdrücke ‚Zukunft, Gegenwart, Gewesenheit‘ sind hier zunächst als ‚ekstatische‘ Zeitigungsweisen[183] gemeint, die gleichwohl hintergründig an der Zeitlichkeit des Kommens, Wartens und Gehens, die noch zu klären sein wird, (6.1.) orientiert bleiben.

Obgleich Heidegger diese ‚Ekstasen‘ der Zeit, nämlich Zukunft, Gewesenheit und Gegenwart, als ‚gleichursprünglich‘ annahm, so ergab sich für ihn im Blick auf die Analytik des Seins-zum-Tode doch ein Vorrang der Zukunft (6.4.3). Dieser Vorrang zeigt sich in der Struktur der Sorge als ‚Sich-vorweg‘ des Daseins. Demnach gibt es für ihn wesentlicher eine Sorge um das Künftige, das Künftige auch von Überlieferung und Vorhandenheit, als etwa ein sorgloses Befinden von Vorhandenem und Gewesenem. Ob man letztere ausreichend als einen ‚defizienten Modus‘ der Sorgestruktur verstehen kann, was zudem die Frage nach Verfallenheit und Eigentlichkeit berührt, mag in Frage bleiben. Hier geht es mir um die wenig beachtete Sphäre der Entrückung, die sich ihrerseits ausspannt zwischen den anspannenden und entspannenden Strukturen des Daseins selbst.

Sofern sich nach Heidegger die Struktur der Sorge in einem immer schon Sich-vorweg- und Schon-bei-der-Welt-Sein zeigt, wird Dasein aus einer Spannung heraus verstanden zunächst von der Zukunft her auf die Zukunft hin. Was auf das Dasein zu-kommt, ist nicht nur das, was zu einer Ankunft drängt, sondern auch, was durch sein Ausbleiben drängen kann. Das auf die Zukunft hin entworfene Dasein erfährt sich in seinen Ahnungen und Vorhersagen, seinen Hoffnungen und Befürchtungen, in seinen in Angriff nehmenden oder vorbeugenden Tätigkeiten oder in seinem Abwarten u.a. Solches der Zukunft Zugehen zeigt eine Tendenz abzulassen von der Ausrichtung auf Gegenwart und Gewesenheit des Vorhandenen, da sich Dasein vorrangig auf das *Ent*-gegen-Kommende bezieht. Die als freudig erwartete oder bedrohlich verstehbare Herkunft aus der Zukunft verweist dagegen zumal auf ein Verhältnis des Erstmali-

---

[182] Martin Heidegger, Sein und Zeit, a.a.O., § 61 ff.
[183] Ebd., § 65, S. 329

gen oder Wiederholten zu dem, was als schon Gewesenes währt, anstatt endgültig vergangen zu sein. Das Dasein versteht sich somit als eingespannt in eine vorherrschende Zukünftigkeit, die zugleich den zeitlichen Charakter von Gegenwart und Vergangenheit abwandelt, indem das Dasein von diesen in Einem zugleich abgerückt und auf Künftiges ausgerichtet wird. Die Abhängigkeit des Daseins von der Gewesenheit und das Verschuldetsein an diese verlieren dabei allerdings so wenig ihre Schwere wie dessen Befangenheit in der Gegenwart; nur gelten sie vorrangig als Funktionen einer Künftigkeit, der zufolge man sich auch um Überlieferungen und vorhandene Tatsachen sorgt.

Die Entrückungen aber gegenüber der auf die Zukunft hin gerichteten und von der Zukunft her ausgerichteten Struktur der Sorge wandelt als *Sorglosigkeit* diese Zeitlichkeit entscheidend ab. Es geht daher nicht einfach um eine Entspannung von alltäglichen Sorgen. Der Herkunft aus der Zukunft begegnet das sorglose Dasein in der Weise des Auf-sich-zukommen-Lassens der Vorkommnisse, so wie das Hingehen in die Zukunft in der Weise des Sich-gehen-Lassens. – Nun wird man zumeist hören, so genußreich solche entspannende Gelassenheit eine Weile vom Dasein erlebt werden mag, sie wird früher oder später doch zu Langeweile und zum Überdruß an der Uninteressiertheit und zur großen Müdigkeit mit ihren Todessehnsüchten führen, wenn man nicht zurückkehrt zu den alltäglichen Anspannungen und sich nicht um neue Einsätze sorgt. Dennoch kann, wie bemerkt, in der Sorglosigkeit über die bloße Entspannung hinaus eine Entrückung geschehen, von der aus ein Freigelassensein der vorrangig auf die Zukunft gerichteten Zeitspannen als Spannung anderer Art auftaucht, etwa eine Rhythmik und Melodie von ‚Gezeiten‘, die durch keinen Mechanismus auch nur gemessen, geschweige ausgerichtet werden können. Und Ähnliches werden wir bei den anderen Weisen der Entrückung bemerken können.

In der Struktur der *Schuld* ist Dasein vorrangig als abkünftiges auf eine Gewesenheit bezogen, die das Dasein angeht und zwar entweder in der Weise, daß es das Vergangene, dem es sich auch selbst verdankt, als Lücke des Verschwundenen erfährt, auf das es wehmütig oder befreit zurückblickt; oder in der Weise, daß es vom Andauern und der Wiederkehr des Gewesenen gehalten oder bedrängt wird. Denn das Dasein kann vom Gewesenen gleichsam eingeholt und gebunden sein oder sich rückwendend als zu einer Überlieferung verpflichtet fühlen, die es zu bewahren oder zu vergessen sucht. Sofern sich das Dasein vorrangig aus dem Verschuldetsein an die Gewesenheit versteht, tritt zum einen, mit den vorhandenen Tatsachen der Gegenwart, auch die Wucht der Geworfenheit ins Da-sein zurück; zum andern verliert seine Entworfenheit auf die Zukunft und sein Sich-Kümmern um die Wahrscheinlichkeiten des Künftigen an Bedeutsamkeit. Aber auch hier werden der Gegenwart und der Zukunft nicht die Schwere der Spannungen genommen, sie erscheinen vielmehr vorrangig unter dem Blick ihrer weitgehenden Geprägtheit und Vorherbestimmtheit durch Gewesenes, als sei alles immer schon ausgemacht und entschieden.[184]

Auch in der Entrückung des Daseins vom Eingespanntsein in die Schuldstruktur geschieht mehr als nur eine Entspannung. Sie zeigt sich in der Weise der *Schuldlosigkeit* gegenüber allem ‚Hingang‘, jeder Herkunft und Überlieferung. Im Sich-Lösen von den Bindungen an das Vergangene und im Sich-Befreien von den Lasten der Überlieferung gewinnt das Dasein zwar keine ‚unschuldige‘ Zeitlichkeit, aber in gewisser Weise eine schuldfreie, indem es das Gewesene einfach bestehen oder von sich gehen läßt. Das muß nichts mit einer Abwendung vom Geschehenen oder mit einer entspannenden Gleichgültigkeit ihm gegenüber zu tun haben. Im Gegenteil, erst in einer entrückenden Schuldfreiheit kann sich eine andere Spannung zum Geschehen melden, etwa in den Weisen, über dasjenige, was sich nicht ungeschehen machen läßt und nicht vergessen werden kann, Trauer und Scham zu fühlen, oder in der Weise, die bedeutsamsten Züge des Geschehenen in die Spannung von Berichten und Erzählungen zu übersetzen. – Sicher wird man auch in Bezug auf dieses entspannende Gehen- oder Bestehen-Lassen des Gewesenen den Einwand vernehmen, daß ein Genuß unbekümmerter Schuldlosigkeit früher oder später in die Unruhe der Orientierungs- und Bindungslosigkeit umschlagen wird, wenn sich das Dasein aus solcher Entspannung nicht wieder von den Vor-Richtungen der Überlieferung einspannen läßt. Gleichwohl kann gerade durch den schuldfrei entrückten Rückblick auf Gewesenes dessen gespannte Offenheit für die Wiederkehr vergangener Möglichkeiten erfahren werden, so wie die Befreiung von der Unterordnung unter die Gewesenheit auch die gegenwärtig vor-

---

[184] Ich möchte nicht auf die Anmerkung verzichten, daß die historisierenden Wissenschaften mit ihren Vorlieben für Kausalitäten, Genealogien, Evolutionen, mit denen sie der Komplexität von Strukturen aus dem Weg gehen, wohl aus der Vorherrschaft der Schuldstruktur des Daseins erklärlich werden.

handenen wie die künftig wahrscheinlichen Möglichkeiten sichtbar machen kann.

Schließlich läßt sich wohl von einer *Befangenheitsstruktur* sprechen, in welcher die Richtungen auf Zukunft und Vergangenheit vom Vorrang der Gegenwart her bestimmt sind. Das Dasein versteht sich eingespannt in die Welt der ‚unverrückbaren' Tatsachen, an denen es nicht vorbei kann, mit denen es ständig zu rechnen hat und zwar ziemlich unabhängig von deren Herkunft und Zukunft. Das muß nicht unbedingt bedeuten, daß das Dasein in die Gegenwart der Tatsachenwelt eingeschlossen, von ihr gefangen gehalten und genötigt werde. Es ist zumeist der Daseiende selbst, der den Tatsachen gegenüber befangen ist und ihnen, als unumstößlichen Bedingungen der Realität, das ‚letzte Wort' auch dann überläßt, wenn er meint, selbst als eine Tatsache auf sie einzuwirken (mit ‚List', *mechane*), wobei sich das Faktische des Daseins und die vorhandenen Zustände und Vorgänge gegenseitig verändern. Doch werden solche Veränderungen nicht vorrangig in Hinsicht auf ihr Vergehen ins Gewesene und Entstehen aus dem Künftigem gedeutet, sondern in ihrer gegenwärtigen Gleichzeitigkeit als Wechselwirkungen angesehen. Vergangenheit und Zukunft werden darin vorrangig als präsente Modifikationen betrachtet, in welcher das, was vorhanden ist, als Re-Präsentationen oder ‚Pro-präsentationen' (6.4.2.) betrachtet wird.

Eine Entrückung kann sich hier in der Weise der *Unbefangenheit* bemerkbar machen, in welcher der Umgang mit den Tatsachen seine Scheu und seine Schwere preisgibt und so noch im Ernst des Bedeutsamen leicht bleiben kann. Der Genuß der Unbefangenheit besteht darin, die Tatsachen bestehen zu lassen, sich von den einen ab- und den anderen hinzuwenden, sobald sie nur ihre harte, unnachgiebige Realität geltend machen sollten. Damit tritt das adversäre *Gegen-* der Gegen-wart mit ihren Gegen-ständen in den Hintergrund und die Dinge und Geschehnisse ziehen sich in eine nachgiebige, beschauliche Anwesenheit zurück, die beglücken kann, aber auch Verdruß bereiten, wenn sie sich jeder Standfestigkeit und jedem Zugriff entziehen. Daher können auch solche Entrückungen, wo sie sich auf bloße Entspannung beschränken, aus sich heraus umschlagen in Zerstreuung, schließlich in Lustlosigkeit und Apathie, wenn das Dasein nicht zurückkehrt zu seiner Achtung vor den Tatsachen und zur Auseinandersetzung mit ihnen. Gleichwohl scheint Unbefangenheit nötig, um Gegenwart derart zu entrücken, daß sie ihrerseits erst in einer andersartigen Spannung zu erscheinen vermag, nämlich

in der Spannung zwischen der Anwesenheit von Seiendem (und seiner
selbst als *Da*-sein) und der Abwesenheit, sofern diese noch nicht von
den Richtungen auf Vergangenes und Künftiges oder von diesen her beherrscht wird, eine Abwesenheit, von der her sich die Differenz von
Zeitlichkeit und Zeit allererst melden kann. Denn erst wenn der Zwang
zurücktritt, die Richtungen einzuschlagen zu müssen, in welche die
Zeitlichkeitsweisen einspannen, beginnt sich Seiendes so zu lichten, das
sich das Dasein als ausgelassen erfährt der Offenheit von Zeit als *Ge-
lück* (6.5.), nämlich als das, was unberechenbar die Lücken im bloßen
Getriebe der Abläufe gewährt.

Daß sich überhaupt ein Zerfall entrückender Sorglosigkeit, Schuldlosigkeit und Unbefangenheit in *bloße* Entspannungen ereignen kann, die
ihrerseits abspannend in Langeweile und Überdruß, in Orientierungs-
und Bindungsverlust sowie in Zerstreuung und Apathie umschlagen
können, – dieser Rückfall in die Arbeitswelt verweist darauf, daß die
Verhältnisse von Anspannung und Entspannung ihrerseits unstimmig,
verspannt, verzerrt und verkrampft sein können, so daß verschiedene
therapeutische ‚Lebenskünste‘ darauf zielen werden, zwischen Anspannung und Abspannung eine Art dynamisches Fließgleichgewicht zu finden. Solches scheint dann ‚wertvoller‘ als alles Streben nach einer ‚Muße‘, in der man sich angeblich nur passiv zu entspannen sucht. Doch
gerade der Genuß solcher Entspannungen verendet dann gewöhnlich in
der Öde eines momentanen ‚Ausgesorgt-Habens‘, im leeren ‚Entschul-
det-Seins‘ von allem und jedem, in einer ‚Irrealisierung‘ des Lebens
überhaupt. Davon unterscheiden sich die Modi solcher Entrückungen,
die nicht in kraftloser Spannungslosigkeit verschwinden, sondern vielmehr erst zu erschließen vermögen, was dem Leben an gewöhnlichen
und außergewöhnlichen Spannungen nur widerfährt. Gelassenheiten
sind Weisen eines Vermögens und erfordern zweifellos mehr als die üblichen Aktivitäten und Beschäftigungen in der ihnen eigenen Trägheit.
Erst im Ablassen-von, im Auf-sich-zukommen-Lassen und Von-sich-
gehen-Lassen vermag das Dasein Spannungen anderer Art zuzulassen.
Die über die Entspannungen ermöglichten Entrückungen lassen, wie ich
noch zeigen werde, das Staunen zu (9.). Und im Staunen über Befremd-
liches vollzieht sich der Zugang zu einer Muße, welche, durch Musen
gestimmt, gelingen kann.

5. Der Bogen des Lebens

Selbst in einer durch die Arbeitswelt abgeschwächten Muße war noch zu spüren gewesen, daß ein ihr eigenes Maß zu ihrem Gelingen auffordert. Nicht aber auf den psychischen Zustand eines menschlichen Subjekts, etwa auf die Ausgeglichenheit seiner Spannungen, ist dieses Maß zu reduzieren. Denn umgekehrt gelangt dieses Subjekt zum Erleben seiner Ausgeglichenheit erst durch Muße, über die man nicht wie über ein Mittel verfügen kann. Muße überläßt sich vielmehr dem Dasein nur in einer stimmenden Spannung. Nach verschiedenen Richtungen dagegen entgleitet das der Muße eigene Maß: in der vermeintlichen Annäherung an eine ‚göttliche‘ Lebensweise, in welcher Menschen eine vollkommene ‚Seelenruhe‘ gegen die Gewalten der Lebendigkeit zu erreichen suchten, als folgten sie einer Todessehnsucht, und in der Annäherung an die leere Freizeit einer Arbeitswelt, worin das Leben sich in seinen Zerstreuungen aufzulösen beginnt. Nun zeigte sich zwar das Wesen der Muße im Ereignis des glänzenden Festes. Aber darin blieb bisher ungeklärt, worin das Kriterium gelingender Muße liegen könne (7.3.). Liegt dieses in einer der Muße eigenen Zeitlichkeit, die unter der Vorherrschaft einer bestimmten anderen Zeitlichkeit verdeckt bleibt? Ich denke, das ist nur zu klären, wenn wir nach den bestimmten Weisen von Zeitlichkeit fragen, durch welche sich menschliches Leben selber auslegt. Und diese Auslegung verläuft im abendländischen Denken grundlegend über die Auffassung von Zeitlichkeit als *Spannung* (tensio), sogar noch in ihrer Entgegensetzung gegen eine vermeintlich göttlich-entspannte Zeitlosigkeit und Ewigkeit. Es scheint mir daher wichtig, die Grundformen der Gespanntheit des Daseins darzulegen, bevor auf die Frage zurückzukommen ist, auf welche Weise diese Gespanntheit zu einer in Muße stimmigen werden kann.

Ich werde von einer bestimmten Deutung des berühmten Heraklit-Satzes ausgehen: „Nun ist der Bogen dem Namen nach Leben, in der Tat aber Tod."[185]

Es geht hier nicht um die Selbigkeit des Umschlages von Lebendigem (*zon*) in Totes (*tetnekos*) und umgekehrt, von welcher Heraklit auch spricht[186], sondern um die zum Schwingen gebrachte Gespanntheit sterblichen Lebens. Das Wort ‚Bogen' ruft – der Tat dieses Wortes nach – mit dem Leben dessen Tod zur Anwesenheit, und es wäre nicht Leben, wenn es nicht sterblich wäre. Der Bogen nennt sterbliches Leben, eine Sterblichkeit, die zum Verstehen ihrer selbst nur über den Unterschied zu dem gelangt, was *nicht* sterblich ist. Aber nun geht es nicht mehr um einen Gegensatz zwischen Sterblichem und Göttlichem, vielmehr wendet sich, im Schritt über die Sterblichkeit hinaus, das Leben zu dieser zurück. Mythisch allerdings wurde die Sterblichkeit zumal von der Unsterblichkeit im Sinne des Unvergänglichen her betrachtet und dadurch oft ihrem Wesen nach mehr verschattet als beleuchtet. In einer solchen Umdeutung zeigte sich die Verborgenheit des Gottes, in unserem Zusammenhang jedoch betonterweise als die Mythe eines Gottes, der aus solcher Dunkelheit Licht sendet, zwiefach über den Bogen auf das sterbliche Leben bezogen: *Apollo*, der mit der über den Bogen gespannten Sehne lautlose, den Tod bringende Pfeile versendet, und Apollo, der die über den Bogen gespannten Saiten der Lyra anschlägt, um die Lebendigkeit des Lebens erklingen zu lassen. Und über sein ausstrahlendes Licht gibt der Gott den Sterblichen solches zu wissen. – Wie anders als im Glauben kann die Göttlichkeit zum ‚Garanten' eines verständlichen Maßes sterblichen Lebens werden?

Der Bogen ist es also, der die Tod bringende Waffe und das die Lebendigkeit feiernde und erklingen lassende Instrument vereint, in seiner Gestalt schon als Vereinigung des Unvereinbaren, des *Geraden* (der gespannten Sehne oder Saite) mit dem *Krummen* (des Gebogenen). Aber was sich derart zusammenschließt, tut es nicht, wie der geometrische Kreis, über einen realen gemeinsamen Mittelpunkt, sondern im Namen einer Spannung, die über den bloßen Zusammenhalt der Materialien hinausgeht, genau so, ‚wie das Unstimmige mit sich übereinstimmt: des Wider-Spänstigen Fügung (*armonie*) wie bei Bogen und Leier'.[187] Das Zwischen nimmt nur in einem *imaginären* Sinne die ‚Mitte' ein.[188]

---

[185] Heraklit, Fragmente B 48, (Bogen = biós, Leben = bíos), Hg. B. Snell, Düsseldorf und Zürich 2000, S. 18
[186] Ebd., Fr. B 88, S. 28
[187] Ebd., Fr. B 51. S. 18

Aber es ist eine Spannung, die nicht verschlossen nur in sich ruht, sondern auf bestimmte Weise sich äußert. Indem Bogen und Sehne oder Saite über den ihnen eigenen Halt hinaus gespannt und zugleich das Gespannte gelassen wird, schnellen die Sehne und die Saiten über sich hinaus und zu sich zurück, dehnen sich aus und ziehen sich zusammen und geraten so erst in Schwingung um das herum, was ohne diese Schwingung nur totengleicher Bestand wäre. Schwingungen entstehen aus ‚Störungen‘ eines Gleichgewichts und der Tendenz, es zurückzugewinnen, wobei über das Ziel hinausgeschossen wird zu einem ferneren Wendepunkt, von dem her die Umkehr geschieht. Abklingend erst kehren sie zur bloßen Beständigkeit, zum Toten zurück. Wir geraten also an das eigenartige Verhältnis, daß jede Schwingung um eine imaginäre Mitte herum schwingt, aber dann abgeklungen und ‚tot‘ ist, wenn sich die Mitte des Bestandes als reale eingestellt haben wird. Es bleibt also der Anstoß zu dem, was erst dann ‚selbsttätig‘ aus sich heraus zu schwingen scheint, das unermeßliche Rätsel.

Hier sind es zwei verschiedene Weisen, wie die Schwingungen der überspannt ausgelassenen Sehnen oder Saiten das Lebewesen *trifft*: im Bogen als Waffe geht es nur um den *einen* Schwung, den die Sehne in ihrem Einklang dem tödlichen Pfeil mitteilt, der selbst nicht erklingt, sondern nur unrhythmisch rauscht, bis er Leid bringend sein Ziel erreicht. So legt sich das Dasein gewöhnlich seine Sterblichkeit aus: als ‚verliefe‘ sein Leben nur gradlinig auf dessen Ende zu. Das Leben selbst ist das Geschoß eines Zeit-Pfeils mit zählbaren Etappen, vergehend wie im Fluge, als der gleichsam schnellen Varianten eines ereignislosen Dahinfließens. Auf diese Art zeigt sich die ausgelassene Gespanntheit des Lebens zugleich nur im Paradox einer spannungs*loser* Ausdehnung ‚in der Zeit‘. So geht ‚Zeit‘ allemal schon ungerührt hinweg über das Leben des Einzelnen, das nur irgendeinen Teil derselben repräsentiert. Die Sehnsucht nach Seelenruhe ist hier schwer von der nach dem Tod zu unterscheiden. – Doch damit ist ‚Leben‘ noch kaum verstanden: solche Vergänglichkeit kann von allem, was entsteht und vergeht, ausgesagt werden. Aber auch die Schwingungen alleine reichen zu seinem Verständnis nicht aus. Erst eine Mannigfaltigkeit von Schwingungen, wie sie im Bild der Lyra als Saiteninstrument vorstellbar wird, vermögen in ih-

---

[188] ‚Imaginär‘ bedeutet alles andere als ‚imaginativ‘: nicht Bildlich-Unwirkliches ist gemeint, sondern Unreflektierbar-Wirkliches, das erst beim Versuch, ‚es sich vorzustellen‘, auf das Mittel des Bildes zurückgreifen wird.

ren Überlagerungen, Übereinstimmungen, Abfolgearten vielschichtige
Geräusche, Mißklänge, aber auch eine Rhythmik von Wohlklängen,
kurz: eine Lebens-*Weise* (*melos*) zu erzeugen.

‚Leben' beginnt dort, wo die ausgelassene Spannung sich verstehend
auszulegen beginnt. Erst von einem solchen sich immer schon auslegen-
den Dasein her werden alle weiteren Bestimmungen von ‚Leben' begreiflich. Was sich etwa in einer Auslegung als sich reproduzierende
Gene, als biologisches ‚System' eines Organismus, im Austausch mit seiner Umwelt, oder psychologisch als erlebbare Verhaltensweisen beschreiben läßt, sind nur Momente einer Selbstauslegung dieses Lebens.[189] Auch daß das Leben etwas sei, das vor aller ‚bewußten'
Auslegung seiner selbst eine Weise des Sich-auf-sich-selbst-Verstehens
sei, wird erst von einer vorgängigen Weise der Selbstauslegung des Daseins verständlich. Und zu dieser Selbstauslegung gehört, daß wir uns als
menschliche von nicht nur pflanzlichen oder tierischen Lebewesen unterscheiden, sondern zudem, mythisch gesprochen, auch von engelhaften, dämonischen, göttlich unsterblichen Lebewesen, worin begriffen
ist, daß ‚Leben' nicht zureichend durch die ‚Sichtbarkeit' sich bewegender Organismen erschlossen ist.

Es geht hier nicht um die banale Feststellung, daß sich Menschen seit
je ‚auch Gedanken' über das Leben machten, sondern darum, daß sie
vom Erleben des Verstehens aus etwas erschließen, was über jede Erlebbarkeit hinausgeht. Soweit es um *Urteile* über das Leben geht, in welchen sich der gemeinte Sachverhalt ‚Leben' auf beobachtbare und über-
prüfbare Fakten beziehen soll, können sich Wissenschaften vom Leben
ausbilden: als Biologie, wenn man sich auf die Zusammensetzungen und
Funktionen von Genen und Organismen bezieht, als Psychologie, wenn
die Weisen des Erlebens als Formen des Verhaltens erforscht werden, als
Anthropologie, Soziologie usf.. Doch der auf diese Art Urteilende wird
es stets nur mit *Bedingungen* des Lebens oder *Eigenschaften* der Lebewesen zu tun haben. Und das eigene Erforschen der Lebensbedingun-
gen sowie das Beurteilen der Eigenschaften von Lebewesen werden
dann ihrerseits nur als die Eigenschaften menschlicher Lebewesen reflektierbar, wie sie als Aussagen von einem immer schon vorgängig zugrunde gelegten *sub-iectum* prädiziert werden. So kann alle Wissenschaft vom Leben nur vom Bestehen individuierbarer Leiblichkeit und

---

[189] Vgl. Ulrich Krohs u. Georg Toepfer, Hg., Philosophie der Biologie, Frankfurt a. M. 2005

seelischer Erfahrungen ausgehen, die jedoch in der Selbstauslegung des Lebens stets nur als falsifizierbare Prämissen auftreten, durch welche aber die fundamentalere Prämisse eines vermeintlichen Dualismus von Leib und Seele nicht angetastet wird.

Daß solches dagegen zu einem Verständnis von Leben durch Leben nicht ausreicht, hatte Philosophie schon bemerkt, bevor sich diese Wissenschaften ausgebildet hatten. Es ist das Leben selbst, das sich weder auf seine Erscheinungsweise als Organismus oder dessen Genstruktur etc. noch auf empirische Erfahrbarkeit oder auf Erlebnishaftigkeit beschränkt. Dem Leben gilt solches nur als Prämissen, über welche hinaus es sich als dasjenige zu verstehen sucht, als was es sich selber *erschließt*. Mit der ‚Vernünftigkeit des Lebens‘, dem *logos* des *bios*, ist dieses Schließen über die nur urteilenden Prämissen hinaus gemeint.[190] Das hat nichts mit einer ‚Anwendung‘ syllogistischer Verfahren auf das Phänomen ‚Leben‘ zu tun. ‚Leben‘ versteht sich vielmehr als sterbliches nur in Vollzügen des Schließens.

Als sterblich versteht sich Leben, indem es seinen ‚Schluß‘, seinen Tod, *voraus*-setzt und somit vorwegnimmt, nämlich den Tod seiner selbst, den gerade der Lebende als seinen eigenen niemals wird erleben oder erfahren können. Und doch versteht der Lebende seine Zukunft, um die er sich sorgt, von dieser Unerlebbarkeit seines Endes her als das, was sich allein dem Denken erschließt. Zwar ‚erlebt‘ man den Tod Anderer, in der Weise eines unwiederbringlichen Verlustes, in der einer Befreiung oder teilnahmslos, und man kann das Sterben des Lebewesens und die Zersetzungen des toten Körpers beobachten. Aber auch diese Erfahrungen gelten nur als Prämissen, aus denen wir schließen, daß es uns selbst so ergehen wird. Wir können auch die eigenen Ohnmachten,

---

[190] G. W. F. Hegel, Das Leben, in: Wissenschaft der Logik, 3. Abschnitt, 1. Kap., in: Werke Bd. 6, a.a.O. Dazu: Josef Simon, Leben, in: Handbuch Philosophischer Grundbegriffe, Hg. H. Krings u.a., Bd. 3, München 1973, S. 844 – 859. Simon spricht seltsamerweise die Sterblichkeit des Lebens nicht an. – Schon bei Plotin findet sich die Auffassung, daß Leben erst durch *Noesis*, durch geistiges Erkennen zum Leben komme. (Plotin, Über die Natur, die Schau und das Eine, Enn. III, 8, in: Ausgewählte Schriften, a.a.O., S. 156). Aber wir verdanken es Hegel, vernünftiges ‚Schließen‘ als Grundvollzug des Lebens begreifen zu können. Während er jedoch diese Struktur als zeitlos wiederkehrende auffaßte, bemerkte Heidegger in *Sein und Zeit* die ihr immanente Zeitlichkeit des Daseins. Er beschränkt sich allerdings auf eine bestimmte Zeitlichkeit des Daseins, die uns die Zeitlichkeit der Muße und der Musen nicht erschließen.

Erkrankungen und Alterungsprozesse, denen wir ausgeliefert sind und die wir nur zu erleiden scheinen, als Vorgänge erleben; doch wir vermögen daraus nur zu schließen, daß wir selbst dabei sind, auf den eigenen Tod hin zu sterben.[191]

Auch die eigene ‚Geburt‘, im Sinne eines absoluten Anfangs des individuellen Lebewesens, vermag sich menschliches Dasein nur zu erschließen. Allerdings verhält sich der Lebensbeginn nicht symmetrisch zu seinem Ende. Wir deuten ihn als ein Er-Zeugnis, das *als dieses* Lebewesen gar nicht ‚logisch‘ aus der Vereinigung verschiedener Geschlechter erfolgen kann, auch wenn es ohne diese nicht entstünde. Der Tod des Lebewesens verweist nur negativ auf das Gattungsverhältnis, aus welchem der Einzelne ausgestoßen wird.

Sofern sich Leben nun als dieses Sein *zwischen* Anfang und Ende auslegt, welches als die Lebens*spanne* des Individuums erscheint, die zerreißen oder erschlaffen kann, erschließt es sich selber als *Medium* und *Mitte*, welche sämtliche Bestimmungen des Lebens auf diese Einzelheit *zusammenschließt*. So zeigt sich die *Aus*-Legung des Lebens als Spanne und Gespanntheit zwischen Geburt und Tod zugleich als ein Zusammenziehen und Verdichten auf die Mitte hin. Indem sich Leben in dieser Weise auf eine Mitte hin vereinzelt, kann es sich als *sub-iectum* deuten, von dem aus sich das einzelne Lebewesen seine Geschichte erschließt, eine Geschichte, die natürlich immer schon innerweltlich in die Geschichte der Anderen und in die Vorgänge von Seiendem verstrickt ist.[192] Und dazu gehört zugleich, daß es ahnend, begehrend, Bedingungen erleidend, abwandelnd oder beseitigend sich seine Zukunft erschließt. So stellt sich die Lebensspanne erst als Lebens*weg* dar, den das lebendige Subjekt zu begehen glaubt. Nun kann das einzelne Dasein, indem es seinen imaginären Mittelpunkt als fixierbaren mißversteht, sich die Auffassung zurechtlegen, als trage es seine Selbstpräsenz durch die Lebenszeit hindurch und ruhe unverändert in dieser, bis sie vom Tod getilgt wird. Doch mit seinem In-der-Welt-Sein ist ihm vielmehr immer schon Gegen-wart als eine des Möglichen erschlossen, die nicht in sich ruht und nur stumm die Zeiten durchquert, sondern von vornherein in ausgelassener Spannung zwischen Künftigem und Gewesenem schwingt.

---

[191] Vgl. vom Verfasser: Den Tod denken, München 2002
[192] Siehe: Martin Heidegger, Sein und Zeit, § 26 (S. 117 f.) und § 72 – 76 (S. 372 ff.), a.a.O.

Aber worin zeigt sich nun dieser ausgreifende Lebensbogen als jene Gespanntheit, die zum ‚Erklingen‘ kommen kann?

Wie bemerkt, gibt es zwei Weisen, wie sich Leben die Spannung seiner selbst erschließt: es selbst als das linear verlaufende Geschoß, das sich den Tod bringen wird, ob dieser nun veranlaßt sein wird durch den Zerfall seines Organismus oder ‚zu früh‘ durch eine Gewalt von außen. So fixiert sich das Leben auf einen Weg als starre Linie, die schon an sich selber den Tod als Totes vorwegnimmt. Oder das Leben deutet sich als Bewegung um eine imaginär existierende ‚Gerade‘, an der sich das Spiel der Abweichungen von ihr orientiert, ohne sich auf sie zu fixieren. Zwar werden immer wieder Gabelungen auftreten; doch ohne Reorientierungen auf einen imaginären Lebensweg würde Leben, anstatt zu schwingen, vielmehr in Zerstreuungen taumeln und sich schließlich im Wahn auflösen.[193] So gesehen sind der imaginäre Ort des Todes und der imaginäre Weg zu ihm eine Voraussetzung dafür, daß das Dasein, in einer Zustimmung zu sich und Bejahung seiner Sterblichkeit, ‚erklingen, gefeiert werden, erstrahlen und glänzen‘ kann. Wo es dagegen an der Lebenslinie festhält, als könne es sich dadurch im Leben unvergänglich am Leben halten, erstarrt es schon in Angst und Lebensüberdruß zu einem Scheintod vor seinem Tod.

Indem Leben *voraus*-setzend sich als sterbliches erschließt, hat es sein bloßes Verenden als Organismus und sein bloßes Versinken in Bewußtlosigkeit immer schon überschritten. Doch so einfach läßt sich der Tod nicht auf die einzelnen Lebewesen reduzieren, als ginge das Leben der Gattung ewig über sie hinweg und momentan nur durch es hindurch. Heidegger stellte daher nicht nur die Frage nach dem Dasein als einem ‚Sein zum Tode‘, sondern zudem die Frage nach der dem Sein eigenen Endlichkeit, die nichts mit einer bloßen Begrenztheit und Vergänglichkeit von Seiendem zu tun hat.[194] – Ich werde seine Frage nach der Zeitlichkeit des Daseins aufnehmen, allerdings in dem Sinne, daß sich das Leben stets auf eine *bestimmte, ihrerseits geschichtliche Weise* von Zeitlichkeit hin auslegt.[195] Auch die Zeitlichkeitsweisen, durch welche sich Leben auslegt, sind, als bestimmte Auslegungen von Zeit, der Endlich-

---

[193] Zum Problem der Orientierung: Werner Stegmaier, ‚Anhaltspunkte‘. Zur Sprache des ‚Halts‘ in der Orientierung, in: O. Erdoğan und D. Koch, Hg., Im Garten der Philosophie, a.a.O., S. 199 – 214

[194] Martin Heidegger, Sein und Zeit, § 46 – 53, S. 235 ff., a.a.O., sowie u.a.: Zur Seinsfrage, Frankfurt a. M. 1977

keit des Lebens zugehörig. Nur deshalb kann es um die Frage gehen, ob ein vom Maß der Muße gestimmtes Leben nicht der Spannung einer anderen Zeitlichkeit angehören könnte. Das zu klären, erfordert zunächst eine Art ‚dekonstruktives‘ Eingehen auf die üblichen Vorstellungen von Zeitlichkeit, in welchen die ‚Zeit der Erfahrung‘ vorherrscht.

---

[195] Die Auslegung der Zeitlichkeit des Daseins, so scheint mir, war in Heideggers *Sein und Zeit* ins Stocken geraten, weil deren Geschichtlichkeit noch nicht eigens dargelegt worden war.

6. Die Zeit der Wege

Um dasjenige, womit man einst das ‚Fest‘ bezeichnet hat, nämlich die ‚Hohe Zeit‘ der Muße (7.), verstehen zu können, ist nicht nur eine Abgrenzung gegen die mechanistische Zeitlichkeit der Arbeitswelt (3.3.) von Nöten, sondern auch eine schwierigere Abhebung gegen die *Zeit des Weges* und ihrer Erfahrung, wie sie zumal Kant und Husserl analysierten. Ich hatte dargelegt, wie die Arbeitswelt jene ‚Himmelsmechanik‘, welche einst Sterbliche mit Unsterblichen verbinden sollte[196], in das Dauern einer gespenstisch leeren, gleichförmig steten Bewegung abgewandelt hat (3.3.). Was in dieser noch als ‚Muße‘ gelten kann, wird der Funktion der Entspannungen zugerechnet. Gleichwohl verschließen sich die Entspannungen nicht gänzlich dem möglichen Ereignis einer Entrückung, die gleichsam auf dem Weg zu einer machtvolleren Muße ist, die das Leben ergreifen und abwandeln kann. Das legte die Frage nach einer Lebensform nahe, soweit sie nicht nur in der Arbeitswelt aufgeht, sondern solcher Muße noch fähig sein könnte. Der ‚Bogen des Lebens‘ (5.) zeigte nun eine doppelte Lebenszeit: im Bild des ‚eindimensionalen‘ tödlichen Zeitpfeils mit der Zeitspanne zwischen Geburt und Tod einerseits und zum andern im Bild der Lyra und der *mousiké*, durch welche die ‚andere‘ Lebenszeit der Muße bisher nur angedeutet ist. – Nun gewinnt zwar die ‚Zeit des Weges und der Erfahrung‘ jene Aufspreizung in das ‚*Gespann*‘ von ‚Zukunft-Gewesenheit-Gegenwart‘ zurück[197], das im Zeitmechanismus der Arbeitswelt derart übergangen wird, daß aus ihr nicht einmal ‚Dauer und Folge‘ zu erklären waren. Dennoch orientierten sich auch die philosophischen Analysen der Zeit noch vorrangig

---

[196] Es konnte Platon im *Timaios* (Werke Bd. 5, a.a.O.) nicht entgangen sein, daß die Gleichsetzung von ‚Zeit‘ und ‚Himmelsbewegung‘ zu einer weiteren ‚Zeit‘ führen mußte, ‚in‘ welcher jene verlaufe (Vgl. 38 b). Ist das der Grund, warum wohl nicht ohne Ironie die weitere Zeitanalyse mit den Worten abgebrochen wurde: „Darüber gegenwärtig in genauere Erörterungen uns einzulassen, dürfte aber wohl *nicht an der Zeit* sein" (ebd., H. v. m.)?

an der Relevanz theoretischer und praktischer Erfahrung, so daß die Hohe Zeit der Muße, außer in der Poesie[198], gar nicht in den Blick kommen konnte. Aber philosophisches Denken war sich seit den ‚Aporien der Zeit‘, wie Aristoteles sie dargestellt hatte, stets bewußt, daß die Frage danach, *was* Zeit *sei*, paradoxerweise davon ausgehen müsse, Zeit ließe sich *präsentieren*, also durch eine ihrer ‚Dimensionen‘ als ein Anwesend-Seiendes vorstellen. Die Kluft, die sich damit zu einer ‚nicht-seienden‘ Zeit des Da-*Vor* und Da-*Nach* auftat, wurde in ihrer Aus-Dehnung als das Zwischen oder der Übergang zwischen Seiendem und Nicht-Seiendem gedeutet. Was da beide schemenhaft zu ‚vermitteln‘ scheint, ist das *Weg-Seiende*, – eine Spur, die sich verliert.

Die folgenden Darlegungen fordern die Geduld des Denkens heraus. Ausgehend von der abendländischen Grundentscheidung, Zeit durch die Zeitlichkeit der Spanne, der Spannung (*tensio*) zu denken (6.1.), stellte sich die Frage, wodurch ihre einsinnige Richtung bestimmt worden war. Die urwüchsige Metaphorik des Gehens, Wartens und Kommens in den sogenannten Dimensionen von Vergangenheit, Gegenwart und Zukunft unterliegt derart Verkehrungen, daß letztlich eine allgemeine Orientierung nicht mehr ermöglicht wurde (6.2.). Man suchte daher, wenn auch vergeblich, zu Zeitbestimmungen zu gelangen, die von ‚Verräumlichungen‘ (gemeint ist: von ‚Reversibilität‘) befreit wären. Die Zeitbestimmungen werden erörtert an Kants Problem des Schematismus (6.3.), der zugleich über sich hinausweist auf die Weisen der Zeiterfassung im Wahrnehmen, Erinnern und Erwarten (6.4.). An diesen wird ersichtlich, in welchem Ausmaße Zeit durch die Zeitlichkeit von Weg und Bewegung gedacht wurde. Ich werde daher den Ansätzen Husserls und Heideggers folgen, in welchen diesen Intentionalitäten und Wegungen

---

[197] Warum ich von ‚Gespann‘ spreche, wird gleich erörtert. Hatte Kant zunächst noch von der ‚Einen Dimension‘ gesprochen (Kritik der reinen Vernunft, § 4, a.a.O., S. 79), setzte Hegel dem die ‚drei Dimensionen‘ von Gegenwart, Zukunft und Vergangenheit entgegen (Die Naturphilosophie § 259, Werke Bd. 9, a.a.O., S. 51). In Abgrenzung gegen die vermeintliche ‚Meßbarkeit‘ erinnerte Heidegger an das ‚ursprüngliche Außer-sich von Zeitlichkeit‘ und spricht daher von ‚Ekstasen‘ (Sein und Zeit § 65, a.a.O., S. 329). – Ich denke jedoch, daß auch die Ausdrücke ‚Zukunft-Gewesenheit-Gegenwart‘ zunächst einer kritischen Überprüfung zugeführt werden müssen.

[198] Schon früh mutete Friedrich Hölderlin den ‚Wonnen der himmlischen Musen‘ zu, so das ‚Chaos der Zeit‘ zu besänftigen und versöhnen (Diotima, in: Gedichte, Hg. K. Nussbächer, Stuttgart 1963, S. 38).

in grundlegendem Sinne nachgegangen wurde (6.5.). Aber daran wird zugleich ersichtlich, in welcher Weise Zeit durch eine bestimmte Zeitlichkeit ausgelegt worden war, so nämlich, daß ein Blick auf das Ekstatische und darin A-Tentionale der Zeit ermöglicht wurde. Und darin liegt zweifellos die größte Herausforderung der folgenden Analysen: Wie ist Zeit zu verstehen, ohne sie, wie Zeitlich-Seiendes, aus dem Sein qua Anwesenheit zu verstehen? Diese Frage kann ja nun nicht mehr zureichend ,im Rückgriff' auf die Formen der Wegungen mit Verweisen auf das ,Transzendieren' beantwortet werden. Die ,Entwegung' von Zeit zur ,Zeitnis' sucht die Frage nach der Grundproblematik abendländischer Metaphysik zu verschärfen, um die nach der Zeitlichkeit der Muße auftauchen zu lassen.

6.1. Das Ge-spann der Zeit

Daß von ,Zeit' ohne erscheinende Zustände und Vorgänge nicht gesprochen werden kann, ist zumeist bemerkt worden, auch wenn die Aussage ,Zeit *ist nicht* ohne Erscheinendes' oft gedankenlos gebraucht wurde. Wenn ,Sein', wie Heidegger darlegte, durch Anwesenheit gedacht wurde, kann man nicht einfach sagen, Zeit *sei*. Die Problematik läßt sich zumindest dadurch bewußt halten, daß man sich über die metaphorische Redeweise im Klaren bleibt, wenn man von vermeintlichen ,Seinsweisen' oder ,Wesenszügen' der Zeit spricht. Stets wird dadurch der zeitliche Modus von Seiendem einfach der Zeit selbst zugeschrieben. Auch wo man versuchte, ,Zeit' von bestimmten hyletischen Deutungen, wie sie etwa durch Ausdrücke des ,Gehens' oder ,Fließens' suggeriert werden, fernzuhalten, blieb gleichwohl als ein grundlegendes Substrat die *Spannung* (*tensio*) zurück, von der aus das verbreitete Schema des Weges gebildet wurde. Keine Zeitanalyse, die von dieser Metapher nicht Gebrauch machte. Die Rede von der ,Aus-*Dehnung*' (*ex-tensio*) der Zeit bringt diese Spannung, wenn auch zumeist der dynamischen Anklänge entkleidet, immer wieder ins Spiel. Sie scheint die wesentliche geschichtliche Weise zu sein, in welcher dem Dasein ,Zeit' metaphorisch *gegeben* ist. Aber um was für eine Gegebenheitsweise geht es dabei?

Wie in Bezug auf den ,Bogen' wird man zunächst an ein Kräfteverhältnis denken. Der Bogenstab wird, wie bemerkt (5.), gekrümmt und als solcher von der Sehne zusammengehalten. Die Spannkraft des Bogens beruht nun in der Neigung des Stabes (*tendentia* von bestimmter *intensio*), seine vorige Gestalt wieder einzunehmen. Aktuell (*attensio*) wird ihre Entladung zugleich ‚zurückgehalten‘ (*retensio*) wie ‚vorweggenommen‘ (*protensio*) Der gespannte Bogen ist also durch eine Festigkeit zusammengehalten (*con-tinens*), die nicht auf Starrheit, sondern auf einer gegenstrebigen Nachgiebigkeit beruht. Entscheidend für eine Spannung ist also die Art eines Zusammenhaltes von Kräften, die in entgegengesetzten Richtung wirken. ‚Spannung‘ ist – worauf der Satz Heraklits verwies – als ein *sich hinziehender und somit wegbahnender Widerstreit* zu verstehen, der sich als Widerstreit zusammenhält, anstatt zu einer Trennung überzugehen, sei diese gewaltsam wie im Fall eines Bruches, oder gewaltlos wie in dem einer Aus-einander-Setzung. Die Spannung hat Bestand allein in der Entgegen-Setzung. Im zeitlichen Nacheinander sah man daher immer schon die einzige Möglichkeit, demjenigen eine Wahrheit zugestehen zu können, was sich gleichzeitig als einander widersprechend ausschließt.

Nun nannte man einst eine Vorrichtung, durch die etwas eingespannt (und somit auch wieder ausgespannt) werden konnte, wie etwa ein Tier in das Zaumzeug, ein *Gespann*. Das Gespann ermöglicht *innerhalb* des Eingespanntsein einen gewissen Wechsel zwischen Anspannung und Entspannung, so auch im Fall des eingespannten Bogens, der darüber hinaus gespannt wird, um den Pfeil abzuschießen oder die Sehnen erklingen zu lassen. Es ist ein solches Gespann, das im Verhältnis der Zeitlichkeitsweisen von ‚Zukunft-Gegenwart-Vergangenheit‘ gegeben scheint. Zwar wird zumeist diesen Weisen der Zeitlichkeit eine unumkehrbare Richtung unterstellt, so als ‚komme‘ Zeit aus der Zukunft in die Gegenwart, um nach einem Verweilen aus dieser zu ‚gehen‘. Doch von dieser Metaphorik her ist das keineswegs selbstverständlich. Was da auf einen ‚Zeit-Weg‘ projiziert wird, erweist sich, wie alles Kommen, Warten und Gehen, im Sinne der Spannung als in sich gegenläufig und widerstreitend.

6.2. Die Unruhe des Kommens, Gehens und Wartens

Warum wurden überhaupt in Hinsicht auf die Spannung ‚der Zeit‘ die Weisen der Zeitigkeit über Metaphern von *Tätigkeiten* wie das Kommen, Gehen und Warten ausgedrückt, als wäre die ‚Zeit‘ selbst ein Subjekt? Soll man annehmen, daß diese Tätigkeiten eine Art ‚kommunikativer Urszene'[199] beschreiben, die dann, wie bemerkt, auf den ‚Gang und Wandel' der Gestirne als Gottheiten übertragen wurde, deren Kon-*stella*tionen zu berechnen wiederum unverzichtbar war in Gesellschaften, die vor allem von Landwirtschaft und Viehzucht lebten? Aber sind damit diese Tätigkeiten selbst denn schon verstanden? ‚Die Zeit', das war ‚der Gott', der in seinem Kommen, Weilen und Gehen tages- und zumal jahreszeitliche Zeichen für Aussaaten und Ernten, von Trächtigkeit und Geburt etc. setzte. Stets ging es um ein wiederkehrendes, zyklisches Kommen und Gehen von oder zu jemanden, um ein gegen-wärtiges sich einander Zuwenden. Noch im Gott *Kronos*, der später mit *chronos* gleichgesetzt wurde, bleibt ein gewisser Vorrang des Zyklischen bewahrt, in welchem sich die Weisen des Da-*vor* und Da-*nach* ständig verkehren, nicht aber die Richtung, der man folgte. Der Zeit ‚im Ganzen' mußte also eine unumkehrbare Richtung eingeschrieben sein, was in dem Augenblick manifester wurde, als das Leben – nicht mehr das der Unsterblichen, sondern der Sterblichen – zur Grundmetapher der Zeit wurde. Da mußte dann erst einmal eine gewisse Ordnung in die Unruhe des unentwegten Kommens und Gehens dieser Sterblichen gebracht werden, was die unbewegte Anwesenheit eines Wachen und Wartenden erforderte.

Nehmen wir, im Rahmen der Urszene, einen solchen wachsamen Beobachter an, der von seiner Warte aus in alle Richtungen um sich schaut. Bevor er erwartungsvoll jemanden erblickt, späht er gleichsam in die Leere dessen, was vielleicht erst auf ihn zukommen wird. Da taucht nun in der Ferne eine Person auf, die sich dem Wartenden nähert und zu ihm kommt. Schon im Augenblick, da beide einander gewärtigen, sind sie einander gegen-wärtig.[200] Und zur wechselseitigen Sichtweite kann sich bei Näherung eine Hörweite und schließlich eine Reichweite und nach-

[199] Man könnte wohl im ‚Warten-Kommen-Gehen', mit Freuds Ausdruck, eine ‚Urszene' der Beziehung von Mutter und Kind sehen. Vgl. Sigmund Freud, Jenseits des Lustprinzips, in: Gesammelte Werke Bd. 13, Frankfurt a. M. 1972, S. 12 f.
[200] Der Ausdruck ‚Warten' in ‚Gegenwart' meint nicht ein passives Abwarten oder Erwarten, sondern das aktive sich um etwas Bemühen und es in Ordnung Halten, das insofern der Sorgestruktur angehört. Im ‚Gegen-Warten' liegt also bereits ein gegenseitiges Sich-um-einander-Kümmern, ob in einem guten, schlechten oder neutralen Sinne. Das Etymon von ‚Warten' ist mit dem von ‚Wachen' verwandt.

barschaftliche Berührung gesellen. Entscheidend an der Bewegung des
Kommens ist, daß man den Kommenden als jemanden begreift, der in
der Änderung seiner Entfernung derselbe bleibt und nicht selbst anders
wird. Daß seine Gestalt sich im Sehfeld des Wartenden vergrößert, deutet man als Bewegung seines Näherkommens. Und das ist umgekehrt,
wenn er davongeht.

Bei ihm angekommen, verweilt die Person vielleicht, ehe sie geht und
sich entfernt, bis ihn der Bleibende, der ihm nachblickt, aus den Augen
verliert. Für den Beobachter scheint diese Person demnach gewisse Zeit-
Spannen als ‚Stadien‘ zu durchlaufen: vom Künftigsein einer erwarteten
Person zu ihr als näherkommenden und verweilenden, dann zur Person
als Weg-Gehender bis zu ihr als einer erinnerbar gegangenen. Es scheint
also, als käme die beobachtete Person aus der Zukunft in die Gegenwart,
um in der Vergangenheit zu verschwinden. Doch für die sich bewegende
Person selbst stellen sich die Weisen genau umgekehrt dar: sie kommt
aus ihrer Vergangenheit in die Gegenwart des Verweilenden, um der eigenen Zukunft entgegenzugehen. Reflektierend kann man sagen: Jeder
komme für sich aus seiner Vergangenheit und gehe seiner Zukunft entgegen, für den Anderen aber komme er aus der Zukunft, um in die Vergangenheit zu gehen. Dem einen ist demnach künftiger und vergangener
Ort, was dem anderen genau umgekehrt vergangener und künftiger Ort
ist. – Nun kann allerdings der Beobachter auch sich beobachten und an
sich selbst die gleichen Verkehrungen bemerken. Kommt er nicht
ebenso aus der Vergangenheit wie aus der Zukunft, um in die Zukunft
oder in die Vergangenheit zu gehen? Wie also bringt er eine unumkehrbare zeitliche Ordnung in sein Leben? Aufwachend kommt er überhaupt zu sich, verweilt eine Zeitlang bei sich, um schließlich einschla-
fend von sich zu gehen. Aber geht er nun in die Zukunft oder in die
Vergangenheit, oder kommt er aus der Zukunft oder aus der Vergangenheit? Haben wir es nicht ständig mit zwei entgegengespannten Richtungen zu tun, die zudem einander gegenläufige Bewegungen ermöglichen?
Wenn aber etwas oder jemand aus der Zukunft in die Gegenwart
kommt, um in die Vergangenheit zu gehen, läßt er dann die Zukunft als
eigene Vergangenheit zurück, während zugleich seine Gegenwart in die
Zukunft vergeht und die Vergangenheit wiederum als eine Zukunft vor
ihm liegt, der er entgegengeht usf.? – Anstatt als ruhender Beobachter zu
bestehen, wird er vielmehr in die chaotische Unruhe selbst hineingezogen. Kritisch wird man daher die Frage stellen: lassen sich überhaupt

‚Zukunft‘, ‚Gegenwart‘ und ‚Vergangenheit‘ wie Orte begreifen, die vor oder hinter einem auf einem Weg liegen, je nachdem welche Richtung man gerade einschlägt?

Mit den Metaphern des Kommens-Gehens-Wartens sind platz- und wegbezogene Tätigkeiten bezeichnet, die ihrerseits bereits Eingang gefunden hatten in die Lebensbilder, wie sie in den Abhandlungen über die *vita contemplativa* (2.4.) vorgestellt worden waren. Jedes Dasein scheint einem Lebens-*Weg* ‚im Ganzen‘ (5.) unterworfen, indem es eingespannt ist zwischen zwei imaginären Orten der Herkunft und Zukunft, nämlich in seine unumkehrbare Lebenszeit zwischen Geburt und Tod. Unterliegen nicht alle Sterblichen demselben Schicksal, wonach ihre Lebenswege unumkehrbar nur in die eine Richtung verlaufen? Es scheint, als sei dem sterblichen Dasein mit der Geburt seine begrenzte ‚Zeit‘ als vor ihm liegende gegeben, die es im Laufe seines Lebens, sich selbst verzehrend, ‚aufbrauche‘. Diese ‚Lebenszeit‘ läßt sich unter Umständen verlängern, aber nicht erneuern. Sagt man nicht deshalb, daß Zeit zwar *vergehe*, nicht aber eigentlich, daß sie ‚entstehe‘? – So verstanden aber tilgt gerade das Stück Lebenszeit die *Zwischenzeit* des Daseins, die nicht ohne das Gespann von Zukunft, Gegenwart und Vergangenheit zu begreifen ist. Und erstreckt sich nicht zudem vor der eigenen Geburt eine Zeit der Vorfahren? Und ebenso gibt es eine Zeit der Nachfahren über den eigenen Tod hinaus. Wie aber kann Zeit dann ‚im Ganzen‘ unumkehrbar sein? Gilt solches nicht nur für die ‚Je-Weiligkeit‘ des einzelnen Daseins? Aber der Gedanken des tödlichen Zeitpfeils wurde schließlich sogar auf den ganzen Kosmos ausgedehnt in seiner Evolution zwischen seiner Entstehung und seinem Untergang. Doch das Kommen, Währen und Gehen der Zeit insistiert weiterhin als ‚Rätsel‘.[201]

Gleichwohl wurde nie einfach hingenommen, daß sich das Dasein linear als bloßes Am-Leben-Sein einspannen soll zwischen dem Zeitort seines Auf-die-Welt-*Kommens* und dem seines Aus-der-Welt-*Gehens*. Immer wieder rebellierte, wenn auch ohnmächtig, ein Denken der Wiederkehr und des Zyklischen gegen den tödlichen Zeitpfeil. Man denke etwa an die religiösen Zeitmetaphern des Christentums, die nicht nur vom Kommen und von der Ankunft des Herrn, von seinem Lebenswandel und seinem Dahingehen sprechen, sondern sein Kommen, Weilen

---

[201] Im Anschluß an das 11. Buch der *Bekenntnisse* des Augustin ist viel vom ‚Rätsel‘ der Zeit die Rede. Vgl. Das Rätsel der Zeit. Philosophische Analysen, a. a.O.

und Gehen in eine Wiederkunft einbetten. Und der Gläubige wartet nicht nur auf den Herrn, der ihn einholen, ihm entgegenkommen, seinen Weg kreuzen oder sich von ihm abwenden kann; er will demjenigen nachfolgen, der ihm zugleich als sein unüberholbarer Vorgänger gilt, bis dieser ihn, vom Tod wieder auferstanden, zu sich holen werde.

Die Dramatik der universellen Lebenszeit war schließlich übergegangen in die Öde der mechanischen Zeitlichkeit der Arbeitswelt, in der alles unterschiedslos und doch meßbar zu kommen und zu gehen scheint. Wie aber sollten die Weisen der Zeitlichkeit, die sich in den Metaphern von Zukunft, Vergangenheit und Gegenwart darstellten, zu verstehen sein, wie überhaupt die Verhältnisse der Zeitigkeit zu denen des Denkens?

6.3. Die Schemata der Zeitlichkeit

Der Ausdruck ‚Zeitbestimmung‘, wie Immanuel Kant ihn in der *Kritik der reinen Vernunft* verwendet, um die Zeitlichkeit als die Seinsmöglichkeit von Seiendem schlechthin erfassen zu können, steht in einem Gefüge von Spannungen. Zum einen spricht er von einer Bestimmung der ‚Zeit‘ durch die Kategorien, was zunächst nur an die traditionelle metaphysische Auffassung von einer ‚Außerzeitlichkeit‘ logischer Formen im Unterschied zur ‚Innerzeitlichkeit‘ des sinnlich Gegebenen anzuknüpfen scheint, sofern ‚Zeit‘ allein auf das je empirisch Datierbare bezogen wurde.[202] Zum andern aber geht es um die Bestimmung der Kategorien durch die ‚Zeit‘, die erst ermögliche, sich erfahrend durch diese auf die Grundformen der Gegenständlichkeit überhaupt beziehen zu können, indem das rein Logische, bei dem analytisch von Zeitbestimmungen abgesehen wird, auf die allgemeine Bedingung zeitlicher Anschauungsverhältnisse des Zugleich und Nacheinander ‚eingeschränkt‘ wird, um so als das Kategorische erfaßbar zu werden. Und nur diese Fragestellung vermeidet irgendwelche undenkbaren ‚Übergänge‘ des ‚Zeitlosen‘ ins ‚Zeitliche‘. Und doch, wie ich skizzieren werde, liegt die wichtige Leistung Kants gerade darin, gezeigt zu haben, wie die Zeit als ‚gestaltlose‘ unter dieser doppelten ‚Bestimmung‘ entgleitet. Denn auf

---

[202] Fragt man dagegen, unter welchen Bedingungen logische Gesetze selbst *gegeben* sein können, kann man natürlich ‚rein analytisch‘ (statt ‚ontologisch‘ gemeint) von ihren zeitlichen Gegebenheitsweisen absehen.

eine Form der Anschauung werden die Kategorien nur eingeschränkt über die ihrerseits schon zeitlich bestimmten Bewegungsschemata der Einbildungskraft, die zugleich über die Kategorien in logischen Verhältnissen verstanden werden können. Wenn Kant bemerkt, Erscheinungen ließen sich aus der Zeit ,wegdenken', nicht aber die ,Zeit' selbst, dann sind damit nur die einzelnen empirisch gegebenen Erscheinungen gemeint, nicht aber die Erscheinung der Weg-Schemata der Einbildungskraft, ohne deren ,Selbsterzeugung' von ,Zeit' gar nicht die Rede sein könnte. Die Zeit selbst ist derart ,ohne Gestalt', daß wir sie uns nur analogisierend über das Bild des Weges oder der Linie vorstellen können, während die Schemata der Zeitlichkeit durchaus mittelbar über die Bewegungsbilder der Einbildungskraft erfaßbar sind, indem diese dadurch Anschauungsformen hervorbringt.

Die Schwierigkeit liegt darin, daß Kant nicht nur diese Differenz zwischen Zeit und Schemata der Zeitlichkeit zugleich aufspürt und doch oft wieder verwischt, sondern zudem in der Doppeldeutigkeit des Ausdrucks ,Zeitbestimmung' schwankt. Achten wir also genauer auf die Zeitlichkeit des ,schematisierenden Verfahrens' der Einbildungskraft, die ich als *Wegung* bezeichnen werde, um dann die Spur[203] zu markieren, die ,weg-bahnend' zugleich ,wegräumend' sich selbst ,entwegend' ist (6.4.2.).

Die Zeit ist bekanntlich, ebenso wie der Raum[204], für Kant weder etwas empirisch Gegebenes oder abstraktiv daraus Gewonnenes, noch etwas, das in sich selbst begrifflich strukturiert ist, sondern begrifflich nur bestimmt werden könnte. Zeit ist, als *Weise der Anschauung*, eine bestimmende Vorgabe, durch welche der Anschauende allererst *außer*-sich das ihm Gegebene *aus*-einander zu erfassen vermag und zwar in bestimmten Ordnungen und Verhältnissen des Zugleich oder des Davor und Danach.[205] Insofern ist für Kant, wie Heidegger hervorhob, die Anschauung weniger etwas, das nur als Subjektives dem Gemüt angehört, als vielmehr ein ,*Zwischen*, zwischen Mensch und Ding'.[206] Anschauung ermöglicht allererst, daß dem Gegebenen als Dieses deiktisch ein bezüg-

---

[203] Vgl. dazu: Jacques Derrida, Ousia und gramme, in: Klassiker der modernen Zeitphilosophie, a.a.O., S. 239 – 280

[204] Immanuel Kant, Kritik der reinen Vernunft, § 1 ff., a.a.O., S. 69. Auf die meines Erachtens nicht tragfähige Unterscheidung von ,äußerem' und ,inneren' Sinn werde ich hier nicht eingehen. Kant erklärt uns nicht, wie ,Gleichzeitigkeit' ohne ,Raum' überhaupt denkbar sein soll.

liches Wo und Wann zukommt. In dieser allgemeinen Struktur ist sie
nicht, wie der Begriff, einschränkbar oder erweiterbar, vielmehr geschehen alle Einschränkungen oder Erweiterungen ,in' ihr als dem unab-
dingbaren ,Medium' jeder möglichen Gegebenheit. Das ist stets schon
ausgedrückt in der Redeweise, wonach alles, Bewegungen und Veränderungen ebenso wie Beharrliches und Unveränderliches, ,in der Zeit' sei:
„Alle Erscheinungen überhaupt, d.i. alle Gegenstände der Sinne, sind in
der Zeit und stehen notwendiger Weise in Verhältnissen der Zeit."[207]
Kant bemerkt nun scheinbar widersprüchlich, daß ,Zeit nicht etwas sei,
was für sich bestünde', gleichwohl sei die ,Vorstellung der Zeit' selbst irgendwie ,Anschauung', obwohl sie, wie bemerkt, keine ,Gestalt' habe
und daher nur, über die Analogie zu etwas räumlich Erscheinendem, als
Linie vorgestellt werden kann.[208] Läßt sich dieser Knoten lösen? Wie
muß die Weise der Anschauung bestimmt sein, um ihrerseits angeschaut
werden zu können? Die Antwort ist bekanntlich, daß sie durch ein sche-
matisierendes Verfahren der Einbildungskraft ,erzeugt' werde, wobei
solches ,Erzeugen' aber nicht, im Rahmen der Kategorie der Qualität,
als ein Übergang von Nichtseiendem zu Seiendem verstanden werden
kann. Diese *Anschauung einer Form* der Anschauung kann, im Rahmen
von Kants Denken, weder als eine sinnliche (oder imaginative) noch als
eine intellektuelle Anschauung gelten. Die Möglichkeit letzterer lehnt
Kant schlechthin ab. Worin aber liegt die Anschauung des Schematisie-
rens selbst?

Die grundlegende ,Zeitbestimmung' vollzieht sich über die Kategorie
der Quantität: Der ,Zeit' kann nur dadurch mittelbar eine Größe zugeschrieben werden, daß *in Einem* das allgemeine Schema der sich ausdehnenden ,Wegung' durch den Gedanken der Größe bestimmt wird
(und somit auch teilbar und ergänzbar erscheint) und umgekehrt der
Gedanke auf Bedingungen zeitlicher Anschauung eingeschränkt wird,
wonach verschiedene Zeitgrößen niemals zugleich sein können. Der seit
Aristoteles viel diskutierte Widerstreit in der Bestimmung des Zeitpunk-

---

[205] Daß Kant das ,Gegebene' auf das ,sinnlich' Gegebene beschränkt, sollte
eher zum Anlaß genommen werden, einen zu engen Begriff von ,Sinnlichkeit'
preiszugeben. Denn zum Sinn dessen, was er ,Anschauung' nannte, müßte letztlich alles Vor-Stellbare überhaupt zählen können, auch das einander Außensein
des Anschauenden und Angeschauten.
[206] Martin Heidegger, Die Frage nach dem Ding, Tübingen 1975, S. 188
[207] I. Kant, Kritik der reinen Vernunft § 6, a.a.O., S. 81
[208] Ebd., S. 80 und 81

tes zeigt sich, wie schon angedeutet, in Folgendem: der ‚Ursprung‘ der ‚erzeugten‘ Zeitbestimmung aus der ‚unergründlichen Tiefe der Seele‘ kann als Zeitpunkt nur im Sinne des unausgedehnten Einschnittes, als Grenzwert des Null-Zeitpunktes, verstanden werden, wogegen sich das Anfangsmoment der Ausdehnung der Schemata auch als ein Eins-Zeitpunkt fassen läßt, wobei diese Einheit vielleicht weiter teilbar, gewiß jedoch das ist, was sich unentwegt ausdehnend selbst zu ergänzen scheint.[209] Da es nur eine einzige zugrundeliegende Zeit gebe, die allein durch Einschränkungen zu einer begrenzten Zeitgröße bestimmt wird, nimmt Kant diese Zeit – etwas mißverständlich ausgedrückt – als eine ‚unendliche‘ an. Damit kann eigentlich nicht gemeint sein, die Zeit *selbst* sei eine ‚unendliche Größe‘, aus der gleichsam vermehrbare oder verminderbare begrenzte Größen ‚herausgeschnitten‘ werden könnten. Dem Sinn nach meint Kant, daß durch die Bestimmung von Größen in ihr nicht die Zeit-Anschauung beendet werden kann, sondern nur das zeitliche Schema ihrer Ausdehnung begrenzt werde.

Im Fortgang der ‚Zeitbestimmung‘ scheint Kant zum einen davon auszugehen, daß es Zeit schon gibt, so daß nur die Bewegungsschemata der Einbildungskraft ‚in der Zeit‘ durch die Kategorie der Qualität bestimmt werden, indem diese ihrerseits auf Bedingungen zeitlicher Anschauung eingeschränkt werden. Es läßt sich offensichtlich nur davon sprechen, daß Erscheinungen ‚in der Zeit‘ entstehen und anwachsen, verweilen, schrumpfen und vergehen, wogegen Kant nicht von der Zeit selbst behauptet, daß sie in Graden der Intensität real oder Null wird. Er geht also genau genommen von einem zeitlichen Schema der Großheit der Ausdehnung aus, um *in diesem*, nicht ‚in der Zeit selbst‘, die zeitlichen Schemata der Zeitinhalte zu bestimmen. Die gängige Redeweise von ‚in der Zeit‘ verdeckt diese entscheidende Differenz. Sie gilt im weiteren auch vom Schema zeitlicher Beziehungen ‚im‘ zeitlichen Schema der Ausdehnung, *an* welchem uns Zeit überhaupt erst gegeben sein kann. In den Zeitbestimmungen durch die Kategorie der Relation setzt Kant allerdings unvorsichtigerweise ‚Zeit‘ mit einem der Schemata der Zeitlichkeit gleich, um zu der verfänglichen Aussage gelangen, die Zeit selber, gedacht als Substanz, beharre und ändere sich nicht, nur die Erscheinungen ‚in der Zeit‘ seien dem Wechsel unterworfen. Zeit wird hier irrtümlich mit dem Zeitlichkeitsschema des Dauerns gleichgesetzt, als wäre sie selbst etwas Zeitliches ‚in der Zeit‘. Die ‚Zeitbestimmung‘, die

---

[209] Ebd., Von dem Schematismus der reinen Verstandesbegriffe, S. 191

durch die ihrerseits zeitbestimmte Kategorie der Kausalität erfolgt, betrifft dagegen wieder nur das zeitliche Schema einer unumkehrbaren
Folge *im* zeitlichen Schema der Ausdehnung, auch wenn Kant die ver-
fängliche Rede von ‚in der Zeit' nicht meidet. Kant behauptet aber in
keinem Fall, daß der ‚Zeit' selber eine unumkehrbare Richtung inhärie-
re. Aber natürlich kann man annehmen, daß in zeitlicher Ausdehnung
auch kausal unumkehrbare, entropische Prozesse ablaufen können. Erst
dann besteht eine Abhängigkeit derart, daß ein Nachfolgendes stets eindeutig von einem Vorhergehenden bestimmt sei. Schließlich verweist
Kant auf die Zeitbestimmung in Hinsicht auf die Kategorie der Gemeinschaft oder Wechselwirkung, durch welche das Schema der Gleichzeitigkeit im Schema der Ausdehnung (nicht ‚in der Zeit selbst') bestimmt
wird und die ihrerseits zeitlich auf ein Zugleichsein in der Anschauung
beschränkbar ist. Dieses Schema, das sich von dem des Räumlichen gar
nicht mehr trennen läßt, verweist auf das grundlegendere Problem des
Zeit-Raumes (6.4.)

Zusammenfassend läßt sich sagen, daß die ‚gestaltlose' Zeit über das
imaginierbare Schema der Ausdehnung, *in* welchem quantitative katego-
riale Einschränkungen und in der Folge auch qualitative zeitliche Inhalte
und relationale zeitliche Beziehungen möglich werden, allererst als unbegreiflich sich entziehende und gleichwohl gegebene verständlich wird.
An den schematisierten Kategorien leuchten von vornherein die Weisen
der Zeitigkeit des Zugleich-Da, Davor und Danach auf, ohne daß sie
doch ontologisch als ‚der Zeit selbst' eigene Strukturen ihr zugeschrieben werden.

Wie aber verhält es sich mit der ‚Anschauung der Anschauung' im
Vollzug selbst, durch welche Kant glaubt annehmen zu können, Zeit
selbst sei gegeben? Ist sich nicht der Zeitanschauende des zeitlichen
Auftauchens und Verschwindens seiner eigenen Zeitlichkeit des An-
schauens bewußt? Liegt darin der Grund, warum Kant paradox von einer ‚Erzeugung' der Zeit selbst in der Apprehension der Anschauung
sprechen konnte?[210]

Im Übergang zu den Bestimmungen der Schemata der Zeitlichkeit
durch die Kategorien der Modalität wird nun das Problem einer ‚Zeit'
der Zeitanschauung erst angedeutet, von Kant aber nicht weiter ausgeführt. Der Grund ist wohl darin zu sehen, daß es ihm um die objektive
Notwendigkeit einer allgemeinen Zeitordnung ging, die nicht ihrerseits

---

[210] Ebd.

nur in einer *wirklich ,existenziellen‘* und damit in der ,Jeweiligkeit‘ des Zeitanschauenden fundiert sein sollte. Denn sofern Zeitanschauung aktuell stattfindet, versteht sie sich nur in ihrem eigenen begrenzten Währen bezüglich eines transzendenten Davor und Danach. Kant ging von der Annahme aus, daß vielleicht nicht allen Wesen, wohl aber allen Menschen, die zur Erkenntnis und Erfahrung fähig sind, dieselben Weisen der Zeit-Anschauung eigen seien. Doch von der faktisch wirklichen Zeitanschauung ausgehend, ist uns die des anderen Subjekts nicht selbst, nur appräsent gegeben. Wir selbst sind sogar auf den fremden Augenzeugen angewiesen, der uns versichert, wir selber seien ,da‘ gewesen, als wir für uns ,weg‘ waren, etwa schlafend oder ohnmächtig. Und letztlich bildet sich für uns eine umfassende Geschichte zum geringsten durch eigene Anschauungen und Erfahrungen, sondern durch ein Entziffern von unübersehbar vielen Spuren, zu denen auch die mehr oder weniger glaubhaften Zeugnisse der Erfahrungen Anderer gehören, von denen nur wenige gleichzeitig mit uns lebten und noch weniger uns gegenwärtig.

Es lag also in den Zeitanalysen Kants von vornherein die Aufforderung, die *Erfassungsweisen* von Zeitlichkeit weiter zu klären.

6.4. Wegung und Entwegung

6.4.1. Wahrnehmen – Erinnern – Erwarten

Aristoteles hatte die Frage gestellt, wie die Seele überhaupt die Unterschiede der Zeitigkeit aufzunehmen fähig ist, nämlich des Da, Davor und Danach sowie des Währens und Folgens, wie es an allem Zeitlichen mitgegeben ist.[211] Es schien evident, daß durch wahrnehmendes Gegenwärtigen von Seiendem auch dessen zeitliche Bestimmtheit ,Jetzt‘, durch Erinnern von Vergangenem dessen ,Früher‘, und durch Erwartung von Künftigem dessen ,Später‘ mit erfaßt würde. Aber auf welche Weise? Da, wie Augustinus ausführte[212], nun nicht nur das Wahrnehmen, sondern auch das Erinnern und Erwarten aktualisierende Bewußtseinsakte sind, die das Wahrgenommene, Erinnerte und Erwartete zur Anwesenheit bringen, scheinen die ,Dimensionen‘ der Zeit, nämlich Gegenwart,

---

[211] Aristoteles, Physik, 4. Buch, Kap. 10 – 14, a.a.O.
[212] Augustinus, Bekenntnisse, 11. Buch, Übers. W. Thimme, Freiburg 1950

Vergangenheit und Zukunft, nur als unterschiedene, uns vorgegebene Aus-Richtungen *einer* Präsenz begreifbar zu sein, die ihrerseits einer Omnipräsenz angehöre, durch welche Menschen schon an der Ewigkeit teilhätten.[213] Gleichwohl ließ sich das Problem einer unrepräsentierbaren ‚Nichtheit‘, durch welche die Anwesenheit schon schlechthin überschritten und ihrer Endlichkeit ausgesetzt ist, nie gänzlich verdrängen.

Gegenwärtigend beziehen wir uns demnach über Empfindungen der Sinne oder über Vorstellungen der Einbildungskraft auf das, was durch diese als der gemeinte Gegenstand selbst präsentiert ist und wahrgenommen wird, und zwar im Unterschied zu dem, was gerade *nicht* selbst perzeptiv gegen-wärtig ist, wohl aber seiner Bedeutung nach als Mitanwesendes vergegenwärtigt werden könnte, wie etwa die Rückseite der Dinge etc.. Auf diese Art bleibt uns der je beschränkte Umkreis eines empfindungsgestützten Gegenwärtigens durch die Grenze zum Mitvergegenwärtigen bewußt. – Physiologischen Erklärungen gemäß erregen bestimmte Ursachen in Form von Reizen die Nerven. Doch auch wenn wir die Abhängigkeit des Gegenwärtigens von empirischen Bedingungen erfahren, läßt es sich selbst nicht von diesen ableiten. Das Gegenwärtigen ermöglicht sich ja gerade in einem *Bruch* lückenloser Wirkungszusammenhänge, ohne welche Kluft Seiendes weder ‚gegenstehen‘ oder ‚vor-gestellt‘ noch als abwesend vergegenwärtigt werden könnte. Was sich dagegen schlechthin jeder möglichen Gegenwärtigung entzöge, bestünde für das bewußte Subjekt überhaupt nicht.

Das *Erinnern* gilt nun als diejenige Weise eines Vergegenwärtigens, welche das Erinnerte in der *Bedeutung* erfaßt, etwas Wahrgenommenes zu sein, das als dieses jetzt *nicht* (mehr) gegeben ist. Das Erinnern wird als ein zeitlich währender Akt erlebt, aber seine Intention bezieht sich nicht auf die aktuelle Erinnerungsvorstellung, sondern auf deren *Bedeutung* als das Wahrgenommene, das vergangen und jetzt nicht mehr ist. Es ist ja nicht so, daß die erinnernde Intention nicht durch keinen ihr gemä-

---

[213] Zu einer Kritik an der ‚Metaphysik der Präsenz‘ Vgl.: Jacques Derrida, Ousia und gramme, in: Randgänge der Philosophie, Übers. G. Ahrens, Frankfurt a. M. – Berlin – Wien 1976, S. 38 – 87. Thomas Seebohm sucht nachzuweisen, daß Husserl nicht unter diese Kritik fallen könne. Vgl.: Thomas M. Seebohm, Über die vierfache Abwesenheit im Jetzt. Warum Husserl bereits dort ist, wo ihn Derrida nicht vermutet, in: H. M. Baumgartner, Hg., Das Rätsel der Zeit, a.a.O., S. 75 – 108. Dagegen bekennt sich Volkelt explizit zu solcher Metaphysik: Johannes Volkelt, Phänomenologie und Metaphysik der Zeit, München 1925.

ßen Gegenstand erfüllt würde, wie es der Fall wäre, wenn man sich erinnern will, es aber nicht gelingt. Wirklich vollzogenes Erinnern geht nicht ins Leere, als ob ihm der Gegenstand fehle, weil er vergangen ist. Die Bedeutung des Erinnerten, qua vormals Wahrgenommenes, als ‚nicht *mehr*, nicht weiterhin, nicht fortdauernd‘ besagt bereits, daß die Wahrnehmung zeitlich *vor* dem Erinnern stattgefunden und geendet habe und *jetzt* nur ihrer Bedeutung nach als erinnerte erfaßt wird. Das unterscheidet sich vom beliebigen Vorstellen dadurch, daß durch das Erinnern die vergangene Wahrnehmung wie ein zugleich äußerlich beobachtetes Geschehnis zeitlich datiert wird. So wenn wir etwa sagen, wir erinnerten uns daran, eine eben genannte Person gestern oder vor einem Monat gesehen zu haben. Die Re-präsentation des Wahrgenommenen in der Erinnerung besagt also nie nur allein, daß das Wahrgenommene nicht mehr anwesend, sondern abwesend sei; sie schließt vielmehr die zeitliche *Spanne der Abwesenheit* dieser Wahrnehmung mit ein und zwar als eine ihrerseits repräsentierte abwesende Zeitspanne, die allerdings an einem Ende in die Gegenwart mündet. Nur insofern kann eine Wahrnehmung, die nicht ist, als eine vergangene und nicht mehr seiende erfaßt werden, andernfalls wäre das Erinnern vom Phantasieren nicht zu unterscheiden. Wie aber kann eine abwesende Zeitspanne überhaupt im Erinnern präsent werden?

Wissenschaftliche Erklärungsversuche gehen von der Annahme aus, daß etwas unabhängig vom je aktuellen Bewußtsein virtuell im Gedächtnis andauern und sich bewahren könne.[214] Irgendwie scheint da von einer verschwundenen Sache etwas übriggeblieben zu sein, nämlich der Ein-Druck, den sie im Gedächtnis des nun sich Erinnernden hinterlassen habe, während sie ansonsten weg sei. Das Erinnern würde demnach darin bestehen, daß sich eine Einwirkung bewahre, als gehörte die sie verursachende Bedingung der Vergangenheit an. Irgendwie soll dann das Erinnern diesen Eindruck aus dem Dunkel des Gedächtnisses in die Helle seines Bewußtseinsstrahles holen, um ihn zugleich als eine Spur zu entziffern, welche auf die vergangene Sache zurückverweise.[215] Wo solches nicht mehr möglich sei, spricht man gewöhnlich von ‚Vergessen‘.

---

[214] Man gewinnt nicht den Eindruck, als hätten sich die Argumentationsweisen seit Aristoteles wesentlich geändert. Vgl. Aristoteles, Über Gedächtnis und Erinnerung, in: Kleine naturwissenschaftliche Schriften, Übers. E. Dönt, Stuttgart 1999. Und: S. J. Schmidt, Hg., Gedächtnis. Probleme und Perspektiven der interdisziplinären Gedächtnisforschung, Frankfurt a. M. 1991

Das Nicht-Mehr ginge dann in ein einfaches Überhaupt-Nicht über. – Man sieht jedoch leicht, daß dieses Matrix-Stempel Modell keineswegs ein kausales Schema durch eine Zeichenbeziehung ersetzt (7.2.). Vor allem aber bleibt völlig ungeklärt, wie das zeitlich Andauernde das zeitlich Vergangene soll mitbedeuten können. Was soll sich da eigentlich stofflich als eine ‚vergangene Zeitspanne‘, die in die Gegenwart reiche, im Gedächtnis ‚bewahrt‘ haben?

Das *Erwarten,* als Weise sich zum künftig Seinkönnenden zu verhalten, gilt nun als ein solches Vergegenwärtigen, das als gegenwärtiger Akt zeitlich *vor* der Erfüllung einer Wahrnehmungsintention liegt und diese samt der Zeitspanne zu ihr hin als künftige vorwegnimmt. Die Erwartungsvorstellung hat die Bedeutung eines Wahrgenommenen, das jetzt (noch) nicht ist. Um aber diese Bedeutung überhaupt von einer beliebigen Phantasie-Vorstellung zu unterscheiden, muß ihr, analog erschlossen aus bewahrten Erfahrungen, die Bedeutung einer bestimmten Zeitspanne beigegeben sein: das Wahrgenommene, das durch den Akt des Erwartens bedeutet wird, ist *noch* nicht, ‚nun nicht schon‘. Wie das Erinnerte scheint auch das Erwartete, als noch abwesende Wahrnehmung, durch eine ihrerseits als abwesend repräsentierte Zeitspanne, die *einer* Richtung nach in der Gegenwart ende, datierbar zu sein. Im Erwarten ist daher nicht nur die Bedeutung einer noch nicht seienden Wahrnehmung mitgemeint, sondern es muß zudem eine Zeitspanne der Abwesenheit mitvergegenwärtigt sein. Während jedoch das Erinnern an dem ihm vorhergegangenen Wahrgenommenen etwas bestimmt, das in der Bedeutung des Erinnerten notwendigerweise wiederkehrt, bestimmt das Erwarten das ihr nachfolgende Wahrgenommene nur der Möglichkeit nach, wie sie vielleicht in wechselnden Kombinationen von Erinnerungsmomenten vorstellbar wird. Auf Grund der Erfahrung über und der Erinnerung an Zustände und Vorgänge, die sich wiederholen oder mit gewisser Wahrscheinlichkeit weiterbestehen oder wiederkehren werden, kann das Ahnen in ein bestimmteres Vermuten, Erwarten, Berechnen übergehen. Aber auch dann wird künftig Wahrgenommenes in der Bedeutung des Erwarteten nicht ‚re-präsentiert‘, sondern ‚pro-prä-

---

[215] Wenn Hegel vom Gedächtnis als dem ‚nächtlichen Schacht der Intelligenz als das existierende Allgemeine‘ spricht, hatte er dagegen die entscheidende Umwandlung des ‚Eindrucks‘ in den ‚Gedanken‘ im Blick. G. W. F. Hegel, Die Erinnerung, in: Enzyklopädie der philosophischen Wissenschaften im Grundrisse, 3. Teil: Die Philosophie des Geistes § 452, in: Werke Bd. 10, a.a.O., S. 258 f.

sentiert' durch eine Vergegenwärtigung, die sich erst beim Eintreten des Wahrnehmbaren als angemessen oder unangemessen gegeben bestimmen läßt. Solche Unausgemachtheit unterscheidet die erwartete Wahrnehmungserfüllung, die zeitlich dem Erwarten erst folgen wird, von der angenommenen Ausgemachtheit der erinnerten Wahrnehmung, die zeitlich dem Erinnern als abgeschlossene vorhergeht. Wo allerdings die ,Pro-Präsentation' des Künftigen in keiner Weise gelingen will, ist man ahnungslos. Das Noch-Nicht ginge in einfaches Überhaupt-Nicht über. Anders dagegen die Vorwegnahme der Zeitspanne: mag der Zeitpunkt, wann etwas Wahrnehmbares eintreten wird, bestimmbar sein oder nicht: man geht grundsätzlich davon aus, daß sich ,die Zeit' notwendigerweise und auf dieselbe Art als künftige ausspanne wie als vergangene. ,Zeitlich' scheint sich die Zeitigkeit der Zeit niemals zu ändern, wie Kant glaubte annehmen zu müssen.

Das wahrnehmende Gegenwärtigen, das Erinnern und das Erwarten werden demnach als bestimmte Akte verstanden, über deren erlebbare inhaltliche Verschiedenheit man die ,ausgespannten' Unterschiede zeitlicher Dimensionen und ihrer vorgegebenen Ordnungen – nicht etwa erfahren wird, sondern als unhintergehbare Voraussetzungen antrifft. In der Präsenz des Wahrgenommenen, in der Re-präsentanz des erinnert Vergangenen und in der Pro-präsentanz des erwartet Künftigen ist immer deren Gegenwärtigen vorausgesetzt und doch stets in Hinsicht auf zugleich Abwesendes, auf Nicht-selbst-Daseiendes, wie es im Nicht des Nicht-hier, Nicht-mehr und Noch-nicht angesprochen wird. Dieses ,Nicht-' wird nicht als Nichtheit, sondern nur als Wegsein aufgefaßt, als die Anwesenheit der Abwesenheit. Und nur das Weg-Sein einer Zeitspanne ermöglicht, über die Gebundenheit von Vergangenheit und Zukunft an die jeweilige Gegenwart hinaus ein zeitliches Da, Davor und Danach oder Früher und Später überall auf der Zeitspanne zu repräsentieren. Man spricht daher nicht nur von der Präsenz des gegenwärtig Vergangenen und Künftigen, sondern ebenso von der des vergangen Gegenwärtigen und Künftigen und von der Präsenz des künftig Gegenwärtigen und Vergangenen. Wir können sogar, wenn auch nur über die glaubwürdigen Versicherungen Anderer, von der Präsenz eines vergangen Vergangenen in vollständiger Vergessenheit sprechen, von der Präsenz eines zukünftig Zukünftigen in unserer gänzlichen Ahnungslosigkeit. Und darin zeigt sich die andere Möglichkeit, daß wir an Geschehnisse der Vergangenheit ,erinnert' werden können, die wir sel-

ber nie erlebten, und Geschehnisse erahnen können, die wir selber niemals erleben werden. Es scheint also auch die Rede von einer Vergangenheit der Zukunft, Gegenwart und Vergangenheit und die von einer
Zukunft der Vergangenheit, Gegenwart und Zukunft letztlich einzig
von einer unüberholbaren Anwesenheit her möglich zu sein, sofern alle
Abwesenheit nur in vergegenwärtigender Bedeutung erfaßt werden
kann. – Hat die ‚Nichtheit' der Zeit, wie sie im Nicht-mehr und Noch-
nicht angesprochen wird, nichts zu sagen?

6.4.2. Zurückhaltung des Weggehenden

Kann die Zeitigkeit des Da, Da-vor, Da-nach denn zureichend erklärt
werden aus den Unterschieden der Bewußtseinsakte des Wahrnehmens,
Erinnerns, Erwartens? Wird sie in der Zeitlichkeit dieser Akte nicht immer schon vorausgesetzt? Läßt sich Zeit überhaupt von einer unhinter-
gehbaren Anwesenheit der Weisen der Zeitlichkeit verstehen? Was hat es
mit jenen ‚Entgegenwärtigungen' auf sich, die nach Husserl unserem
Zeitverstehen immanent sind?[216] Läßt sich überhaupt sagen, daß ‚Zeit' *in
Einem* Abwesendes und Anwesendes ein-spanne, da doch die ‚Einheit
des Bewußtseins' vielmehr ihrerseits zeitlich ist?

Da Zeit nicht etwas Zeitliches sein kann, das da irgendwie ‚in der Zukunft' entspringe und durch die Gegenwart in die Vergangenheit abflie-
ße, scheint man den Ursprung einer Aus-Spannung von Zeit im je aktuellen Jetzt suchen zu müssen.

Was Husserl als Quellpunkt dieses ‚Jetzt' versteht, die ‚Urimpressio-
nen' oder die ‚Urempfindungen', stellt für ihn eine unüberschreitbare
Grenze dar zwischen der Immanenz erlebbarer Bewußtseinsinhalte und
demjenigen, was außerhalb jedes Erlebens ‚transzendent' als dessen Gegenstand gemeint werden kann, so wie es etwa in der Physiologie der
Fall ist, wonach die Empfindung eine Wirkung von Reizen sei, die unab-

---

[216] Edmund Husserl, Zur Phänomenologie des inneren Zeitbewußtseins (1893
– 1917), Haag 1966. Die Textsammlung enthält recht unterschiedliche, keineswegs theoretisch schon homogene Ansätze zur Zeitanalyse. Ich werde mich im
Folgenden auf seine Überlegungen zur ‚Retention der Retention' konzentrieren
und sie fortführen, in denen, wie mir scheint, erstmals und, vor jeder Annahme
einer ‚unendlichen Reihe' (ebd. S. 10), eine mögliche Endlichkeit von Zeit angesprochen wurde. Vgl. u.a. die Seiten 26, 28, 30, 31.

hängig von der aktuellen Verursachung im Gedächtnis bewahrt werden könne, u. a.[217] Aber wie ist dieses ‚Jetzt' zu verstehen?

Der Ausdruck ‚Jetzt' ist, wie schon angedeutet (3.3.), eine Zusammenziehung aus ‚Jäh-zu' oder ‚Je-zu'. Der Sprecher verweist damit auf die gleichzeitige Anwesenheit mit etwas anderem. Aber mit dieser ‚Gleich-Zeitigkeit' ist noch nichts über eine zeitliche Ausdehnung ausgesagt. Beliebig kann es bedeuten ‚Jetzt, in diesem Augenblick', oder auch ‚Jetzt, in dieser Minute, Stunde, heute an diesem Tag, heuer in diesem Jahr, in diesem Jahrhundert' etc. Auch im eingeschränkten Bezug auf eine aktuelle Empfindung zielt man mit dem Ausdruck ‚jetzt' gar nicht auf die Größe ihrer zeitlichen Ausdehnung. Und erst wenn in der Rede unklar ist, ‚wann' etwas empfunden wird, markiert man zudem das Jetzt als einen zunächst unausgedehnten Einschnitt zwischen einem Früher und Später, der dann über irgendein anderes Ereignis datiert werden kann. Ohne ein ‚Ur-Zerspringen' in die Ausdehnung kann ein Zeit-Punkt gar nicht als irgendeine ausgedehnte Größe oder Kleinstheit angenommen werden. Und wie schon Aristoteles bemerkte, kann Unausgedehntes Unausgedehntem gar nicht ‚folgen', weshalb der Ausdruck ‚Jetzt-Folge' weniger Unterschiede der Zeitlichkeit nivelliert, wie Heidegger annahm, als vielmehr die Aporien auftauchen läßt, die seit Zenons Bemerkungen das Problem kennzeichnen. – Es wird diese Aus-*weg*-losigkeit der Zeit sein, die es zu verstehen gilt, um fragen zu können, was ‚Zeit' überhaupt mit ‚Weg' zu tun hat.

Wenn gewöhnlich vom ‚Jetzt' einer Empfindung gesprochen wird, ist gemeint, daß wir sie fühlen und bemerken und uns so ‚je-zu' auf sie beziehen, ohne schon auf ihre Dauer und deren Größe zu achten. In dieser Selbstgegebenheit der Empfindung ist die Jetzt-Zeit nur als Anwesenheit schlechthin gegeben. Spricht man dagegen davon, daß eine Empfindung etwa unverändert und unterschiedslos zu sich selbst andauere, kann auch die Frage gestellt werden, wie dieses Dauern, das länger oder kürzer währen kann, erfaßt wird. Gewöhnlich ist damit gemeint, daß

---

[217] Es scheint mir fraglich, ob die Kritik berechtigt ist, Husserl habe mit der ‚Urimpression' nicht allein ein rätselhaftes Aktualitätszentrum innerhalb der Aktualität markieren wollen, sondern sei auch in die Nähe eines metaphysischen Realismus geraten, etwa wie Fichte mit dem Ausdruck des ‚Anstoßes'. Vgl. Klaus Held, Phänomenologie der Zeit nach Husserl, in: Perspektiven der Philosophie Bd. 7, Hg. R. Berlinger u.a., Hildesheim – Amsterdam 1981, S. 185 – 222. Wenn man sich, wie Husserl, auf eine Phänomenologie des Zeit-*Bewußtseins* beschränken will, taucht natürlich verschärft das Problem der Transzendenz auf.

sich *währenddessen* etwas anderes ändere und sei es auch nur der Sonnenstand. Dadurch kann der Schein entstehen, als verginge ‚Zeit‘, während anderes beharre, wo doch ‚Zeit‘ zugleich unverändert fortbestehe, während anderes, wie etwa die Empfindungen, auftauchen und vergehen.

Gegen die Auffassungen Herbarts, Lotzes und Brentanos bezüglich eines Fortwährens vergangener Empfindungen in der Erinnerung hatte Husserl eingewandt, es könne nicht einfach um ein ‚Verbleiben‘ sukzessiv vergangener Empfindungen in der Vorstellung gehen, so daß aufeinander Folgendes in Gleichzeitiges abgewandelt würde. Aus einer Tonfolge entstünde dann nämlich in der Erinnerungsvorstellung bestenfalls ein Akkord, eher aber ein disharmonisches Tongewirr. Es muß also nicht nur das vergangen Wahrgenommene, sondern zudem dessen zeitlicher Ablauf mit im zeitlichen Verlauf des Erinnerns gegeben werden.[218] Das führte Husserl zu einem neuen Ansatz in der Frage nach dem ‚Ursprung der Zeit‘.

Nun ging Husserl zwar vom Beispiel einer auditiven Empfindung, dem Ton als ‚Zeitobjekt‘, aus. Doch beruhen alle bewußten Erlebnisse, nicht nur das sinnliche Wahrnehmen, sondern ebenso die Akte des Erinnerns, Erwartens, Fühlens, Denkens, Wollens etc., auf solchen ‚Impressionen‘, ohne die wir sie nicht erleben und bemerken könnten.[219] Da gänzliche ‚Empfindungslosigkeit‘ schlechthin ‚Bewußtlosigkeit‘ bedeuten würde, scheint es mir gerechtfertigt, Husserls ‚Urempfindung‘ im Sinne eines ursprünglichen ‚Sich-Einfindens‘ zum Da-sein überhaupt auszulegen, wobei die ‚Empfindung‘ als das verstanden werden kann, worin sich das Dasein in bewußter, wacher Leiblichkeit halten und worauf es sich zugleich als seinen Inhalt beziehen kann. Dieses vorgeschichtslose Sicheinfinden geschieht gleichsam in der Weise des Aufbrechens eines Außen-Seins, ehe solches Da-sein ‚zu sich‘ (und zu anderem) kommt, um da zu sein und um sich dann wahrnehmend auf die merkliche Empfindung beziehen zu können. Dieses Sicheinfinden ins Außen des Da-seins ist, außer in der Mitteilung durch ein anderes Dasein, in keiner Weise von sich selbst her repräsentierbar.[220] Ihm geht daher nicht etwa ein Innen-sein vorher, das sich äußert; es entspringt vielmehr einem Nicht-Da-sein schlechthin. In Hinsicht auf den sich entziehenden Ur-

---

[218] Ebd., S.11 – 25
[219] E. Husserl, Zur Phänomenologie des inneren Zeitbewußtseins, a.a.O., S. 89

sprung kommt das ‚Jetzt‘ daher stets schon ‚zu spät‘. Ich werde gleich darauf zurückkommen (6.5.).

Husserls Überlegungen zum Zeitbewußtsein setzen ein mit der Wahrnehmung der Empfindung und deren zeitlichen Verlauf. Dieser bildet Schemata des Zeithorizonts in der Weise von Retentionen und Protentionen. Das – allerdings nicht willentlich bestimmbare – ‚Zurückhalten‘ und ‚Vorweghalten‘ einer vergangenen oder kommenden Empfindung geschehe nun aber nicht einfach in der Weise, daß der eben noch gehörte Ton als gewesener nur seine ‚Stelle‘ auf einer schon vorgegebenen ‚Zeitbahn der Vergangenheit‘ erhielte, und umgekehrt der schon erwartete Ton seine Stelle auf einer entworfenen Bahn der Zukunft. Eine fortschreitende ‚Abschattung‘ konstituiere vielmehr erst die Ex-tension, die Aus-Gespanntheit der Zeit.

Was läßt sich nun mit Husserl als ‚Retention von Retentionen‘ verstehen?

Es handelt sich bei der ‚Retention‘, wie er betont, nicht um die echohafte Abschwächung einer Empfindung, wie sie von uns oft als Anzeichen einer wachsenden räumlich-zeitlichen Entfernung gedeutet wird, aber auch nicht inhaltlich um die Substitution des Eindrucks durch dessen Bild. Gleichwohl liegt da etwas Analoges zu einer fortdauernd sich mindernden Intensität vor, allerdings nachdem der aktuelle Eindruck aufgehoben ist. Der verbliebene Sinngehalt des nicht mehr selbst empfundenen Tones wird durch jeden auf ihn folgenden retinierten Ton nicht nur ‚weiter weg‘ in die Vergangenheit verschoben, sondern ‚verschattet‘ in wachsendem Maße, bis er sich im ‚Dunkeln‘ verliert. Insofern gibt es über die vergangene Tonempfindung hinaus einen *weiterhin* vergehenden Sinngehalt der retinierten Töne, und deren Wegbahnungen entwegen und verlieren sich schließlich. Von da aus gesehen ist Zeitlichkeit endlich.

Es liegt schon im Begriff der ‚Retention‘, daß sich nur zurückhält, was dabei ist zu vergehen, so wie man etwas als vergehend nur erfaßt, sofern seine Vergangenheit noch vorenthalten ist. ‚Zurückhaltung‘ ist daher zugleich eine Weise des Auseinanderhaltens, in welcher sich eine Gespanntheit konstituiert je zwischen dem zurückgehaltenen und dem un-

---

[220] Daß daher das Jetzt erst nachträglich durch seine Retention bewußt werden kann, vermerkt auch Rudolf Bernet, Die ungegenwärtige Gegenwart. Anwesenheit und Abwesenheit in Husserls Analyse des Zeitbewußtseins, in: Zeit und Zeitlichkeit bei Husserl und Heidegger, Hg. E. W. Orth, München 1983, S. 48

aufhaltsamen Vergehen. Das Vergehende ist das je schon empfindungs-
mäßig Wegseiende, das sich seinen Weg bahnt und das, was bezogen auf
das Selbst-Da in der Wahrnehmung, zwar schon *weg*, aber nicht
schlechthin nichts ist.

Das Entscheidende, auf das, wie mir scheint, die philosophischen Zei-
theorien nicht ausreichend geachtet haben, ist nun, daß die *Auffassung*
(Apprehension) allein niemals zureicht, um diese Zeitlichkeit des Vergehens zu verstehen. Auf sie beschränkt tauchen allererst die Aporien auf.
Vielmehr gibt uns die zurückhaltende Auffassung nur in dem Maße ein
Zeitverständnis, als man das Vergehen und somit das Entschwinden aus
dem bewußten Blick *zuzulassen* vermag und zwar eben auch das Entschwinden der eigenen zurückhaltenden Auffassung, von der man abläßt, zumeist, weil man sich anderem zuwendet. Unentwegt tauchen Erscheinungen in unserem Wahrnehmungsfeld auf und entschwinden,
ohne daß sich daran schon ein Zeitbewußtsein konstituiert. Man
glaubte, das Gedächtnis an das Entschwundene reichte aus, um Zeit zu
verstehen. Doch erst ein dem Auffassen korrespondierendes Zulassen
des Vergehens, des Entgleitens erschließt uns die Weise von Zeitlichkeit.

Husserl hatte bemerkt, daß das schon Wegseiende durch das Ausein-
anderhalten gegen das Zurückhalten zwar an sich schon eine datierbare
Stelle einnimmt, aber keineswegs auf einem bereits vorgegebenen Weg-
Schema, da es seinerseits im Verschwinden begriffen ist, was wiederum
nur erfaßbar ist, sofern es sich zurückhält. Solange Vergehendes noch
anwesend ist, besteht eine Zurückhaltung, die jedoch ihrerseits als weiter vergehende wieder zurückgehalten ist – und dieses gerade nicht ‚und
so fort‘, sondern als eine ‚Verschattung‘, die sich schließlich im Dunkeln
einer ‚Zeit-Bewußtlosigkeit‘ verliert. Das meint seine Formulierung ‚Retention der Retention‘, womit eine Spur genannt ist, die *in Einem* ihren
Weg bahnt und löscht. Was uns damit als ‚Zeit‘ bewußt wird, ist nicht
mehr das Schema, wie es sich in einem vorgegebenen Weg nach entgegengesetzten Richtungen verbildlichen ließ, sondern vollzieht sich gleichermaßen als *Wegung* wie *Entwegung*. Was da weggehend ‚wegt‘, hin-
terläßt nicht entweder für immer einen Weg oder überhaupt keine Spur,
sondern ‚entwegt‘ verzögernd seinen Weg. Und erst in der Weise, das
Schwinden der Auffassung zuzulassen und zugleich dieses Schwinden
seinerseits auffassend zurückzuhalten, um wiederum das Schwinden der
Zurückhaltung zuzulassen, bis es verdämmert; erst dadurch verstehen
wir wirklich das Vergehende. Darin bildet sich die rätselhafte Aus-Ge-

spanntheit der Zeit, die weder an einem Anfang noch an einem Ende fixiert ist. Husserl spricht auch vom ‚Kometenschweif‘.[221] Doch die Metapher kann fälschlicherweise suggerieren, als wäre die Endlichkeit mehr oder wenig deutlich begrenzt gegeben, während doch gerade die Grenze des Auftauchens und Wegdämmerns der Zeitspanne nicht bestimmbar ist. Damit ist eine *Endlichkeit* des Zeitbewußtseins hervorgehoben, die nicht als eine ziehbare Grenze zu verstehen ist, ‚jenseits‘ der so etwas wie ‚Zeitlosigkeit‘ herrsche, sondern als ein *Weggehendes, das sich im Dunkel einer Zeitunbestimmtheit verliert*. Über das Weg-Gehende wird gleichsam eine zeitliche Gespanntheit darstellbar, wie sie logisch ja nicht zwischen Seiendem und Nichts gedacht werden kann, da ‚Nichts‘ kein Relat zu sein vermag. Zeitlichkeit spannt sich also nicht einfach über alles Da- und Wegseiende aus, das sich ‚in ihr‘ befinde und geschehe. Mit einer Zurückhaltung des Weggehenden, die ihrerseits im Gehen begriffen ist, verdämmert mit der Bewußtheit das zeitliche Phänomen, ‚an‘ dem Zeit vernehmbar ist.

An sich kann, wie mir scheint, der *Notwendigkeit*, durch welche nach Husserl alles retentional Vergehende mit der Gewissheit auftritt, *wirklich* gegenwärtig gewesen zu sein, nur eine *Möglichkeit* korrespondieren, durch welche die Ankunft des protentional Kommenden ebenso versagt sein kann. Aber darin ist bereits die Offenheit eines Vor-Weg zugelassen und das Vorweggenommene kann ausbleiben. Husserl hat sich über die Protention wenig geäußert. Will man nun analog zur Retention der Retention auch von einer abgestuften Protention der Protention sprechen, dann scheint das nur möglich über aktuelle Empfindungen, die als Spuren von Spuren gedeutet werden müßten, indem sie auf kommende Empfindungen vorverweisen, die ihrerseits als Spuren noch entfernterer Empfindungen zu deuten wären, um sich schließlich in der Ferne zu verlieren. Die bloße Vorwegnahme allerdings von jetzt noch nicht erlebten Empfindungen und deren zeitliche Wegung basiert auf dem Wahrscheinlichkeitsgrad, mit welchem sie sich als schon retinierte wiederholen können. Da Husserl mehr das Vorweggenommene (den folgenden Ton *einer* Melodie) im Blick hat, setzt er letztlich bereits die ‚sekundäre‘ Erinnerung voraus, wenn er von ‚Protention‘ spricht. Was als Kommendes schon vor uns zu liegen scheint, wenn etwas vorweggenommen wird, wäre demnach nur über die bereits vollzogene Setzung eines Zeit-Weg-Schemas möglich, das schon da ist und auf dem sich entfernter Sei-

---

[221] E. Husserl, a.a.O., S. 30

endes zu nähern vermag. Erst die uneingeschränkte Wiederholbarkeit garantierte, daß Retentionen ihre Gegenwärtigkeit als Empfindungen nicht nur hinter sich, sondern als Protentionen zugleich vor sich hätten. Zukunft würde dann jedoch nur in Umkehrung des Schemas ,Gegenwart-Vergangenheit' konstituiert und zwar durch eine Erinnerung, die ,jederzeit' möglich wäre und die schon insofern nichts mehr mit der Zeiterfahrung der Retention zu tun hätte, als sie den endlich offenen Horizont der vergehenden Zurückhaltungen bereits in einen unendlich anwesenden Zeitweg abgewandelt hat. Eine die primäre Zeit-Anschauung transzendierende Erinnerung stellt sich Zeit vor an dem imaginierbaren Schematismus einer sich endlos in sich haltenden Be-wegung. Und das Schema einer endlos ausdehnbaren und bleibenden Wegung der Zeitspanne, sowohl früher wie später als je Jetzt, kann sich nach Husserl nicht im Verhältnis von Urimpression und Retention bilden, sondern erst über die reproduzierende ,sekundäre' Erinnerung. Die vergangene (und künftige) Zeit kann demnach gar nicht einfach durch Erinnerung als vorgegebener ,Weg' repräsentiert werden; sie konstituiert sich erst in einer Erinnerbarkeit, die nach Husserls Ansicht immer schon wiedererinnerte Retention ist und ihrerseits willentlich ,jederzeit' wiederholt werden kann.[222] Erst durch eine erinnernde Wiederholung, die sich über die der Wahrnehmung eigenen Zeitlichkeit scheint ,hinwegsetzen' zu können, kann sich das Bewußtsein in ein *Verhältnis* zur eigenen Zeitlichkeit setzen und zwar nicht von einem außer-zeitlichen Standpunkt her, da auch dem wiederholenden Erinnern Zeitlichkeit immanent ist. Es sind demnach Erzeugnisse einer erinnernden Einbildungskraft, die sich projektiv als bloße ,Reproduktionen' ausgeben, wodurch der Anschein eines Bestehens ,objektiver Zeit' entsteht.

Husserl hatte sich gefragt, wie denn angesichts der Zeitlichkeit des Zeitbewußtseins überhaupt dessen ,Einheit' gewahrt sein könne. Aber seine Metapher des ,Bewußtseinsflusses' erschwert eher den Blick auf die Problematik. Warum sollte auf das Währen des Zeitbewußtseins insgesamt nicht dasselbe zutreffen wie bezüglich des *unterschiedslosen* Andauerns eines Tones? Indem eine Empfindung sich unterschiedslos auf die gleich Art ,ur-entspringend erneuert', (was nur nachträglich im Verhältnis zu vernehmbaren Unterschieden einer Änderung aussagbar ist), wird die Änderung gar nicht bewußt, weil jede Retention überlagert wird von genau der gleichen Urempfindung, die sich differenzlos an die

---

[222] E. Husserl, ebd., S. 42

Stelle der vergangenen gesetzt hat. Nie aber wird es an parallel sich ab-
wandelnden anderen Urempfindungen mangeln, in Bezug auf welche
bemerkt werden kann, daß die erste stetig währt, sofern sie sich unterschiedslos erneuert, weshalb sie für ‚dieselbe‘ gehalten werden kann.
Nun könnte, wie schon Kant bemerkt hat, die Einheit des Bewußtseins,
anstatt über das Beharren derselben Substanz, ebenso zeitlich über eine
solche unmerkliche, weil differenzlose, je ur-entspringende Erneuerung
der Empfindungsfähigkeit überhaupt beschrieben werden. Was in Wirklichkeit als Selbstbewußtsein nur währt, scheint als Dasselbe ‚zeitenthob-
en‘ zu ‚beharren‘, da die Erneuerung eines ununterscheidbar Gleichen
per Definition als solche unbemerkt bleibt. Doch eine ‚Retention der
Retention‘, die die Zeitlichkeit des Zeitbewußtseins insgesamt beträfe,
schwindet natürlich mit dem Bewußtsein überhaupt. Das Schwinden des
Bewußtseins, erlebt beim Einschlafen oder Ohnmächtigwerden, wird ja
als solches Verdämmern in ein Dunkel erfahren, dessen Vollendung sich
natürlich nicht mehr repräsentieren läßt. Ebenso erwachen wir aus einer
Selbstabwesenheit.[223] Dieses Dämmern, das noch über die Anwesenheit
wechselnder Intensitäten erfahrbar ist, wird zugleich metonymisch aus-
legbar, als wäre es überhaupt der ‚Übergang‘ von Bewußtheit zu Bewußtlosigkeit und umgekehrt. Doch davor muß eine Phänomenologie
wie die Husserls, die sich auf eine absolute Immanenz beschränken will,
zurückschrecken. Die ‚Einklammerung‘ konnte daher den Eindruck erwecken, als taste er die absolute Anwesenheit von Zeit nicht an.[224] Zwar
berührt ja bereits der Ausdruck ‚Urempfindung‘ die Grenze der Immanenz zur Transzendenz möglicher Gegenständlichkeit; aber sie soll der
Selbstgegebenheit des Phänomens wegen nicht überschritten werden.
Bezüglich des Selbstbewußtseins überhaupt ist es erst die Erinnerung,
durch die festgestellt wird, daß solches Schwinden und Auftauchen von
Bewußtheit zyklisch geschehe.[225] Mit der ihrerseits aktuell zeitlichen Er-

---

[223] Das Erwachen hat bekanntlich Proust großartig geschildert: Marcel Proust,
Auf der Suche nach der verlorenen Zeit, Bd. 1, Übers. E. Rechel-Mertens,
Frankfurt a. M. 1979, S. 9 ff. Das Aufwachen beginnt mit empfindungsgestützten ‚manifesten Trauminhalten‘, wie Freud es nennen würde, und geht über zu
Vorstellungen, in welchen sich sinnliche Wahrnehmungen erst abzuheben beginnen, ehe sie sich auf ein Ich hin zentrieren. Daß das Aufwachen und Einschlafen
‚nur‘ etwas mit dem ‚empirischen‘ Bewußtsein zu tun habe, scheint mir gänzlich
unverständlich.
[224] Sein Reden von ‚absoluter Zeit‘ und ‚absoluter Subjektivität‘ (Husserl,
a.a.O., S. 72) kann diesen Eindruck verstärken.

innerung an vergangene Zeiten setzt sich das Bewußtsein in ein Verhältnis zu einer Zeitlichkeit, die nicht selbst ‚zeitlos‘, sondern ‚jederzeit‘
scheint sein zu können (7.3.).

6.4.3. Sich vorweg

Auch Heidegger geht, zumal in *Sein und Zeit,* von einem zeitlichen *Verhältnis* zur eigenen Zeitlichkeit aus, jedoch unter entscheidenden Abwandlungen der Voraussetzungen.[226] Es geht ihm nicht um die Zeitlichkeit des seiner selbst allemal schon bewußten Subjekts, sondern um die
Zeitlichkeit, deren das Dasein in seiner Sorgestruktur innewird. Darin
ist von vornherein die Verschiebung der Analyse beschlossen: die ‚Ekstase‘ der Zukunft, nicht Retentionen oder erinnernde Wiederholung
der Vergangenheit stehen im Vordergrund. – Ich werde mich darauf beschränken, die Struktur des Sich-vorweg-Seins kenntlich zu machen, um
an den Punkt jener ‚Weglosigkeit‘ von Zeit gelangen zu können, die seit
Aristoteles die Gedanken über Zeit be-wegte.[227]

Heidegger sucht in *Sein und Zeit* ‚Zeit‘ von der Zeitlichkeit eines Zeit
verstehenden Daseins her zu erschließen. Allerdings sollte dieses Verstehen seinerseits als eine *existenziale* zeitliche Struktur endlichen Daseins
dargelegt werden und nicht nur als eine in der Reflexion beschreibbare
Intentionalität auffassenden Bewußtseins.[228] In seinen *Prolegomena zur*

---

[225] Im Prinzip der ‚Indifferenz‘, wie der frühe Schelling es faßte, ist also das der
‚Wiederholung‘, wie Nietzsche sie begriff, bereits enthalten. Vgl. dazu: Gilles
Deleuze, Différence et répétition, Paris 1968 (dt. 1992)

[226] Vgl. dazu: 1. Otto Friedrich Bollnow, Das Verhältnis zur Zeit, a.a.O., S. 7;
2. Otto Pöggeler, Zeit und Sein bei Heidegger, in: Zeit und Zeitlichkeit bei Husserl und Heidegger, a.a.O.; 3. Theodor Kisiel, Der Zeitbegriff beim frühen Heidegger, in: Zeit und Zeitlichkeit bei Husserl und Heidegger, a.a.O.; 4. Dieter
Thomä, Die Zeit des Selbst und die Zeit danach. Zur Kritik der Textgeschichte
Martin Heideggers 1910 – 1976, Frankfurt a. M. 1990; 5. Günter Figal, Die Institutionen einer radikal historischen Philosophie. Sprache und Zeit in der Philosophie Martin Heideggers, in: Sagen, was die Zeit ist. a.a.O. – Ich werde mich hier,
angesichts der vielschichtigen Ansätze in der Zeitanalytik Heideggers, auf den
einen Aspekt der ‚Wegung‘ beschränken.

[227] Vgl. auch: Martin Heidegger, Grundprobleme der Phänomenologie, Frankfurt a. M. 1979, S. 330, wo er das ‚Ohne-Weg-sein‘ anspricht. In seinen *Beiträgen
zur Philosophie (Vom Ereignis),* (Frankfurt a. M. 1989, S. 323 u. S. 371), wird
dann das ‚Weg-Sein‘ in Hinsicht auf den Zeit-Raum als Abgrund gedacht.

Geschichte des Zeitbegriffs, die während der Abfassung von *Sein und Zeit* entstehen, heißt es: „Das aber, was mit Intentionalität gemeint ist – das bloße Sich-richten-auf – muß vielmehr noch in die einheitliche Grundstruktur des Sich-vorweg-seins-im-sein-bei zurückverlegt werden."[229] Diese Struktur aber liege in der Sorge als einer immer schon entworfenen, nie aber wirklich vorhandenen Ganzheit der Seinsverfassung des Daseins.[230] Heidegger ging daher nicht von einer die aktuelle Wirklichkeit stiftenden Urempfindung aus, sondern von der *Möglichkeit* als dem Seinkönnen eines Daseins, dem es je um sein Sein gehe. Möglichkeit aber eröffne sich dem Dasein erst durch dessen Außer-sich-sein, durch das es selbst zeitlich aus-gelegt, wenn auch nicht nur zerstreut ist. Zeitlichkeit ist auch für Heidegger grundsätzlich ‚Gespanntheit‘[231] in der Weise einer Aus-Spannung ihrer ‚Ekstasen‘. Ihm zufolge erschließt sich nun das eigentliche Zeitverständnis *im Augenblick*[232] einer vorlaufenden Entschlossenheit, die das Dasein vor seine eigenste, unüberholbare Möglichkeit, den eigenen Tod, bringt. Über sie wird das Dasein der Endlichkeit eigener Zeitlichkeit inne, im Unterschied zum alltäglichen Verständnis des unentschlossenen Man, das darauf verfallen ist, nicht nur sich und anderes, sondern auch die Zeit selbst von einer andauernden Vorhandenheit her auszulegen. Anders als bei Husserl ‚endet‘ die

---

[228] Schon in Martin Heideggers *Der Begriff der Zeit* von 1924 (Tübingen 1989, S.10, 20, 26) heißt es in einer an Oswald Spengler erinnernden Formulierung, daß das Dasein in seiner Jeweiligkeit selbst die Zeit ‚ist‘ und nicht nur auffaßt. Da dieses ‚Ist‘ aber zumeist von der ‚Vorhandenheit‘ her aus ausgelegt wird, spricht er in *Sein und Zeit* von ‚Zeitigung‘. Später wird Heidegger in Frage stellen, ob man überhaupt sagen kann, daß Zeit ‚ist‘. Vgl. Martin Heidegger, 1. Der Spruch des Anaximander, in: Holzwege, Frankfurt a. M. 1980, S. 321 – 373; 2. Zeit und Sein, in: Zur Sache des Denkens, Tübingen 1969

[229] M. Heidegger, Prolegomena zur Geschichte des Zeitbegriffs (1925), Frankfurt a. M. 1979, S. 420. Nach *Sein und Zeit*, a.a.O., S. 363, gründet die Intentionalität des ‚Bewußtseins‘ in der ekstatischen Zeitlichkeit des Daseins. Von dieser heißt es (S. 350): „Die Zeitlichkeit zeitigt sich in jeder Ekstase ganz, das heißt in der ekstatischen Einheit der jeweiligen vollen Zeitigung der Zeitlichkeit gründet die Ganzheit des Strukturganzen von Existenz, Faktizität und Verfallen, das ist die Einheit der Sorgestruktur."

[230] Ebd., S. 422

[231] M. Heidegger, Sein und Zeit, a.a.O., S. 409. Von einer vorgängigen ‚Gespanntheit in sich, deren Spannweite variiere und ursprünglich schon eine Erstrecktheit sei‘ spricht Heidegger auch in seinen *Grundproblemen der Phänomenologie*, a.a.O., S. 381 f.

[232] M. Heidegger, Sein und Zeit, a.a.O., S. 347

Wegung der Zeitlichkeit nicht ‚im Dunkel' eines sich verlierenden Zeitbewußtseins, das sich allemal schon erinnernd zurückholen kann, sondern an der jederzeitigen und unüberschreitbaren Möglichkeit des eigenen Todes, ‚vor' dem die ‚Wege' enden.

Heidegger betont zunächst ‚Gleichursprünglichkeit' der Ekstasen der
Zeitlichkeit, die er später in *Zeit und Sein* in eine ‚vierte Dimension des
Zuspiels jeder Dimensionen für jede' zusammenzudenken sucht.[233] In
Sein und Zeit soll der Ausdruck ‚Gleichursprünglichkeit' wohl zunächst
davor bewahren, die Ekstasen, wie in der Tradition, auf Präsenz zu reduzieren, wodurch das Moment ihrer unaufhebbaren Differenz verwischt wurde. Gleichwohl verweise die Sorgestruktur auf einen Vorrang
der Zukunft. In dieser zeigt sich nun allerdings wieder die doppelsinnige
Aus-Gerichtetheit: ‚vorlaufend' zu dem, was dem Dasein je als sein
(letztes) Ende ‚zukommt'. Grundlegend ist daher auch für Heideggers
Analytik zunächst die Figur der ‚Wegung': Das ‚Sich-vor*weg*-Sein' bedeutet eben nicht nur das alltäglich der Gegenwart begehrend-rech-
nend-planende ‚Voraus-sein' als ein jetzt Vor-weg-nehmen dessen, was
erst später komme oder erreicht werde. Das Dasein ist immer schon
selbst existenzial sein ‚Apriori', nämlich ‚sich vor-gängig', und insofern
selbst zugleich Weg-Sein: nicht nur ‚unterwegs bei sich', sondern von
sich weg auf dem Weg zu sich, ohne je ‚wirklich' als Ganzes ‚bei sich'
ankommen zu können, da solche ‚Ankunft' vielmehr sein Tod ist. Das
‚Da' des existierenden Daseins ist – anders als das Bewußtsein seiner
Idee nach – niemals ‚voll-kommen' da und bei sich. Von der äußersten
Möglichkeit seines Nicht-Seins im Tod her gewinnt auch alles eingeschränkte Wegsein, als ein dem Noch-Nicht und Nicht-mehr ausgesetz-
tes Dabeisein, erst seinen Sinn. Insofern scheint das Dasein ‚vom Nichts
seiner selbst her', zumal in einer ‚Weltlosigkeit' eröffnenden Angst, auf
sich zurückzukommen, wobei ihm die eigene Gewesenheit zugleich
‚wieder-holend' entgegenkommt, um sich in der Geworfenheit der faktischen Befindlichkeit als Selbstgegenwart zu manifestieren. Heidegger
sucht also ausgehend von einer ent-worfenen Wegung, die vom Äußersten ihrer endgültigen Entwegung her verstanden wird, auf die gewor-
fene Befindlichkeit zurückzukommen, die als das erschlossen wird, was
zuvor schon gewesen und als gewesen noch da und nicht schon nur ‚vergangen' und getilgt ist.[234] Aber auch im alltäglichen Besorgen konstituiert sich die Herrschaft der Gegenwärtigkeit im Dabeisein letztlich stets

---

[233] M. Heidegger, Zeit und Sein, a.a.O., S. 16

aus demjenigen, was ‚entfernt‘ *vor*-liegt und gleichsam ‚ernähert‘ wird. Insofern ist Dasein eigentlich nie vollkommen bei sich oder anderem, sondern stets zudem außer sich und unterwegs, letztlich bezogen auf sein endgültiges Nicht-Dasein. Gewöhnlich jedoch nimmt man die eigenen und die Wege der Anderen hin, als seien sie *unentwegt* vorhanden, gleich ob sie schon vorgegeben oder selbst erst auf den Weg gebracht werden. Von daher versteht sich das einzelne Dasein als Vorgänger oder Nachfolger, als Gegen- oder Mitläufer oder als Einzelgänger, der sich, Spuren setzend und hinterlassend, seine Wege bahnt und die der anderen teilt oder zu tilgen sucht oder nur kreuzt, auf richtige oder auf Irrwege und Abwege gerät, die Spuren wieder tilgt usf. Das jeweilige einzelne Dasein ist in der Weise, in der es unter-wegs ist, immer zugleich schon außer sich und weg von sich. Aus dieser Ek-statik heraus versteht Heidegger dessen Zeitlichkeit.

Unter ‚Weltzeit‘ versteht Heidegger nun das Schema der öffentlichen, bedeutsamen und datierbaren ‚Innerzeitlichkeit‘.[235] Was als Weltzeit die Je-Weiligkeit des einzeln-einzigen Daseins überschreitet, zeigt seiner Ansicht nach Züge einer Einebnung der Ekstasen der Zeitlichkeit, zumal in Hinsicht auf die ‚Todlosigkeit‘, deren Letztendlichkeit in bloßer Unendlichkeit und Unentwegtheit von Zeit verschwindet. Aber sie könnte auch durchaus als dasjenige Schema der Zeitlichkeit verstanden werden, von dem aus ohne Nivellierung die appräsente Zeitlichkeit der Anderen in deren Endlichkeit zugänglich wird. Sicher wird weltzeitlich zumeist die ekstatische Spannung eingeebnet auf die vermeintlich stets schon vorhandene Erstrecktkeit der alltäglich vorzeichnend-vorgezeichneten Wege. Von ihrer ständigen Einebnung zur ‚Niedrigkeit‘ her wird erst deutlich, was man ihr einst nicht nur als ‚Un-Zeit‘ des Todes, sondern auch als ‚Hoch-Zeit‘ der Muße entgegengesetzt hatte (7.3.).[236] Gleich-

---

[234] Zwar sucht Heidegger oft die Ausdrücke ‚noch nicht‘ und ‚nicht mehr‘ als vermeintlich ‚vulgäre‘ zu meiden. – Warum ich diese ‚Sorge‘ für unberechtigt halte, wird im Folgenden dargelegt.

[235] In *Sein und Zeit* schwankt die Bedeutung von ‚Weltzeit‘: zum einen ‚mache sie Dasein erst möglich‘, so als enthielte sie ‚Ekstasen‘ über das Dasein hinaus (S. 419); in dem Fall kann die Weltzeit durch das, was er unter ‚vulgärer unendlicher Zeit‘ versteht (S. 424), verdeckt werden. Dann wieder scheint umgekehrt die ekstatische Zeitlichkeit die Weltzeit als ‚Innerzeitigkeit‘ und ‚vulgäre Zeit‘ zu zeitigen (S. 420). – Mir scheint der Ausdruck ‚Weltzeit‘ darin bedeutsam, daß er über eine isolative ‚Jeweiligkeit‘ des einzelnen Daseins hinaus die Zeitlichkeit des Anderen ins Spiel bringen kann.

wohl verweist auch die Weltzeit auf den schematischen Horizont einer
‚Temporalisation‘, von der her, in einer ‚Kehre‘, es nun auch die Zeitlichkeit des Daseins erst *gibt*.

Auch in dem 1962 veröffentlichten Text *Zeit und Sein* bleibt eine sich
ausrichtende Gespanntheit von Zeit wesentlich, nun aber betonter aus
einem Horizont von ‚Zeit‘ heraus verstanden, der als ‚Zeit-Raum‘ und
‚Zeit-Spiel-Raum‘ angesprochen wird, um auszudrücken, daß die Gespanntheit und Gerichtetheit von Zeit vom ‚Offenen‘ her ausgelegt ist.
Die drei ‚Dimensionen‘ (wie er sie nun wieder nennt), nämlich Gegenwart, Gewesenheit und Zukunft sind Weisen, die je sich ‚reichen‘, und
solches ‚Zuspiel‘ wird seinerseits die ‚vierte Dimension‘ genannt. In diesem Reichen sind die Dimensionen der Zeit ebenso auseinander- wie zueinander*gehalten*. Und darin bleibt die Spannung der ‚Re- und Protentionen‘ thematisiert. Sofern nun ‚Gegenwart‘ nicht mehr vom ‚Gegenüber‘ des Dabeiseins, sondern vom Horizont als ‚offener Gegend‘ her
verstanden wird, zeigt sich im Nähern und Ankommen der Gewesenheit zugleich eine bestimmte ‚Verweigerung‘, und im Nähern von Zukunft ein gewisses ‚Vorenthalten‘ von Gegenwart. Es gibt also keine
volle Anwesenheit. Doch das Anfangen des Reichens zeitlicher Dimensionen überhaupt geschehe als nähernde Nähe und zugleich entfernend.
Es geht also auch hier um ein Ankommen und Weggehen und um das
Wegsein in der Weise der Verborgenheit. Aber weder Sein noch Zeit
‚sind‘ im Sinne von Seiendem kommend, verweilend und gehend. *Es gibt*
Sein und Zeit, wobei es das ‚Es‘ als ein ‚Seinerseits‘ nicht gibt, weder als
Subjekt noch als impersonales Es-Selbst. Das Sein als ‚Geschehnis‘ der
Anwesenheit wird von einem ‚Schicken‘ und die Zeit als dimensionale
‚Erstreckung‘ von einem ‚Reichen‘ her verstanden, wobei hier nicht an
zweckgerichtete Vollzüge zu denken ist.[237] Es geht vielmehr um den Ur-
sprung der Anwesenheit von Sein und der Aus-Gespanntheit von Zeit,

---

[236] Soweit ich sehe, hat Heidegger den von Husserl ins Spiel gebrachten Begriff
der ‚Appräsenz‘, den er noch in *Geschichte des Zeitbegriffs* aufgegriffen hatte,
später nicht mehr verwendet. Doch ich denke, daß mit ihm der abstrakte
‚Umschlag‘ des Eigentlichen und Uneigentlichen ineinander durch eine dem
anderen Dasein als ihm eigene zugeschriebene Zeitlichkeit wohl zu differenzie-
ren wäre. Beginnt nicht die Nivellierung dadurch, daß die Zeitlichkeit des Anderen für ‚dieselbe‘ gehalten wird wie die je-eigene? Gehört nicht wesentlich zum
Man, daß es die Unersetzbarkeit des Einzelnen durch die eines anderen Einzelnen glaubt ersetzen zu können? Wie erklärt sich die ihrerseits nur zeitlich auszu-
legende Vielheit ‚jemeinigen Daseins‘?

um einen Ur-sprung, dem kein Weg mehr vorgängig ist, aus dem alle möglichen Wegungen und Entwegungen erst aufzutauchen vermögen. Solche Gabe von Sein und Zeit im Nähern und Ankommen verweist zugleich auf einen Entzug im Entbergen und Lichten selbst. Im Schicken von Sein und im Reichen von Zeit zeige sich ein Zueignen, Übereignen von Sein als Anwesenheit und von Zeit als Bereich des Offenen in ihr Eigenes. „Was beide, Zeit und Sein, in ihr Eigenes, d.h. in ihr Zusammengehören bestimmt, nennen wir: das Ereignis."[238] Wobei Heidegger betont, daß das Ereignis nicht als eine Art von Sein zu verstehen sei, sondern umgekehrt Sein als eine Art Ereignis. Im entbergenden Zug, worin das Ereignis sein ‚Eigen' verbergend bewahre, vollziehe sich demnach zugleich ein Entzug als ‚Enteignis'. – Bekundet sich im ‚Geben' von Sein und Zeit in der Weise verbergender Entbergung noch ein Denk*weg*? Wie kann es überhaupt noch eine Wegung ‚zu' dem geben, was es nicht gibt?

6.5. Die Zeitnis der Offenheit

Während die *Endlichkeit von Zeit* sich im Denken Husserls über das ‚Dunkel' andeutete, in welchem mit den ‚verschattenden' Retentionen das Zeitbewußtsein selbst einem Wegdämmern ausgesetzt wird, sofern es sich nicht erinnernd wiederholt; übernahm im Denken Heideggers radikaler der zukunftsbestimmende Tod des Daseins die Bedeutung solcher Endlichkeit. Damit taucht allgemein die Frage auf, wie die Bedeutung von Zeit sich überhaupt zu der einer *Nichtheit* verhält, die nicht mit jener Abwesenheit zu verwechseln ist, welche immer schon als Wegsein der Anwesenheit eingeschrieben bleibt, – also eine *Nichtheit, die nicht mehr als Transzendenz zu verstehen ist*, weil es in Bezug auf sie keine Grenze mehr geben kann, die entweder noch überschreitbar oder unübersteigbar ist. Es geht um die Frage nach einer *Offenheit von Zeit*, von der her die zeitlichen Ausrichtungen des Da- oder Weg-Seienden erst verständlich werden können, zumal in ihrer von jeder Begrenzung verschiedenen Endlichkeit. Der zumeist gebrauchte Ausdruck ‚Hori-

---

[237] Das Etymon von ‚schicken' ist ‚geschehen', das von ‚reichen' ist ‚erstrekken'.
[238] Martin Heidegger, Zeit und Sein, in: Zur Sache des Denkens, a.a.O., S. 20

zont' bringt zwar mit den offenen Grenzen eine gewisse Weite ins Spiel. Aber ist sie ausreichend?

Vermeidet man, den Raum durch die Vorstellung eines (begrenzten oder unbegrenzten) Ortes zu bestimmen, der unverrückbar verzeichnet, statisch in steter Omnipräsenz und leerer Hülle geistert[239]; dann vermag der Ausdruck ,Zeit-Raum' schlechthin auf jene Offenheit des Seins (*genitivus subiectivus*) verweisen, von der her das Vermögen (*dynamis, potenzia*) der Aktualisierung von Seiendem gedacht wird. Aber wir kommen nicht umhin, von einer (nicht-transzendenten) Offenheit des Seins (*genitivus obiectivus*) zu sprechen, dem das (Anwesend-)Sein des Seienden schlechthin aus-gesetzt ist und das unter dem Titel ,Nichts' gewöhnlich mitgemeint und doch irreführend zu einem ,absoluten Mangel' umgedeutet wird. Diese a-transzendente Offenheit des Seins werde ich *Zeitnis* nennen. Gemeint ist mit dieser Wortprägung die *Differenz* selbst von Zeit und Zeitlichkeit, die immer schon dann sich ,wortlos' meldete, wenn von Zeit in Hinsicht auf *Nicht*-Seiendes (anstatt nur ,Weg-Seiendes') die Rede ist. Man kann, wenn ,Nichtheit' das Denken herausfordert, nicht von einem ,Verhältnis' von Sein und Nichts sprechen, als handle es sich nur um zwei verschiedene, entgegengesetzte Sphären oder um eine, die sich selber bestimmte. Und doch läßt die ,Zeitnis' die Offenheit der Zeit des Seins vernehmen, sofern sie durch An- und Abwesenheit nicht mehr zu verstehen ist. – Was läßt sich hier noch verdeutlichen? Kämen wir damit dem Verständnis einer Zeit der Muße als Zeit der Musen näher? – Blicken wir zunächst noch einmal auf die Aporien, die auftauchen, wenn differenzlos Zeit mit der Zeitlichkeit von Seiendem gleichgesetzt wird.

Spricht man von vergangener oder künftiger Zeit, dann scheint das nicht allein ein zeitlich bestimmtes Seiendes zu betreffen, das nicht mehr oder noch nicht gegenwärtig ist, sondern darüber hinaus die Zeitspanne selbst, sofern sie nicht mehr oder noch nicht ist und doch irgendwie an die Gegenwart anschließe. Zum einen soll das *Nicht*(mehr) und (Noch)*nicht* eine Grenze zu dem markieren, was zeitlich währt. Wird daher Zeit allein von ihrer Einzigkeit und der Einheit ihrer Dauer her betrachtet, sind vergangene und künftige Zeit von ihr vollständig getrennt und schlechthin Nicht-Zeit. Dennoch soll das (Nicht)*mehr* und *Noch*(nicht), die auf verneinte Weise ein ,Weiterhin' und ein ,Nun-und'

---

[239] Vgl. dazu meine Darlegungen ,Der Raum des Gastes', in: Die Sprache des Gastes. Eine Metaethik, Leipzig 1994

ausdrücken, die unmögliche Funktion übernehmen, den zeitlichen Weg des Wegseienden zum ‚zeitlosen Nichts-Seienden' zu bahnen, als könne da ein Schema der Zeit-Wegung zwischen Sein und Nichts, zwischen Zeit und Nicht-Zeit ‚vermitteln'. Man kann auch ohne Widerspruch nicht sagen, daß vergangene und künftige Zeiten Teile *einer* Zeit blieben. Wenn man davon spricht, daß jetzt in der Sommerzeit die Frühlingszeit nicht mehr und die Herbstzeit noch nicht ist, meint man ja wohl nicht, daß zwar bestimmte Teile der Zeit nicht seien, wohl aber die ganze Zeit. Oder soll das vielleicht heißen, daß zwar Seiendes künftig oder vergangen sein könne, nicht aber die Zeit selber in ihrer unvergänglichen, nie abwesenden Form der Zeitigkeit, der zufolge eines nach dem anderen geschehe? Fallen denn Dinge aus der Zeit heraus, wenn sie noch nicht oder nicht mehr sind? Muß man dann nicht eine weitere Zeit unterstellen, in welcher auf unmögliche Weise Zeitloses zeitlich würde und Zeitliches wieder zeitlos? Eine Zeit, die selbst absolut leer wäre, damit sie von Seiendem erfüllt oder entblößt sein könne? – Man wird die Aporien nicht los, solange man von Zeit spricht, als sei sie selbst etwas Zeitlich-Seiendes, das vielleicht ewig sei, vielleicht auch nicht sein kann. Was also ist mit dieser ‚Nichtheit' gemeint, welche durch die Verneinung erschlossen wird? Ich will dieser Frage nachzugehen versuchen, ohne mich von Hegels Begriff der ‚bestimmten Negation' verführen zu lassen, der mir das Problem mehr zu verdecken als zu klären scheint. Wie nämlich, wenn sich gerade aus diesen Entwegungen der Zeit zur Weglosigkeit ihre eigentliche Weise als Zeitnis vernehmen ließe?

Nehmen wir nochmals die Frage auf, welches Verhalten ein selbstgegenwärtiges Dasein zu dem einnimmt, was es als vergangene oder künftige Zeit versteht. Gewöhnlich ist damit gemeint, daß man in Hinsicht auf Wegseiendes auf entgegengesetzte Weisen eingestellt sei, je nachdem ob man es erinnernd repräsentiert oder erwartend pro-präsentiert. Wegseiendes fehlt als das, was war oder was sein kann. Fehlendes aber verweist doppelsinnig auf die Neigungen und Wertungen der Menschen zurück: zum einen kann es als das Mangelnde bedrängen, wie etwa den Liebenden, der von einer geliebten Person verlassen wurde oder vergeblich auf eine zu liebende Person wartet. Oder das Fehlende erlöst oder hält frei von Bedrängnissen, wie etwa das Verschwinden eines Menschen, der nur Leid brachte, oder das Schwinden der drohenden Gefahr, daß eine leidbringende Person auf ihn zukommen könnte. Bleibt jedoch die gegenständliche Bestimmtheit dessen aus, was nicht mehr oder noch

nicht ist, kommt die Bedeutung des ‚Nicht‘, unabhängig von den Wegen
auf das Vergangene oder Künftige hin, zunächst nur als *Leere* überhaupt
in den Blick. Rein auf das ‚Nicht‘ des Nicht-Seienden gerichtet, sieht
man sich solcher *Leere* ausgesetzt und deutet sie als das reine Schema einer Zeit, die von Seiendem leer oder erfüllt sein könne. Aber es bedarf
immer schon dieses ins Leere lauschende, spähende, denkende Dasein,
das sich in ihr selbst als intentionales voraussetzt.

Heidegger hatte da, wo er ‚Intentionalität‘ existenzial als Struktur der
Sorge versteht, in Hinsicht auf deren Zeitlichkeit vom *Primat* der Zukunft gesprochen. Doch damit war über die Gegensinnigkeit, wie sie jeder Richtung eigen ist, bereits entschieden und entsprechend galt ihm
mit dem Vorlaufen, Zukommen, Zurückkehren etc. die *Zeitigkeit* des
Vor und Nach schon als ausgemacht und es fehlt eine zureichende Auslegung der Zeitlichkeit der Zeitigkeit selbst. Doch gerade eine existenzial
verstandene Intentionalität ist in einem weit radikaleren Sinne ‚zu-künf-
tig‘ oder ‚Je-zu‘: Zum Seinkönnen erwachend findet sich Dasein
schlechthin *nach außen* entworfen und zwar immer schon vor-gerichtet
nach vorne und zwar bevor die Wendung auftauchen kann in der Frage,
‚von wo her‘, aus welchem ‚verschlossenen Innen‘ man nach außen ge-
kommen wäre. Sobald das Dasein seine eigene Fähigkeit entdeckt, Richtungen ändern zu können, verkehrt es seine Vor-Gerichtetheit nach
vorne und man kann nun davon sprechen, daß ihm *von vorne her* der
Zeit-Raum der Möglichkeiten eröffnet ist, auch der, selber *da* zu sein.
Das Verständnis seines Da erfordert schon eine Wende auf sich zurück,
ist also nicht das Anfängliche, welches sich im vor-gerichteten Nach-
Vorne äußert. Es ist also nicht so, daß sich um das Je-zu eines Daseins
‚nach hinten‘ die Vergangenheit und ‚nach vorne‘ die Zukunft erstreckt.
Das Jetzt ist nicht ‚von vorn herein‘ dieser Drehpunkt der zeitlichen Dimensionen. Vielmehr liegt der ganze Unterschied der Zeitigkeit, des
Nach und Vor, zunächst selbst außen vorne. Und sowie die Erfahrung
der Richtungswende möglich wird, läßt sich sagen, daß der Unterschied
der Zeitigkeit ‚vor‘ uns liegt und ‚von vorne‘ auf uns zurückkommt. In
diesem Sinne ist die Möglichkeit der Zeitigkeit selbst eine zeitliche und
zwar schlechthin ‚zu-künftige‘, die mit dem Enden des Daseins in sich
erlöscht.

Hat sich mit der Äußerung nach vorne einmal der Bezug zur Seinsmöglichkeit eröffnet, wird das Dasein über seine Fähigkeit, Richtungen
zu ändern, entdecken, daß jede Richtung von uneinnehmbaren Räumen

und Zeiten ‚umgeben‘ ist, die sich – nicht ‚entziehen‘, sondern in der Weise abwendend sich offen halten, wie das Dasein sich ihnen, als virtuellen oder realen, zuwenden will. Zwar wird die Räumlichkeit stets schon virtuell durch mögliche Richtungen vorgegliedert, die mitpräsent die Umgebung bilden. Aber man kann sich der rechten oder linken Seite, der Richtung nach oben, unten oder hinten nicht zuwenden, ohne daß sich diese virtuellen Richtungen, welche die eigene umgeben, zugleich abwenden. Daher umgibt uns ja eine Räumlichkeit mit stets uneinnehmbar ‚abseitig‘ virtuellen Richtungen, die sich grundsätzlich von uns nicht einnehmen lassen, wohl aber die eigene Ausgerichtetheit nach vorne begleiten und betonen. Und gerade deshalb, weil das Dasein niemals die Offenheit des Raumes einnehmen kann, vielmehr allein zeitlich-räumlich ‚nach außen vorne‘ vorgerichtet ist, ist es selbst dem Zeit-Raum ausgesetzt. Und was für die Räumlichkeit, gilt ebenso für die Zeitlichkeit: indem das Dasein zeitlich vor-gerichtet ist, – einerlei ob es sich je gerade auf Gegenwärtiges oder Abwesendes, auf Vergangenes oder Künftiges richtet, ist es der Offenheit der Zeitnis aus-gesetzt, von der her zeitliche Richtungen und deren Änderungen allererst möglich werden.– Es ist merkwürdig, daß es hinsichtlich des Raumes so viel leichter fällt, dessen Offenheit einzusehen als in Hinsicht auf die Zeit. So tief sitzt die Indifferenzierung von Zeit und Zeitlichkeit, die sich zudem ihr Maß holt vom Bild der Unumkehrbarkeit des eigenen sterblichen Lebens. Doch läßt sich in Hinsicht auf die zeitlichen Richtungen immer schon deren Verkehrbarkeit bemerken: während für unseren Kulturkreis etwa die Zukunft ‚vor‘ uns, in der Blickrichtung, liegt und die Vergangenheit ‚hinter‘ uns im Rücken, gibt es andere, in denen feinsinnig als ‚Zukunft‘ bezeichnet ist, was *unsichtbar ‚hinter‘* einem liege und als ‚Vergangenheit‘, was *ersichtlich vor* einem liegt. Solches ‚Hinten‘ muß nicht immer schon eine virtuelle Richtung ‚neben‘ der aktuell nach vorne verlaufenden bezeichnen. Es kann damit die Leere gemeint sein, die vor einem liegt.

Schon aus diesen Andeutungen wird wohl ersichtlich, daß von ‚Zeit‘ nicht einfach dasselbe gesagt werden kann, was sich von Zeitlichkeit sagen läßt: im Unterschied zur Zeitlichkeit menschlichen Daseins ist Zeit nicht per se vor-gerichtet. Das sind Deutungen, die von der zeitlichen Weise des Daseins aus auf die Zeit selbst übertragen werden. Schon um diese Differenz zu wahren, ist es sinnvoll, von ‚Zeitnis‘ zu sprechen. Auf Zeitnis *als* Zeit kann man sich natürlich nur richten, wenn man sie sich in der Weise von etwas Zeitlichem *entgegenstehen* läßt und sie als Gegenstand zugleich wieder zur Leere durchstreicht. Gewöhnlich ist solche Leere gemeint, wenn von ‚Zeit-Raum‘ die Rede ist. Das, was als Zeitspanne entgegengesetzt ausgerichtet und zugleich getilgt scheint – das Nicht des Nicht-mehr und des Noch-nicht – , glaubt man verstehen zu können als den leeren Horizont von Zeit, der solche Richtungen zulasse, aber nicht selbst ontisch von ihnen strukturiert sein müsse, – wie man ‚relativierend‘ eingesteht. Es geht also nicht um eine Annullierung von Zeit in Zeitlosigkeit, auch nicht in der Weise, wie Hegel darlegte, wonach die Zeit selbst, als Gesetz ihrer Selbst-Zeitigung, ewig sei.[240] Doch kann von all dem Kommen, Verweilen und Gehen nicht gesagt werden, in ihnen käme eine in sich entgegengesetzte Richtung der Zeit selbst zum Austrag. Man würde damit nur wiederum die Differenz von Zeit und einer Weise der Zeitlichkeit verwischen.

Was aber läßt sich an der Zeitnis vernehmen, was sich nicht auf eine vor-gerichtete Anwesenheit von Da- oder Weg-Seienden zurückführen läßt? Was ist mit der Nichtheit gemeint, die in den Worten ‚nicht mehr / noch nicht‘ angesprochen wird? Haftet dem Reden von ‚Leere‘ nicht untilgbar bloß der Mangel an Seiendem an?

Sieht man von den zumeist praktisch interessierten, rechnenden Ausrichtungen auf das zeitliche Horizont-Schema der Leere ab, kann dieses, anstatt nur negativ vom Fehlen her, vielmehr allgemeiner als *Zeit-Raum der Möglichkeit* verstanden werden, – ein Zeit-Raum, den es nicht ohne *Ge-lück* in der Anwesenheit von Seiendem gibt. Ohne Ge-lück gäbe es keine verschiedenen Bestimmtheiten und keine Mannigfaltigkeit von Da-Seiendem oder Weg-Seiendem, weder deren Bestand noch deren Wandel, und das Ge-lück ermöglicht erst, daß man schlechthin von einer Seinsweise des *Oder* sprechen kann, vor aller Bestimmtheit als ein- oder ausschließend, wie sie erst in Hinsicht auf die Wirklichkeit getroffen wird. Damit ist eine dem Sein eigene Offenheit angesprochen, über welche die Differenz zum Seienden zu denken ist, – eine Offenheit, die sich als Eröffnung entziehen kann, worauf Heidegger vielfach hinwies.

Der Zeit-Raum der Möglichkeit spricht aber keineswegs nur von dem, was an sich (und nicht nur in Graden der Wahrscheinlichkeit) wirklich sein kann. Vom Wirklichen her scheint alles Mögliche sich nur in der Weise des Unbestimmten anzudeuten. Kommen entsprechende Bedingungen zusammen, tritt ein Seiendes als möglich-gewesen in die Wirk-

---

[240] G. W. F. Hegel, Naturphilosophie, in: Werke Bd. 9, a.a.O., S. 47 f.

lichkeit. – Wie aber steht es mit der Möglichkeit des *Unmöglichen*? Wie ist das möglich, was niemals wirklich sein kann? Ist solches überhaupt noch zur Seinsweise von Seiendem zu rechnen? Gehört nicht alles, was *nicht* ist, zu solcher Unmöglichkeit, – will man den Unsinn vermeiden, vom ‚Entstehen aus und Vergehen in Nichts‘ zu reden, als ginge es nur darum, Wegseiendes aus einer verborgenen Ecke zu holen und wieder zu verstecken? In Bezug darauf, daß Seiendes möglich ist, kann man wohl davon sprechen, daß man sich *zum* Abwesenden verhält. Aber man kann sich nicht zur Nichtheit verhalten, sondern sie nur in eröffnender Verneinung vernehmen. Daher hat die Rede von ‚Nichtseiendem‘ wenig Sinn: es kann kein Nicht ‚von etwas‘ geben. Aber wollte man sagen, Nichtheit ‚vermöge‘die Anwesenheit ins Ge-lück aufzuspalten, würde man eben die Nichtheit wieder nur in eine Seinspotenz verkehren, die doch mit dem Ausdruck ‚Möglichkeit‘ zureichend beschrieben werden kann.

Dennoch gibt es ein Verständnis von Möglichkeit, in welchem die des Seinsmöglichen überschritten ist: Die *Möglichkeit des Unmöglichen*. Die Möglichkeit des Unmöglichen spricht also vom schlechthin Unverwirklichbaren. Wie aber läßt sich überhaupt ein ‚Es gibt nicht‘ als ‚möglich‘ denken? Ist mit ‚Zeitnis‘ auf unmögliche Weise die Zeit gemeint, die es *nicht geben* kann? Gehört nicht zum Zeit-Raum der *Möglichkeit von Zeit selbst,* daß sie sich als ihre Unmöglichkeit nicht gibt, nämlich nie je ‚wirklich‘ da oder weg sein zu können? Das meint ja die Rede von den Aporien der Zeit und ihrer Weglosigkeit, in welcher allerdings die Offenheit des Zeit-Raums nur unter dem Bann der Leere eines drängenden Mangels und resignierenden Unvermögens gesehen wird. Der Ausdruck ‚Unmöglichkeit‘ soll dann besagen, daß Zeit selbst überhaupt ‚Nichts‘ sei, was dann bloß so viel bedeutet wie ‚nichts Wirkliches‘. Aber man macht sich weiter keine Gedanken darüber, was mit der Möglichkeit des Unmöglichen, das es nicht gibt und das daher auch nicht sein kann, ohne *nicht* nicht sein zu können, überhaupt noch gemeint sein könnte.

Die Frage nach der Zeit – so versuchte ich darzulegen – kann nicht auf die Entscheidung zielen: *ist* Zeit oder *ist* Zeit *nicht,* kann sie sein oder kann sie nicht sein – im Sinne bloßen Wirklich-Seins oder Unwirklich-Seins. Die Frage zielt nicht mehr auf die Vernehmbarkeit dieses *Oder* als des Zeit-Raums der Seinsmöglichkeit, zu welcher dann auch irgendwie Zeitliches zu zählen sei. Die a-tentionale, nicht-transzendierende Zeitnis der Offenheit, die unmöglich zu sagen und unmöglich nicht zu sagen ist,

kann unmöglich wie eine Ortschaft oder ‚Zeitschaft' verstanden werden,
auf welche hin ‚Sein' sich ausrichten könnte, als nähme es mit der Anwesenheit nur einen anderen Ort, eine andere Zeit ein. Unmöglich aber
auch, daß mit Zeitnis *keine* Offenheit über das Sein des Seienden ‚hinaus' angesprochen ist, da es ohne jenes *Ge-lück,* das ihm ‚von' der Zeitnis ‚zukommt', Seiendes in seiner Bestimmtheit überhaupt nicht geben
könnte. Unmöglich, im Versuch zu verstehen, der Zeitnis nicht, sie ver-
fehlend, durch die Ausdrücke Potenzen und Intentionen zu unterstellen. Um dem Verständnis der Zeitnis der Offenheit näher zu kommen,
scheint mir eine Anmerkung zur Lehre des Parmenides sinnvoll, die für
onto-theologische Belange so oft erheblich von ihr selbst abgelenkt
worden war.

Heidegger hatte bekanntlich immer wieder darauf verwiesen, daß in
der Geschichte der Metaphysik Sein schlechthin von der Anwesenheit
und in der Neuzeit von der Selbstanwesenheit des Subjekts als Wille her
gedacht worden war.[241] Die metaphysische Grundentscheidung, die
schon bei Platon zu finden ist, zeigt sich in der Zurückweisung der Parmenideischen Äußerung, daß ‚Nichts' *kein begehbarer Weg sei und
nicht sein könne.*[242] Man verstand das aber nicht in dem Sinne, daß
Nichtheit zwar durch Verneinung erschlossen, nicht aber kategorial ‚als
Etwas auf Etwas hin' gedacht werden und daher von ihm ‚Sein' nicht
ausgesagt werden könne; sondern verdrängte die damit angesprochene
Problematik und unterstellte Parmenides folgenden Gedanken: Nichts
‚ist' überhaupt nicht und kann nicht ‚sein', denn sofern es ‚ist' und doch
nichts Seiendes ist, besagt Nichts, wie dann Hegel darlegte[243], dasselbe
wie das von Seiendem unbestimmte Sein überhaupt. Unter ‚Nichts' will
man nur dieses ‚Nicht-s = Nicht Etwas', also das Nicht-Seiende verstanden wissen und zwar so, daß der Entzug von Seiendem in der Verneinung als Wegseiendes vernehmbar bleibt, während Nichtheit durch Verneinung gar nicht erschlossen werden könne, wie es Parmenides doch
tat. In der abendländischen Metaphysik ist alles ‚Nicht-Seiende' nur als
‚Weg-Seiendes' dem Zeit-Raum der Seinsmöglichkeit eingegliedert.

---

[241] Martin Heidegger, Einführung in die Metaphysik, Tübingen 1958
[242] Parmenides, Fragmente (2), in: Fragmente der Vorsokratiker, Hg. H. Diels,
Hamburg 1957, S. 44
[243] G. W. F. Hegel, Wissenschaft der Logik, in: Werke Bd. 5, a.a.O., S. 82.
Gewiß können Verneinungen ‚bestimmt' sein. Wie aber soll ein ‚Nicht' von dem
her bestimmt sein können, von dem es durch Verneinung erschlossen ist, es sei
denn, es wird als ‚Nichtheit' gar nicht ernst genommen?

‚Nichts' kann nicht sein – so lautet deren Grundauffassung –, denn sofern es ‚ist', ist es dasselbe wie ‚Sein'. Es ‚ist' daher unverneinbar nur Sein in absoluter Anwesenheit und ewiger Omnipräsenz, – Sein, dem allerdings dann als eine mysteriöse göttliche Möglichkeit die Nichtung und Erzeugung von Seiendem zugeschrieben werden mußte. Was keinem Seienden zugemutet werden kann – eine ‚*creatio ex nihilo* – *destructio ad nihilum*' –, kann als unmögliche Möglichkeit eines Seins, dem die ‚Nichtheit' als bloß absolute Leere restlos einverleibt worden schien, nicht bestritten werden, auch wenn zugleich betont wird, daß in Hinsicht auf Nichtung und Erzeugung kein einer sterblichen Vernunft verständlicher Weg mehr angebbar ist. So konnte Nichtheit auch nicht *als das Undenkbare* zum Problem werden. – Parmenides aber hatte nicht behauptet, ‚Nichts' sei, als der absolute Mangel von Seiendem, eine Möglichkeit unverneinbaren Seins; vielmehr hatte er betont, von ‚Nichtheit' könne ‚Sein' nicht ausgesagt werden, es gebe da keinen begehbaren Weg. Aus der Unzugänglichkeit ist aber keineswegs zu schließen, daß das Dasein der Nichtheit nicht ausgesetzt sein könne, sondern nur, daß Nichtheit nicht *ist* in der anwesenden Weise wegbahnenden und entwegenden Seins. Was aber hindert uns, anstatt in der Verneinung nur den sich entwegenden Weg zur Leere zu sehen, in ihr das Schweigen einer unvordenklichen Offenheit der Zeitnis vernehmen zu können, von der in der Tat kein Sein, keine Anwesenheit mehr ausgesagt werden kann, geschweige Seiendes in der Weise von Zugängen und Wegen? Ist nicht solches Schweigen die Sprache des Vernehmens im Unterschied zu der des Sprechens oder Verstummens? In diesem Schweigen wird vernehmbar, daß Dasein der Offenheit einer Zeitnis ausgesetzt ist, die allerdings weder als Offenbarung von Wahrheit noch als Mysterium umgedeutet werden kann.

Man spricht gewöhnlich davon, daß etwas offenbar sei, unverborgen, zugänglich und nicht verschlossen. Doch wenn etwas verschlossen und unzugänglich ist, dann muß eben diese Verschlossenheit offenbar sein, so unsinnig es nämlich wäre, überhaupt von Mysterien zu sprechen, von denen man nicht einmal ahnen kann, daß es sie gibt. Menschliches Dasein ist nicht nur dem Zeit-Raum der Seinsmöglichkeiten zugewandt, von denen her das Spiel der Verbergungen und Entbergungen, der Eröffnungen und Abschließungen geschieht. Es ist zudem transzendenzlos der Zeitnis der Offenheit ausgesetzt, die nur noch metaphorisch als die ‚Möglichkeit des Unmöglichen' angesprochen werden kann. Solche Unmöglichkeit ist gleichsam der Abgrund der Zeitnis einer Offenheit, von der Sein nicht mehr ausgesagt werden kann, geschweige dies, daß da ein Weg hinführe. Daß es Sein geben kann in der endlichen Weise, ‚seinsloser' Offenheit aus-gesetzt zu sein, anstatt diese als vermeintliche absolute Leere zur eigenen Bestimmung zu erheben, das ist es, was sich in der Unmöglichkeit, solches denken zu können, vernehmen läßt. Nur: daß solches ‚Un-' des Undenkbaren nun nicht mehr über den Mangel zu mißdeuten ist, als fehle dem Denken eine solche Fähigkeit, sondern als jene Nichtheit, über die das Denken in einer Überschreitung seiner selbst erst auf sich zurückzukommen vermag. Es sind die Seinsmöglichkeiten ihrerseits von der Unmöglichkeit der Zeitnis der Offenheit her gleichsam zu ‚erschweigen'. Das sich selbst widerlegende Reden von Zeitnis als ‚seinsfreier Offenheit', hat nur den Sinn, sich seiner im Schweigen geachteten Unmöglichkeit auszusetzen, anstatt sich dem stummen Leiden an einer vermeintlichen Ausweglosigkeit und Unfähigkeit des Denkens zu überlassen.

In der Rede von ‚Nicht-mehr' oder ‚Noch-nicht' der Zeit blieb stets eine Gerichtetheit von Da-Seiendem auf Weg-Seiendes und umgekehrt angesprochen, durch welche die Frage nicht aufkommen konnte, was solches Nicht überhaupt bedeute. Denn zu ‚Nicht' kann es keinen Weg geben noch von ihm her, wie der Ausdruck ‚bestimmte Negation' unterstellt. So wurde das unmögliche Verhältnis von Sein und Nichts abgewandelt, als ob ‚Nichtheit' das Sein des Seienden im Sinne einer Grenze beende und beginnen lasse, eine Grenze, die, wie Hegel richtig bemerkt, dann immer schon in ihr Jenseits überschritten ist. Bewahren wir uns aber den parmenideischen Gedanken, wonach Sein von Nichtheit nicht ausgesagt werden kann, auch nicht als Leere und Unbestimmtheit von Seiendem, eben weil ‚kein Weg' zu ihr führen kann; dann erweist sich, über das transzendenzlose Ge-lück im Ganzen des Seienden, die Endlichkeit des Seins schlechthin weder negativ als unüberschreitbare Grenze noch positiv als Abschluß, sondern als unvordenkliche *Offenheit der Zeitnis*.

Erst sofern Zeitnis über das Ge-lück des Seienden auf unmögliche Weise ‚zum Tragen' kommt, ‚erscheint' uns das, was wir ‚Zeitlichkeit' nennen, zugleich in ihrem Transzendieren bezüglich des Zeit-Raumes der Seinsmöglichkeiten. Man muß sich angesichts der Endlichkeit des Denkens nicht nur davor hüten, der Offenheit irgendeine mysteriöse oder wahrheitsfähige Seinsweise zu unterstellen, wie sie nur möglicher

Wirklichkeit angehören kann, und sei es auch bloß in der abstrakten Weise eines *totaliter aliter*; sondern man muß sich auch vorsehen, nicht in die gewöhnliche Falle der Verneinung zu geraten, als vermöge sie allein den Mangel und die Leere zu erschließen. Die Zeitnis der Offenheit ist weder offenbar noch geheimnisvoll verschlossen. Weder ist sie, noch ist sie nicht. Weder gibt es sie, noch gibt es sie nicht. Denn in Hinsicht auf sie endet alles Thetische und Antithetische der Positionen und Negationen. Aber Nichtheit verweist vom Ge-lück des Möglichseins her in jeder Rede, in der sie genannt wird, schweigend auf die ‚un‘-denkbare Zeitnis der Offenheit. Meiden wir die metaphysische Indifferenzierung von ‚Nichtheit‘ mit dem ‚Sein als absoluter Leere‘, dann können wir noch vernehmen, daß sich in letzter Konsequenz im ‚Un-‚ des ‚Undenkbaren‘ nicht ein Fehlen oder Unvermögen des Denkens vernehmen läßt, sondern dessen Sein zu seinsfreier Offenheit der Zeitnis. Der Ausdruck verweist also nicht – um mit Fichtes *Grundlage der gesamten Wissenschaftslehre* von 1794 zu sprechen[244] – auf einen ‚zweiten, seinem Gehalte nach bedingten Grundsatz‘ der Negation, der immer schon die absolute, unbedingte Setzung des (Ich-)Seins voraussetzt; sondern er läßt in aller Ausrichtung auf Endlichkeit und Anfänglichkeit das vernehmen, was man als vermeintlich ‚ungegebenes Drittes‘ glaubte, noch durch eine Verneinung hindurch verstehen zu können. Daß uns die Rede von ‚seinsfreier Offenheit‘, wie Hegel sagen würde, dasjenige verkehrt, was wir damit zu vernehmen suchen, sollte nicht zum Motiv eines beredsamen Verstummens werden, sondern, über das befremdliche Schweigen transzendenzlos offener Zeitnis erstaunen lassen, daß Seiendes überhaupt ist.[245]

Was aber ist mit dem Wagnis von Gedanken gewonnen, deren begriffliche Unmöglichkeit im Schweigen spricht? Ich denke, es läßt sich mit ihnen verdeutlichen, daß von ‚Zeit‘, ob sie nun als anwesend oder abwesend, als verneinbar oder unverneinbar gilt, – daß man von ‚Zeit‘ nur ‚genau‘ sprechen kann, indem man an ihr ‚vorbeiredet‘, indem man sie

---

[244] Johann Gottlieb Fichte, Grundlage der gesamten Wissenschaftslehre (1794), in: Werke Bd. 1, Hg. I. H. Fichte, Berlin 1971

[245] Das aber heißt auch, sich über das Schiefe der Leibniz'schen Grundfrage ‚*Warum* ist überhaupt Seiendes und nicht vielmehr nichts‘ im Klaren werden: einem Grund für je die Bestimmtheit von Seiendem läßt sich wohl nachforschen, gewiß aber keinem Grund für eine zeitnishafte Nichtheit, die dann Offenheit vernehmen läßt, wenn sie nicht mehr vom Sein des Mangels an Seiendem her ausgelegt wird.

über metaphorische Benennungen vergegenständlicht zur Zeitlichkeit
von Seiendem. Und doch kann gerade durch das Innewerden der Metaphorik die Differenz von Zeitlichkeit und Zeit gewahrt werden. In solcher Besinnung lassen sich nicht nur voreilige ontologische Feststellun-
gen über eine vermeintlich ‚selbst' so und so strukturierte Zeit vermeiden. Es kann vielmehr, eben vom Zeit-Raum der Möglichkeit her, die je
geschichtlich vorherrschende Zeitmetaphorik kenntlich werden und damit die Differenz von Zeit und derjenigen Zeitlichkeit, die sie jeweils zur
Erscheinung ‚trägt'. Denn eine bestimmte Weise von Zeitlichkeit – wie
jene Leere, die in der Arbeitswelt der rechnenden Mechanik unterworfen ist, oder diejenige, die in ein Kommen, Währen und Gehen auseinan-
derklafft und in das ausweglose Verwirrspiel der Wegungen und Entwegungen mündet: diese Weisen der Zeitlichkeit können nur dann mit der
Wucht einer scheinbar über- oder außergeschichtlichen Macht das ganze
soziale Dasein durchdringen und beherrschen, wenn sie differenzlos mit
‚Zeit' überhaupt gleichgesetzt werden. Bleibt aber die Differenz offen
von Zeit und jeweiliger Zeitlichkeit, an der sie zur Erscheinung getragen
wird, dann wird man auch jene subversiv geschichtlichen Verschiebun-
gen der Zeitlichkeit bemerken können, wie sie in den festlichen Spielen,
Tänzen, Gesängen, Dichtungen der Musen am Werke sein mögen.
Schon darin, wie Menschen in ihren Feiern die Alltäglichkeit unterbre-
chen und überhöhen, zeigt sich eine andere Zeitlichkeit, die aus den
Niederungen und ‚Einebnungen', die nach Heidegger die Zeitlichkeit
der Sorge alltäglich bestimmt, zu einer ‚hohen Zeit' aufzubrechen vermochte.

Erweist sich vielleicht am Ende das Einssein von Denken und Gutem
Geist (*eu-daimonia*), das nach Aristoteles in der Muße begegne, vielmehr als das Staunen über das befremdlich vernehmbare Schweigen offener Zeitnis, so daß alles Seiende dem Ge-lück zuspricht? Läßt sich von
ihm her eine der Muße eigene Zeitlichkeit erfahren?

7. Mnemosyne

7.1. Die Sinnende

Die Musen, so dichtete Hesiod: „Die hat in Pierien geboren dem Kroniden, ihrem Vater, / Sich ihm vereinend, die Göttin Gedenken (Mnemosyne), / Die an den Hängen von Eleuther waltet, / Ein Vergessen der Übel und Ruhe vor den Sorgen."[246]

Wie können wir uns dem Ungeheuerlichen aussetzen, das der Dichter in diesem schlichten Satz anspricht?

Die Entlastungen vom Druck des Daseins vermögen wohl zu Zeiten, wie bemerkt, an die Schwelle zu bringen, an welcher die Entrückungen von alltäglichen Zeitlichkeitsstrukturen geschehen können. Entrückt nicht nur von der gewöhnlichen Gespenstigkeit der ‚Zeit' als normierender Bewegung, sondern auch von jenen ‚Ekstasen' der Zeitlichkeit, welche die Struktur der Sorge erkennen ließen, findet sich menschliches Dasein derart einer offenen Zeitnis ausgesetzt, daß andere Weisen von Zeitlichkeit möglich erscheinen. Solche Entrückung wird, wie noch zu zeigen ist (9.), im Staunen erlebbar, welches – im Gegensatz zum Bedrohlichen, Schrecklichen, Entsetzlichen, das nur versteinert oder auflöst – das festlich Befremdliche in den Blick bringt, daß überhaupt Seiendes auf stimmige Weise sein kann. Und ist es nicht gerade die Mythe, die uns eine Befremdlichkeit bewahrt, welche in den ausgetretenen Wegen gar nicht mehr in den Blick kommt? Was vermögen wir unter *Mnemosyne* zu verstehen? Was hat sie, in der man nur das bewahrende Gedächtnis hat sehen wollen, derart mit *Lesmosyne*, dem ‚Vergessen', zu tun, daß ihre Töchter ein solches Erbe als ein ‚Vergessen der Übel und Ruhe vor den Sorgen' an Sterbliche wie Götter weiterzureichen vermögen? Offensichtlich hat *Mnemosyne* wenig mit einem ‚Gedächtnis' zu tun, durch welches nur ‚unvergessen' Vergangenes bewahrt und erinner-

---

[246] Hesiod, Theogonie, in: Sämtliche Gedichte, Übers. W. Marg, Zürich – Stuttgart 1970, V. 52

bar bleibt (6.4.1.). Hier geschieht etwas aus einer abgründigeren Vergessenheit heraus.[247]

Hesiod wies uns diesen Weg, da er in Mnemosyne die Tochter von
Gaia und *Uranos* begriff und sie somit dem Titanischen zurechnete.
Eine vorschnelle Übersetzung von *Gaia* mit ‚Erde' und *Uranos* mit
‚Himmel' würde das Verstehen eher erschweren. Hesiod nennt die
‚breitbrüstige *Gaia*' den ‚niemals wankenden Sitz aller Unsterblichen'.
Insofern ist sie der tragende Grund von allem, was ist, der Grund alles
‚Thetischen' überhaupt. Doch noch bevor sie Seiendes als das durch die-
sen Grund Bestehende austrägt, bringt sie ‚zuerst, ihr gleich, den stern-
reichen *Uranos*' hervor, ‚damit er sie ganz bedecke und den seligen Göt-
tern ein niemals wankender Sitz sei'[248]. Der Dichter nennt also das
Ereignis einer unergründlichen Aufspaltung des Grundes, die zunächst
zu dessen Selbst-Unterscheidung führt, wobei das Zwischen sich als das
Chaos, nachträglich als das schlechthin Erste, unterscheidet, nämlich als
Unterscheidung von den Unterschiedenen, von Irdischem und Himmlischem. Die Selbst-Unterscheidung des ‚niemals wankenden Sitzes' in
den tragenden Grund des Irdischen und den tragenden Grund des
Himmlischen läßt sich verstehen als die Selbstbegründung des unergründlichen Grundes und zwar in der Weise, sich je im Anderen seiner
selbst zu reflektieren. Es ist die Unterscheidung um der Verbindung und
Vereinigung der Unterschiedenen willen, des fruchtbaren Zusammen-
schließens von Irdischem und Himmlischem, worin die Selbst-Unterscheidung des Grundes bewahrt bleibt, anstatt differenzlos in den einfachen Grund zurückzugehen. Nun erst kann die Offenheit des Chaos als
die Kluft, als das Ge-lück zwischen dem sich von sich unterscheidenden
und sich mit sich verbindenden Grund bemerkt werden, nämlich über
die Selbstbegrenzung des Grundes als irdischen und himmlischen. Über
die Grenzen der Unterschiedenen wird die Offenheit des Zeit-Raumes
wie ein Seiendes ‚vorgestellt', als wäre die Offenheit nur der ‚leere Zeit-
Ort' im Unterschied zur Fülle des Seienden. Indem der Himmel die
Erde überwölbt, scheinen sie einen gemeinsamen ‚leeren Zeit-Ort' als
das einzuschließen, was das Zwischen trügerisch wie ein drittes, wenn

---

[247] Vgl. Karl Kerény, Mnemosyne-Lesmosyne. Über die Quellen ‚Erinnerung'
und ‚Vergessenheit', in: Humanistische Seelenforschung, Stuttgart 1996, S. 243 –
251
[248] Hesiod, Theogonia, a.a.O., V. 117 und V. 126 f. (*ethos* meint natürlich den
‚Sitz' im Sinne von wohnlichem Aufenthalt).

auch gespenstisch-ungreifbares Seiendes vorstellt, das sie vermittle und doch als Medium des Zeit-Raumes zugleich durch sie hindurchgehe. Der Grund für dieses Trügerische liegt in der Aufspaltung des Grundes selbst; denn diese ist nur möglich, wenn sich der Grund zugleich dem Abgründigen, dem Unbeständigen und Wankenden derart entgegensetzt, daß Grund und Abgrund nur in der Weise Sich-gegenseitigen-Ausschließens zueinander gehören. In den Worten des Dichters: „Auch das unwirtliche Meer (*Pontos*), das anschwillt und stürmt, erzeugte sie, doch ohne verlangende Liebe."[249] Der nie wankende Grund kann sich nur selbstbegründen, indem er an sich bindet, was er von sich ausschließt: den Abgrund, der sich, anstatt das Denken dem Undenkbaren seinsfreier Offenheit auszusetzen, vielmehr trügerisch zeigt, als wäre er ein drittes Seiendes, das zwischen Himmel und Erde vermittle, und sich doch je nur als wankend und haltlos Unwohnliches erweisen wird.

Die tragende Wohnlichkeit von Himmel und Erde sowie der trügerische Schein[250], in welchem sich das unwohnlich Abgründige verbirgt, ist also das Erbteil des Titanischen. Während sich aber das Wankende und Abgründige bei den Titanen als deren unberechenbare Ausbrüche, als das Unordnung bringende Aufrührerische zeigt, erweist es sich zumal bei den Titaninnen als ein *Sinnen*, das, wie etwa bei *Themis*, auf den tragenden Grund zielt oder, wie bei *Phoibe*, sich als das Glänzende allein gibt, sich aber ebenso in einem anhaltenden wie haltlosen Hin- und Hersinnen verlieren kann, in welchem sich *in einem* ein Be-wahren und Vergessen, *Mnemosyne* und *Lesmosyne*, vollzieht. Und wenn man schon in Bezug auf *Mnemosyne* von ‚Gedächtnis‘ reden will, dann wäre daran zu erinnern, daß man es nicht nur als ‚Schatztruhe‘ sondern auch als ‚Grab‘ bezeichnet hat. In der Aufspaltung des Grundes, der sich als beständiger und tragender, aber auch als abgründig wankender und ‚stürmischer‘ auf sich bezieht, liegt an sich schon solches Hin- und Hersinnen, das aber erst noch zu einer ‚Wahrheit‘ finden muß. Und darin liegt die Bedeutung der Vereinigung von *Zeus* und *Mnemosyne*, die sie erst zu dem machen wird, als was sie gelten.

Zeus, wie er von Hesiod dargestellt wird, ist die siegreiche Macht über die Titanen, deren zyklisches Urwesen unentwegt erschüttert wird durch Schwankungen und abgründigen Aufruhr zu einem ‚ge-lücklo-

---

[249] Ebd., V. 132
[250] Hegel hatte dieses unfruchtbare ‚Meer‘ als das ‚lügnerische Element‘ bezeichnet.

sen' Unwesen. Als ein freudloses Spiel barbarischer Gesetze mit der Gesetzlosigkeit werden die Titanen von Zeus in den Abgrund noch unter-
halb des Totenreiches, in den Tartaros, verbannt. Aber keineswegs reicht
es aus, in den Musen nur die ‚Siegesfeier' zu sehen. Der aufrührerischen
Unordnung gegenüber tritt Zeus als derjenige auf, der sein Gesetz nur
mit Gewalt durchsetzen kann. Darin aber ist das Gesetz selbst nur die
Gewalttätigkeit einer Ordnung, die als maßlose den Dingen nicht gerecht werden kann. Die Titaninnen aber zeigen sich, wie gesagt, auf verschiedenste Weise als die Sinnreichen und *Mnemosyne* besonders als die
Hin- und Hersinnende, indem ihr Sinnen auf den wahren(den) Grund,
aber ebenso auf den wankenden Grund, den verhüllten Abgrund, geht.
Diesem Sinnen nun kommt Zeus entgegen, nachdem er gesiegt und der
Welt eine neue Ordnung gegeben hat und nun ‚*fern* der Götter', entrückt also von den Sorgen der Regentschaft, bei Mnemosyne weilt, –
diesem Sinnen kommt er entgegen und wird ihm dadurch gerecht, daß er
dessen Moment des Unbeständigen und Schwankenden zuläßt, soweit
es sich am Gesetz orientiert. Das Gesetz wiederum läßt von der Gewalt
des Herrschens ab und wird über das Sinnen, als besonnenes, den Dingen, Geschehnissen und Verhältnissen der Unsterblichen und Sterblichen gerecht. So also, wie sich das ‚beständig hin- und herschwankende
Sinnen' durch das Gesetz auf das Wesentliche besinnt, so wandelt sich
umgekehrt das Gesetz durch Besonnenheit in das Maßvolle um, und anstatt nur abstrakt gewaltsam gegen das Unbeständige an seinem sich
selbst begründenden Bestand festzuhalten, wird das Gesetz vielmehr
zum *stimmenden Maß*. Dieses in sich stimmige Maß aber hat die abstrakte Aufspaltung in eine vermeintlich ewige und ‚zeitlose' Beständigkeit des Grundgesetzes und in eine vermeintlich schrankenlose Unbeständigkeit des Abgrundes überwunden. Weder besteht es ewig noch ist
es nur nichtig. Beständiges und Unbeständiges erweisen sich als das, was
sich *als* Zeitliches *be-wahrt*, indem es dem flüchtig Unbeständigen einer
Gunst Aufschub und Weile, dem nur hartnäckig und qualvoll Beständi-
gen aber Abschied gewähren kann. Wo die Maßlosigkeit endloser Dauer
und nichtiger Flüchtigkeit weicht, schimmert schon die Zeit des Festes
hindurch. Wenn auf diese Weise das Maß des Zeitlichen zu stimmen beginnt, sind die Musen schon am Werk, indem sie in freudig festlicher Zustimmung zum stimmenden Maß Muße gewähren. Sie entziehen sich der
erbarmungslosen ‚Ewigkeit' von Gesetz und Gesetzlosigkeit ebenso wie
der Nichtigkeit dessen, was nur dem Schein nach besteht.

Doch bevor ich zu klären versuche, inwiefern die Zeitlichkeit der Feier die Zeit-Weise des Festes zu erschließen vermag, bleibt zu fragen, was es bedeutet, daß aus der sinnenden Mnemosyne in der Begegnung mit Zeus die Gedenkende werden konnte.

7.2. Die Gedenkende

Nicht selten hatte man in Mnemosyne nur die Allegorie eines ‚Gedächtnisses‘ sehen wollen, das man auffaßte als eine Art Verwahranstalt der Eindrücke vergangener Erlebnisse oder als Archiv der Erfahrungen, aus welchen dann die ‚musischen Künste‘ ‚erinnernd‘ ihren Stoff bezögen. Solche Gedankenlosigkeit gilt es zu zerstreuen. Mnemosyne als sinnend Gedenkende geht nicht auf in einer alltäglichen Pragmatik des Erinnerns als ‚Verarbeitung‘ irgendwelcher Erlebnisse und Erfahrungen. Entscheidend ist für Hesiod, daß sie fern des Olymps waltet, und Zeus selbst an ihrem Ort vorübergehend die Ausübung seiner Herrschaft suspendiert. – Wie aber ist der Übergang vom alltäglichen Erinnern zum Außergewöhnlichen ihres sinnenden Gedenkens zu verstehen?

Wir sahen (6.4.2.), wie die Derzeitigkeit des Erlebens vergehend zurückgehalten wird und die Zurückhaltung ihrerseits sich nur vergehend vollzieht. Durch diese Wegung der Spuren und ihre Entwegung wandelt sich das je Derzeitige ab in das Frühere, das Frühere des Früheren etc., bis das Verdämmernde selbst entschwunden ist. Von dieser Abwesenheit her wird ‚Erinnerung‘ zumeist gedeutet: nicht das Entschwundene bringe sie zurück, sondern sie aktualisiere eigentlich nur dessen Spuren, die virtuell stets im Gedächtnis vorhanden geblieben seien und die nun, indem Erinnerung diese Spuren entziffere, nicht nur auf das Vergangen-Seiende selbst verweisen. In der Auslegung der Spuren werde zudem schematisch mit deren Datierung auch die jeweilige Zeitspanne bis zur Gegenwart hin mitrepräsentiert. Die ‚Reproduktion‘ der Spuren oder Eindrücke samt ihrer vergangenen Zeitspanne geschieht nach dieser Vorstellung (6.4.1.) als deren mysteriöses Hervorholen aus dem Dunkel ins Helle des Bewußtseins. – Versuchen wir uns vielmehr auf das zu beschränken, was sich als Erinnern beschreiben läßt.

An etwas erinnern will man sich aus unterschiedlichsten Gründen. Nicht selten wird man jedoch merklich oder unmerklich durch etwas aktuell Erlebtes assoziativ an Anderes erinnert, das man nicht gesucht

hatte. Das Erinnern geschieht also nicht nur nicht allein aus einem bewußten Begehren heraus; es kann sogar obsessiv gegen den eigenen Willen auftreten. Allgemein ist man der Meinung, alles Erinnern setze vergangenes Erleben voraus. Diese Auffassung bindet die Erinnerung
gänzlich an die Sorgestruktur des Daseins. Und richtig ist zweifellos,
daß man zumeist nur den Nutzen der Erinnerung für den Erfahrungsge-
winn im Blick hat. Die Auffassung des Gedächtnisses als einer vermeintlichen Schatztruhe des Erinnerbaren verweist allerdings eher auf die
Wehmut angesichts von etwas unwiederbringlich Verlorenen, dem man
sich in einer hingebenden Erinnerung zu nähern versucht; während die
Auffassung des Gedächtnisses als Grab sich eher auf schmerzhafte Erlebnisse bezieht, die man zu vergessen sucht. Doch die entscheidende
Funktion eines erinnerungsfähigen Gedächtnisses sieht man in der Be-
wahrung dessen, was an Erlebtem zur Erfahrung ‚verarbeitet‘ werden
konnte und zwar in Hinsicht auf Gegenwärtiges und Künftiges, das man
sucht oder meidet. Der Ausdruck *memoria* hängt etymologisch ebenso
mit *martyrion* wie mit ‚Mahnen‘ (*mimneskein; monere*) zusammen.[251]
‚Gemahnendes Erinnern‘ bezog sich auf alle Bereiche des Lebens. Aber
zuerst wohl im mythischen Toten- und Heroenkult zielte es auf eine
Weise der Darstellung, die allen Nutzen für das Leben zu überschreiten
begann.[252] – Wie aber ist das Erinnern selbst zu verstehen und zwar gerade in der Entrückung vom gewöhnlichen oder außergewöhnlichen
Drängen und Bedrängtwerden des menschlichen Daseins? Um was für
ein Innewerden geht es?

Erinnernd sind wir nicht auf die präsentierte Erinnerungsvorstellung
gerichtet, sondern auf die durch das Erinnern als vergangen gemeinte Sache. Und zumeist wird erst eine bestimmte Krise überhaupt auf die Differenz zwischen der aktuell gegebenen Erinnerungsvorstellung und dem
durch sie gemeinten vergangenen Sachverhalt verweisen, wenn nämlich
fraglich wird, ob das Erinnerte auch diesen Sachverhalt ‚wirklichkeitsge-
treu‘ wiedergebe. Dann scheint es so, als sei die jetzt gegebene Erinnerungsvorstellung nur der ‚subjektive‘ Pol gegenüber der ‚objektiv‘ ge-

---

[251] Vgl. Friedrich Nietzsche, Genealogie der Moral, in: Werke Bd. 8, a.a.O.
[252] Vgl. 1: Jan Assmann, Der Tod als Thema der Kulturtheorie, Frankfurt a. M.
2000, und: Das kulturelle Gedächtnis, München 1999. 2: Gunther Stephenson,
Leben und Tod in den Religionen. Symbol und Wirklichkeit, Darmstadt 1980. 3:
Maurice Halbwachs, Das kollektive Gedächtnis, Frankfurt a. M. 1991. 4: Alleida
Assmann, Dieter Harth, Hg., Mnemosyne. Formen und Funktionen der kulturellen Erinnerung, Frankfurt a. M. 1993

meinten, vergangenen Sache. Unmöglich aber ist es, die gegenwärtige Erinnerungsvorstellung mit der dadurch gemeinten Sache, die nicht mehr wahrzunehmen ist, zu vergleichen, um ein beweiskräftiges Zeugnis zu gewinnen. Zumeist wird dann zu einem Pseudobeweis gegriffen: durch das Erinnerungs*bild*, zumal in seiner äußerlich stofflichen Darstellung, die von allen wahrgenommen werden kann. Daraus erklärt sich der scheinbare Vorrang des Erinnerungsbildes vor anderen Erinnerungsspuren: obgleich es ja im Wesen auch des zeitlich späteren Erinnerungsbildes liegt, daß es gar nicht wie ein Spiegelbild mit der vergangenen Sache vergleichbar ist, um als ‚verläßlicheres' Zeugnis fungieren zu können, wird gleichsam durch das Renomme unmittelbarer Spiegelung des Realen die größere Wahrscheinlichkeit der Echtheit eines Zeugnisses suggeriert.

Die Gewißheitskrise der Erinnerung ist gänzlich Teil der alltäglichen Sorgestruktur des Daseins. Dennoch beginnt sich durch sie, wenn auch nur negativ, etwas abzuzeichnen, was hinsichtlich eines sinnenden Gedenkens, das aus einem wesentlichen Abstand zur Zeitlichkeit der Sorge heraus geschieht, erst wahrhaft bedeutsam wird: der Charakter der *Darstellung*. Von der Erinnerung sagt man gewöhnlich, daß sie etwas wiedergebe. In der *Wieder-Gabe* liegt an sich schon das Moment der Darstellung. Und das Dargestellte unterscheidet sich wesentlich zum einen dadurch von einem bloß gegebenen Sachverhalt, daß es von vornherein als Anderem *zugewandt* gilt, zum andern aber dadurch vom gewöhnlichen Zeichen, daß dasjenige, was die Zuwendungen zum Ausdruck bringen, nicht zum beliebigen, gänzlich bedeutungstransparenten Zeichen-*Träger* indifferenziert wird, sondern vielmehr in eigenständiger Weise mitgestaltend mitredet. Von da aus gesehen ist das Abbild nur der äußerst eingeschränkte Sonderfall einer Darstellung, in welcher das Zuwendende dem Zugewandten in manchen Zügen ähnlich ist und insofern an eine Spiegelung erinnern kann. Aber das Abbild ist eher die Ausnahme denn die Regel der Darstellung. Deutlich wird der Charakter der Darstellung erst durch ein Gedenken hervortreten, das sich zugleich auch auf die Darstellung mitbesinnt. Wer sich etwa der Toten nur erinnert, gedenkt ihrer noch nicht.

Bereits die der Sorge angehörende Erinnerung zeigt eine Tendenz, die Funktion der Wiedergabe zu überschreiten hin zur eigenständigen Darstellung, die Abstand nimmt von aller daseinslastigen Erinnerung. Das deutsche Wort ‚Er-innern' verweist auf ein grund-legendes *Innewerden*,

das zunächst ein Innehalten erfordert, nämlich eine Unterbrechung angespannter Aktivitäten und entspannender Passivitäten, um verweilend
sich be-sinnen zu können. Und solches Besinnen zeigte sich ja schon als
der Muße zugewandt. Wir nennen aber nicht dasjenige bereits ‚Sinn‘,
was als etwas gänzlich Unbekanntes und Unverständliches auf unsere
Haltungen trifft und sie vielleicht verwirrt, so daß wir uns herausfordert
sehen, eine neue Orientierung zu finden. Das Innewerden des Sinns einer Sache beruht vielmehr darin, das Vor-Gegebene *schon* aus einer gewissen Vorvertrautheit heraus zu bedenken, wenn man dazu übergeht,
es unter seinen verschiedensten Aspekten zu erfassen und in *einem* Sinn
darzustellen. Diese vorgängige Vertrautheit könnte die verbreitete Neigung erklären, auch in demjenigen, dessen man sinnend gedenkt, nur die
Erinnerung an einen vergangenen Sachverhalt zu sehen, den man selbst
erlebt hat.

Vieles aber wird man in sinnendem Gedenken inne, das einem zwar
zuvor ‚unbesonnen‘ gegeben, aber keineswegs nur als die Spur zu einer
selbst erlebten Vergangenheit gegeben sein muß. Es ist die Eigenheit der
Zeitlichkeit solchen Gedenkens, der Zeitlichkeit der Sorgestruktur entrückt, diese selbst allererst zur Darstellung bringen zu können. Im Gedenken werden Gegenwart, Zukunft und Vergangenheit gleichsam zu
einer ‚höheren Zeitlichkeit‘ emporgetragen. Auch das kann besinnendem Gedenken gegeben sein, was Andere erlebten, was gegenwärtig vor
uns oder entfernt anderswo geschieht und berichtet wird, was geschehen
wird oder sich ereignen könnte, was unwahrscheinlich oder gar unmöglich geschehen und doch dargestellt werden kann, wie die ‚unwirkliche‘
Zeitlichkeit dessen, was hätte geschehen können oder geschehen würde,
oder die fiktive Zeitlichkeit allen Erzählens. Die Vielheit zeitlicher Richtungsspiele scheint unbegrenzt. Aber allein in diesem Sinne, nicht in
dem einer quantitativen Allwissenheit, werden die Musen wissen, was
ist, war und sein kann, was wahr oder trügerisch ist. Besinnendes Gedenken erhebt die Vor-Gabe erst zur Darstellung in der ihr eigenen ‚vertikalen‘ zeitlichen Richtung.

Es liegt also in der Vorvertrautheit mit dem Gegebenen, dem sich das
besinnende Gedenken zuwendet, daß es den Anschein annehmen kann,
als ob man ihm bereits begegnet wäre, um nun erst seinen eigentlichen
Sinn entfaltet und dargestellt zu sehen.[253] Und wenn *Mnemosyne* der
Name für das zur Darstellung führende, besinnende Gedenken ist, so
stets auch in der Besinnung darauf, daß alles je Vor-Gegebene der *Les-*

mosyne, nämlich einer ‚Vergessenheit‘ entstiegen oder einem Schweigen zugewandt sein muß, um zu einer aller Besinnung vorgängigen Vertrautheit gelangen zu können, deren eigene Befremdlichkeit erst im Gedenken wieder offenbar wird.

7.3. Die Hoch-Zeit und die Zeit-Weise des Festes

Bei den anfänglichen Überlegungen, wie das Fest, als das Geschehnis der Muße, in seinem Glanz zu verstehen sei (2.3.), konnte noch nicht auf die Frage nach dessen Zeitlichkeit eingegangen werden. Zu sehr ist das herrschende Zeitverständnis hinter der Mechanik von Dauer und Veränderung verschanzt. Es mußte erst ins Wanken gebracht werden, um die Differenz zwischen Zeit und Zeitlichkeit wieder erinnern zu können, deren Indifferenzierung den Aporien ausliefert. Und es begann sich abzuzeichnen, daß die je geschichtlich bestimmten Erscheinungsweisen der Zeitlichkeit über den Zeit-Raum der Möglichkeit einer unvordenklichen offenen Zeitnis, von der Sein und somit Anwesenheit nicht ausgesagt werden kann, ausgesetzt sind. Ist es denkbar, daß mit der Zeit-Weise des Festes die Zeitnis – und nicht die Ewigkeit – bedeutet ist?

Noch bis in das 17. Jahrhundert hinein wurde das lateinische Wort *festus*, durch welches allgemein die den heiligen Handlungen vorbehaltenen Tage bezeichnet wurden, mit *hoha gezit* ins Deutsche übersetzt, als ob man in ihr *die* Zeit schlechthin, nicht nur eine unter anderen Zeiten, glaubte verstehen zu können. Erst später nahm der Ausdruck die engere Bedeutung von ‚Hochzeit‘ als Vermählungsfeier an. – In unserem Kontext traf nun bereits dieser engere mit dem ursprünglich weiten Sinn zusammen: in der folgenreichen göttlichen Vermählung von Zeus und Mnemosyne.

In äußerlicher Weise hat man immer wieder hervorgehoben, daß die Zeit-Weise des Festes, im Gegensatz zur linear irreversiblen oder zur gleichförmigen Zeitlichkeit des Alltags, die Ausnahme sei, die jene unterbreche, von begrenzter Dauer und periodischer Wiederkehr.[254] Und

---

[253] „Das Wissen ist das Gedächtnis des Seins. Darum ist Mnemosyne die Mutter der Musen." Martin Heidegger, Der Spruch des Anaximander (1946), in: Holzwege, a.a.O., S. 344

[254] Vgl. Mircea Eliade, Das Heilige und das Profane, Hamburg 1957, S. 40. Und: Ernst Cassirer, Philosophie der symbolischen Formen Bd. II, Darmstadt 1973, S. 133

die ‚Höhe' dieser Zeit wäre demnach der erhebenden Ausrichtung auf die Götter verdankt. Da man ja spürte, daß die Festzeit nicht einfach nur ein besonderer Teil einer einzigen allgemeiner Zeit ist, versucht man sie irgendwie durch einen Einbruch von ‚Zeitlosigkeit' und ‚Ewigkeit' von dieser abzuheben.[255] Daß es nicht um eine ‚ewige' gleich ‚unendliche' Dauer des Festes geht, ist natürlich unbestritten. Man spürt, daß man beim Feiern nicht in gewohnter Weise die Gegenwart immer schon auf die Zukunft und die Vergangenheit hin überschritten hat. Daher neigt man zu der Ansicht, im Fest werde irgendwie diese Gegenwart gegen ihr Verschwinden angehalten oder zumindest aufgeschoben.[256] So gewähre sie, zumal in ihrer anschwellenden Intensität, einen Blick, und sei es nur einen flüchtig schönen Augenblick in die Ewigkeit. – Letztlich wird hier der Wunsch, das Feiern möge sich steigern und das Fest möge fort und fort währen, – was doch schon Zeugnis von seinem Schwinden gibt –, dieser Wunsch wird verwechselt mit dem Vernehmen der a-tentionalen, transzendenzlos offenen Zeitnis in der Zeit-Weise des Festes. Und man deutet sie um in ‚Anwesenheit', als wäre Zeit Zeitlich-Seiendes.

Aber versuchen wir zunächst, uns einem Verständnis von ‚Hoch-Zeit' zu nähern, in der man ja zu erleben glaubt, daß transzendierende Zeitlichkeit zugunsten reiner Anwesenheit zurücktrete.

Nach metaphysischem Verständnis, in Anknüpfung an mythische Vorstellungen, wurde ‚Zeit' überhaupt als *Zwischenzeit* verstanden, letztlich eingespannt in eine ‚Urzeit', die auf einen anfänglichen Ur-Sprung, eine ‚Erschaffung' von Zeit verweise, und eine irgendwie apokalyptische ‚Endzeit'. Denn jede Gegenwart, von der das Davor und Danach ausgehe, müsse sich an der äußersten Zeit eines absoluten Anfangs und Endes orientieren, selbst wenn relativierend diese Pole endlos hinausgeschoben werden. So situiert sich das jeweilige Da als bestimmte *Unterwegs-Zeit* in einer durchgängigen Zwischenzeit.

Ein derart vorgegebener Zeit-Weg kann, metaphorisch gesprochen, waagrecht oder steil nach oben beziehungsweise nach unten verlaufen,

---

[255] Klaus-Peter Köpping, (Fest, in: Christoph Wulf, Hg., Vom Menschen. Handbuch Historischer Anthropologie, (S. 1048 – 1065), Weinheim – Basel 1997, S. 1049), spricht zurückhaltender vom Einbruch einer ‚Nicht-Zeit' oder ‚U-Chronie'.

[256] Vgl. zu den Weisen von ‚Ewigkeit': Hans Poser, Zeit und Ewigkeit. Zeitkonzepte als Orientierungswissen, in: Das Rätsel der Zeit, a.a.O., S. 24. Poser ist der Auffassung, daß zum Verständnis von und zur Orientierung in der Zeit eine Form von ‚Zeitlosigkeit' nötig sei.

in senkrechter Richtung sogar, in der sie die Gestalt der Leiter anzunehmen vermag. Nun kann man zwar zu einer feierlichen Veranstaltung ‚gehen‘, man kann vielleicht feierlich bestimmte Stationen ‚abschreiten‘, die auch in die Höhe führen. Aber man nähert sich nicht gehend, schreitend oder kletternd dem ‚Höhepunkt‘ einer Feier.

Die Metapher ‚Hoch-Zeit‘ hat sich wohl aus den astronomisch-astrologischen Berechnungen des günstigen Datums gebildet, an dem die Feste stattfinden sollten, und man orientierte sich dabei insgesamt an dem ‚beweglichen Bild‘ des Göttlichen[257], das die Sterne als ‚Zeit-Punkte‘ in ihrem Gang darboten. Die Mythe vom Gott ‚in der Höhe‘, dem man sich feiernd zu nähern sucht, geht natürlich von vornherein über die räumliche Richtung solcher stellaren Zeitbestimmung hinaus.

Zu unterscheiden ist die mythische Hoch-Zeit aus der Höhe der Himmlischen, die an sich schon als die Zeit-Weise des Festes gelten kann, von der Art, wie Menschen sich ihr feiernd zu nähern suchten. Denn diese wurden zum Glanz der hohen und heiligen Zeit nur emporgehoben, wenn sie sich feiernd von der niederen und pro-fanen Zeitlichkeit alltäglichen Lebens zu verabschieden wußten. Und schwer ist es, daß solches gelingt. Denn gerade das ‚Heilige‘, als der Glanz der hohen Zeit, ist weit versehrbarer, verletzlicher und gefährdeter als das Unheilige der niederen Zeit, wie all die Tabus und rituellen Prozeduren belegen. Das Heilige ist gerade nicht, wie das Sakrale der Kulte[258], die Ausstrahlung einer Allmacht, die siegreich über alle Gewalten verfügt, sondern es beruht in der glänzenden Ohnmacht des Heilen und Unversehrten, das schon bei geringer Achtlosigkeit und fehlenden Scheu zerfällt. Und weniges kann derart zur *Unzeit* geschehen als die Versuche, feiernd sich die hohe Zeit des Festes erschließen zu wollen. Die *Rechtzeitigkeit* des Festes aber gilt als Voraussetzung dafür, daß die stimmige Zeitlichkeit der Musen sie zu durchwesen vermag.

Und doch war der Gegensatz zwischen der niederen und hohen Zeit keineswegs der äußerste und unversöhnliche. Galt nicht die himmlische Hoch-Zeit in sich selbst auf äußerste Weise einer unterweltlich abgründigen Zeit entgegengesetzt? Die niedere Zeit gewöhnlichen Lebens auf bodenständigen Wegen kann gerade auch feiernd abstürzen in solchen Abgrund blutiger Ausschweifungen und grausamster Exzesse, so wie sie aufsteigen kann zur Höhe der lichten, glänzenden, erleuchtenden Feste.

---

[257] Platon, Timaios, in: Werke Bd. 5, a.a.O., 37 d
[258] Vgl. Roger Caillois, L’homme et le sacré, Paris 1950

Die kultischen Enthaltsamkeiten und Exerzitien, die kathartischen Prozeduren und Reinigungen, die oft vorbereitend die Feiern einleiteten, folgten wohl der in sich widerstreitenden Aufgabe, alles Ungeordnete und Ausschweifende zugleich rituell zu zähmen und doch deren Energien zeremoniell aus diesen düsteren Abgründen in heitere Höhen zu führen.[259] Es scheint daher, als schwinge noch in den heitersten Feiern ein Schatten des Düsteren mit, so wie umgekehrt auch in den gewalttätigsten, grausigsten, aber feierlichen Ausschreitungen etwas seltsam Ungetrübtes durchschimmern kann, das man mythisch als die ‚Reinheit‘ des Bösen, als dessen sich feiernde Zweckfreiheit deuten konnte. Karl Kerényi war nun der Überzeugung: „Etwas aber ist da, im tiefsten Grund des Festlichen, das mit dem Heiteren mehr verwandt ist als mit dem Düsteren.“[260] Ist mit dem Heiteren nicht vielmehr das Glänzende ‚jenseits von Gut und Böse‘ gemeint?

Während die niederen Wege von der sie nivellierenden Schwere jedes Schrittes und Ganges künden, ist der Weg in himmlisch-festliche Höhen den Menschen von unüberwindlicher Schwere: ihnen steht dieser Weg zur Begehung niemals allein durch eigene Anstrengung zur Verfügung. Der Mythe nach bedurfte es göttlichen Beistandes, damit Hoch-Zeit geschehe und das Feiern gelinge. Dann allerdings konnte der Weg des Feierns die Leichte eines Fluges und einer Schwebe annehmen, die keine Spuren im Äther hinterlassen. Die Himmlischen in der Höhe wurden demnach nicht nur in den Feiern von unten herauf verehrt, dorthin, wo sie sich ganz oben im Tanz der Gestirne zu sehen gaben; noch wurde allein die Herabkunft der Götter begrüßt. Die Menschen der irdischen Niederungen glaubten, wenn sie die Leichtigkeit des Glanzes verspürten, daß sie festlich von einem Gott in die Höhe erhoben würden, – ein Gott, welcher den Sterblichen ebenso auch aufopfern und tiefer niederschmettern und erniedrigen konnte als nur zurück zu seinem irdischen Aufenthalt. Das Kalkül feierlicher Kulte trug stets beiden Richtungen Rechnung. Indem das Vernichten und die grausamen Exzesse im Opferkult inszeniert wurden, begann man sie durch die Darstellung selbst zu zügeln, bis sie schließlich durch das Spiel der Simulationen ersetzt werden konnten. Nun vermochte man im Zugrundegehen mehr als nur die Vernichtung ins Chaotische zu sehen: nämlich eine Rückkehr zum ur-

---

[259] Vgl dazu: Georges Bataille, Der heilige Eros, München 1979
[260] Karl Kerényi, Vom Wesen des Festes, in: Antike Religion, Stuttgart 1995, S. 36. Ebd. S. 49.

sprünglich schöpferischen Grund, und die Inszenierung dieser Rückkehr wollte verstanden sein als die darstellende Wiederholung dieser
schöpferischen Energien.

Doch solche teleologischen Deutungen werden vom Feiern als einer
bestimmten Handlung hineingetragen und reichen nicht an das Wesentliche des Festes selbst. Das Feiern als die Ausnahme menschlichen Tuns
trägt allemal noch die Zeitlichkeit bloßer Ankunft aus dem Alltäglichen
an sich und die Rückkehr zu ihm. Aber die Zeitlichkeit der Feier selbst
liegt nicht in einer Gegenwärtigkeit, die sich nur gegen das abwesende
Nicht-da abschirmt, sondern die Präsenz der Feier enthält in sich stets
auch das *Noch-da* des Ge-wesenen und *Schon-da* des Zu-wesenden,
woraus sich das feierliche Verweilen erst bilden kann.[261] Das Wegsein
wird so hineingenommen in die Anwesenheit und in die eigene Möglichkeit abgewandelt. Daß die feierliche Präsenz erst dadurch ‚vollkommener‘ ist, daß sie die zur offenen Möglichkeit abgewandelte Abwesenheit in sich hineinnimmt, wird oft übersehen und ist doch mitgemeint in
der Auffassung betonter Gegenwärtigkeit des Festes. Denn die Feiern-
den tanzen schon hin und her zwischen der höheren Aufmerksamkeit,
die sie allem Geschehen widmen, und einer betäubenden Geselligkeit.
Und doch ist ihre Gespanntheit dem verdankt, daß ihnen das Mögliche,
das geschehen kann, selbst eröffnet ist, auch wenn nichts geschehen
würde, was sie nicht seit langem kennen. – Das aber verweist uns erst auf
die eigentliche Zeit-Weise des Festes, die im ‚*Wieder*‘ gegeben ist.

Wir sahen, daß die alltägliche Erinnerung ein Schema von Zeit nicht
nur hervorbringt, sondern selbst erzeugt, *als ob* es diese zeitlich vergangene, leere Ausspannung nur wiederhole, obwohl sie eine solche ‚unvergänglich‘ gewordene Zeit der Vergangenheit selber erst herstellt und
nach diesem Schema alle Zeit als einen vorhandenen Weg auslegt. Mag es
daher der alltäglichen Erinnerung mit der Wiederholung des Vergangen-
Seienden auch ernst sein; mit der Wiederkehr ihrer Zeitlichkeit ist es ihr
nicht ernst. – Wir sahen weiter, daß sich das Gedenken, Mnemosyne, auf
alle ‚Ekstasen‘ der Zeitlichkeit und über deren Wirklichkeit hinaus auch
auf jede vorstellbare Möglichkeit zeitlicher Geschehnisse zu beziehen
vermag. Doch solches ‚Beziehen‘ blieb bisher ganz äußerlich. Die dem
Gedenken eigene Zeitlichkeit verweist nicht auf Da- oder Wegseiendes,
sondern auf die *ihrer selbst gedenkende Zeitlichkeit*. Was hier jedoch un-

---

[261] Martin Heidegger, Hölderlins Hymne ‚Andenken‘, GA Bd. 52, Frankfurt a.
M. 1992, S. 94: „Die Zeit des Festes ist die Weile.“

vermeidlich in der Sprache einer Selbstbeziehung gesagt wird, soll nicht
einfach eine Wende der Intentionalität des Erinnerns auf sich hin bezeichnen, nicht ein Gedenken kennzeichnen, das ,um seiner selbst willen' geschehe. Es geht nicht um eine Begründung von Zeit *durch sich
selbst* qua ,Subjekt', wie es Husserl und Volkelt vorgeschwebt hat. Nicht
also soll damit gesagt sein, aus der Göttin Mnemosyne entquelle gleichsam alle Zeit. Der Ausdruck ,selbst' markiert nur die Instanz einer Singularität. Es geht um die Jeweiligkeit, wie sie mit Mnemoysne, mit dem
Gedenken zur Erscheinung kommen kann. Die in diesem Sinne ihrer
selbst gedenkende Zeitlichkeit gibt es als die *im Gedenken* wiederkehrende Zeitlichkeit. Im Gedenken der Zeitlichkeit stellt sich die Zeitlichkeit des Gedenkens in ihrer Wiederkehr dar.

Bei ,Wiederkehr' wird zumeist nur an die Wiederholung von sich
gleichbleibendem Seienden gedacht. Man blickt dann allein auf das zeitliche Nochmals des Schonmal, als wäre das Seiende oder seine Spur nur
weg gewesen. Vor allem aber bedenkt man selten, daß die Wiederkehr
ihrerseits ausbleiben kann, wodurch sie schon auf den Zeit-Raum ihrer
Möglichkeit verweist.

Die Zeit-Weise des Festes aber zeigt sich nicht, wie die Veranstaltung,
durch die es gefeiert werden soll, als eine metrische Wiederkehr des
Gleichen, noch umgekehrt nur in einer Wiederkehr des Ungleichen und
taktlos Zufälligen, sondern in jener Durchdringung des Gesetzes und
der Einzelheiten, welche die Hoch-Zeit von Zeus und Mnemosyne
schlechthin als *rhythmos* und *melos* auszeichnet.[262] Die Einzelheit kann
nur dann, wenn sie als unreproduzierbarer *Akzent* die metrische Wiederkehr auf je einmalige Weise von sich selbst abweichen läßt, Element
des Rhythmus werden und das Metrische in den tänzerischen Reigen
abwandeln(10.4.). So nur ist dem Menschen die wiederkehrende Zeit-
Weise des Festes als je unwiederholbares Ereignis gegeben. Schon im fei-
ernden Verhalten verliert die Unruhe des Kommens und Gehens, ihres
Zurück- und Vorweghaltens, die Wegungen und Entwegungen mit ihren
Verlusten, sowie die ganze ausrichtende Hast des metrischen Da, Davor
und Danach ebenso an Gewicht und gleitet über in eine ,musisch-musi-

---

[262] Man kann den Rhythmus seinerseits wieder als eine notwendige Lebens-
funktion betrachten, durch welche ständig ein neues Gleichgewicht gesucht werden müsse. Doch dann bleibt die ,Stimme der Musen' unbeachtet. Vgl. Hans-
Georg Gadamer, Über leere und erfüllte Zeit, in: Klassiker der modernen Zeitphilosophie, a.a.O., S. 289.

kalische' Zeitlichkeit, so wie sich umgekehrt das bloß Dauernde und der ,Eigensinn des Beharrens'[263] aufzulösen beginnt. Selbst eine wie auch gesteigerte Anwesenheit bleibt dem Diktat der Transzendenz ausgeliefert, würde sie nicht glänzend von der Zeit-Weise des Festes durchwest, wie sie im Gedenken offener Zeitnis weilt.

Friedrich Hölderlin, so scheint mir, hat in der 3. Fassung seiner Hymne *Mnemosyne* solches im Blick gehabt, als er – gewendet gegen die ,bösen Pfade' – schrieb: „Vorwärts aber und rückwärts wollen wir / Nicht sehn. Uns wiegen lassen, wie / Auf schwankem Kahne der See."[264] Wo es gilt, sich hymnisch zum Fest zu sammeln, geht es nicht mehr um Rückschau oder Vorschau noch um ein umschauendes Gegenwärtigen, sondern – in deren Entrückung – um das Hineingleiten in einen Zeit-Raum, durch den nachträglich jeder vermeintliche Weg zu ihm in die Belanglosigkeit versetzt wird. Dann erst kommen Gegenwart, Vergangenheit und Zukunft in der Weise eines erschauenden Wissens der Musen zur Darstellung, ein Mitteilen desjenigen, was ist, war und sein wird,[265] – ein Wissen, das, wie bemerkt, mit Allwissenheit nichts zu tun hat, sondern mit dem Verstehen ,entwegter Zeitnis' des Festes zur Offenheit. Im ,Wiegen' geht es nicht nach dahin oder dorthin, nichts kommt von da oder dort her. Das Wiegende bezeichnet vielmehr schon den Tanz, den Menschen nicht allein von sich selbst her zu vollführen vermögen, sondern den sie mit sich tanzen *lassen*.[266] Und dieses geschieht, dem Bilde Hölderlins nach, nicht auf festem Boden, sondern auf schwankendem Kahn, der dem Abgründigen nicht einfach Halt und Widerstand entgegensetzt, sondern dessen Schwingungen tänzerisch aufnimmt. Von solcher Zeit-Weise des Festes her gewinnt jede Feier erst ihre zeitlich *ungerichtete Aus-Gelassenheit*, ob in der Art der lärmenden *orgia* dionysischer Kulte oder in besinnender Stille. Was auch immer Menschen mit ihren Feiern im Sinn haben mögen, ob Zustimmung zum Seienden überhaupt[267] oder Erschließung des Wesenhaften[268]: die Zeit-

---

[263] Martin Heidegger, Der Spruch des Anaximanders, a.a.O., S. 351

[264] Friedrich Hölderlin, Mnemosyne, 3. Fassung, in: Das Meisterwerk, Hg. E. Müller, Stuttgart 1952, S. 434

[265] Hesiod, Theogonia, a.a.O., V. 38

[266] Vielleicht hatte Heraklit solches im Blick, als er die Zeit mit einem spielenden Knaben verglich, der die Brettsteine hin und her schiebe. S. Heraklit, a.a.O., Fragment 52.

[267] Vgl. Josef Pieper, Zustimmung zur Welt. Eine Theorie des Festes, München 1963

Weise des Festes ist der Frage nach Sinn, Unsinn oder Sinnlosigkeit
überhoben; sie gibt sich als *prae-sensus*.[269] Von solcher Zeit-Weise des
Festes (*theoria*) her erscheint Seiendes erst in der entrückten und eben
durch die Entnäherung näher gebrachten Weise der Darstellung seiner
Grundbefremdlichkeit. Die feiernde ‚Zustimmung‘ im Glanz des Festes
aber bezieht sich nicht abstrakt auf das Seiende überhaupt, sondern auf
dessen Darstellbarkeit im ‚gedenkenden Wissen‘ der Musen.

[268] Martin Heidegger, Hölderlins Hymne ‚Andenken‘, a.a.O., S. 92 f.
[269] Es scheint mir weit hergeholt, das Wort ‚Präsenz‘ etymologisch von ‚prae-
sensatio‘ ableiten zu wollen. Geht es nicht um das, was vor aller Sinnfindung
liegt?

8. Die Musen

Einst rief man die göttlichen Musen an, wenn die Zeiten nicht stimmten. Und anders als beim Anruf der Götter bat man nicht, es möchten die Dinge und Geschehnisse, die aus den Fugen geraten waren, wieder in Ordnung kommen. Es ging um mehr: mit ihrer Gunst sollte ein Maß auftauchen können, in welchem sich die Dinge und Geschehnisse selbst überbieten, um ausgelassen ihre erschreckend schöne Befremdlichkeit wiederzufinden.

Die Musen scheinen verstummt. Und vielleicht läßt sich in der Not der Zeiten nur ihrem Schweigen nachsinnen.[270]

Und doch, selbst in der Ödnis der Freizeit mag ihre Spur vernehmbar geblieben sein. Nicht darum geht es, *sich selbst* Zeit zu lassen im Glauben, das Stimmende (*mousiké*) wiederherstellen zu können, sondern um die Ahnung, daß stimmige Zeit sich Zeit läßt, und Menschen dies in einer Ungeduld erfahren, wie sie in den Worten Paul Celans mitanklingen mag: „Es ist Zeit, daß es Zeit wird."[271]

8.1. Die Erstheit der Musen

In seinem *Laokoon* zitiert Lessing eine Bemerkung des englischen Altertumsforschers Mr. Spence. „Was die Musen überhaupt betrifft, so ist es doch sonderbar, daß die Dichter in Beschreibung derselben so sparsam sind, weit sparsamer, als man es bei Göttinnen, denen sie so große Verbindlichkeit haben, erwarten sollte."[272] In der Tat scheinen die Musen

---

[270] Wie fern die Musen sind, zeigt der naive Glaube, man könne sie ‚ohne weiteres' herbeirufen. Vgl. Eckart Peterich, Das Maß der Musen. Überlegungen zu einer Poetik, Freiburg i. B. 1947. Und: Josef Pieper, Nur der Liebende singt. Musische Kunst heute, Ostfildern bei Stuttgart 1988

[271] Paul Celan, Corona, aus: Mohn und Gedächtnis (1952), in: Ausgewählte Gedichte, Frankfurt a. M. 1977, S. 17

zwar die rühmenden, singenden, tanzenden Begleiterinnen der Götter-
feste zu sein, doch weiß man von ihnen kaum etwas zu erzählen.[273]
Schon Cicero in seinem Werk *De natura deorum* oder Appollodor in
seiner *Mythischen Bibliothek* wußten wenig mehr als Herkunft und einige Namen der Musen aufzuzählen[274]. – Doch was hier wie ein Mangel
erscheinen könnte, ist vielleicht umgekehrt der Hinweis auf ihr Wesen:
In den Musen wird ein uneinholbarer Ursprung aller sich darstellenden
Stimmigkeit gesehen und somit auch der gelungenen Erzählung, die
folglich deren Geschichte und ihre Wesensart nicht einzuholen vermag.
Die Musen werden oft auch im Zusammenhang mit den Festen zu Ehren der Götter gezeigt. An mehreren Stellen weist Platon in den *Nomoi*
darauf hin. Seine Erklärung dieser Feste bringt wiederum die Entlastung
vom Daseinsdruck als Voraussetzung der Muße zur Sprache: aus Mitleid
mit dem Geschlechte der Menschen hätten die Götter die Feste angeord-
net, um ihnen Rast vor den Drangsalen zu gewähren, und sie hätten ihnen die Musen, den Musenführer Apollon und den Dionysos als Festge-
nossen gegeben[275]. Die *mousikoi* als Hauptbestandteil der Feste verein-
ten jede Art von Redekunst, nicht nur die Dichtkunst, den Tanz, die
Musik, und in den Aufführungen kam die Darstellung der Figuren und
des Schauplatzes hinzu. Darin verwiesen die Musen, über die Begegnung mit ihnen im unmittelbaren Feiern hinaus, auf sich als den Ursprung jeder Weise angemessenen, in sich stimmigen Darstellens, ob es
sich nun um Poesie, Musik, Tanz oder bildende Gestaltung handelte
oder um Wissen und politisches Handeln; und ihnen gemäß hatte alle
Erziehung und Bildung zu erfolgen. Die Philosophie selbst wurde von
Sokrates zur höchsten Musenkunst erhoben.[276] Der Ausdruck *mousiké*
bezeichnete zunächst jede Art geistiger Darstellung und deren Ausbildung, im Unterschied zu *gymnastiké*. Nun liest man zwar verbreitet,
daß sich dessen Bedeutung später auf ‚Musik' eingeengt habe, ohne daß
man sich allerdings gefragt hat, ob nicht umgekehrt in der ‚Musik' etwas

[272] Gotthold Ephraim Lessing, Laokoon oder über die Grenzen der Malerei
und Poesie, in: Werke Bd. 5, Hrsg. P. F. Fischer, Köln 1965, S. 81
[273] Publius Ovidius Naso, Metamorphosen , 5. Buch, V. 255 f., Übers. H. Breitenbach, Zürich 1964.
[274] M. Tullius Cicero, De natura deorum, 3. Buch, 45, 54, 88, Übers. U. Blank-
Sangmeister, Stuttgart 1995; Apollodor, Mythische Bibliothek. Die griechische
Sagenwelt, 1. Buch, Übers. C. G. Moser u. a., Köln 1997
[275] Platon, Nomoi, 2. Buch 653 c und 664 e, in: Werke Bd. 6, a.a.O.
[276] Platon, Phaidon, ebd. Bd. 3, 61

hervorgehoben ist, was allen musischen Darstellungen eigen ist: die Rhythmik und die Weise (*melos*) jeder Stimmung.

In der Verneinung des Musischen, in der Unbildung oder *amousia*, sah die griechische Antike den sicheren Weg in den Untergang jeder Polis.[277] Wer an der Muse nicht teilhabe, werde schwach, taub und blind, meint Sokrates in Platons *Politeia*, und vom gänzlich Muselosen heißt es dort, er wisse alles nur noch mit Gewalt und Wildheit auszurichten, lebe im Unverstand, taktlos und ohne Anmut.[278] Erst seit der römischen Antike begann das abendländische Denken folgenreich das Begriffspaar *mousai/amousai* durch *humanum/inhumanum* zu ersetzen, um damit das menschliche Begehren und den Willen ins Zentrum aller *activitas* zu stellen. Mit dieser beginnenden Anthropozentrierung setzt zugleich jener Verlust *musischer Bildung* ein, gegen den mit widersprüchlichen Mitteln die europäischen Renaissancen immer wieder anzukämpfen gesucht hatten – eine musische Bildung, die heute endgültig durch die Herrschaft der Masse über die Medien und Ausbildungsstätten als ,bloße Schöngeisterei' einer kleinen Bildungselite verfemt und aus dem öffentlichen Leben verdrängt wird. So wenig wie Muße scheint man der durch die Musen ,Wohlgestimmten' (Platon) zu bedürfen. Grund genug, um nach dem Unnützen und Müßigen zu fragen. Aber sind wir überhaupt noch in der Lage, das Musische zu verstehen?

Der *Pauly* verweist darauf, daß das Etymon des Wortes ,*mousai*' zwar nicht ganz zu klären sei.[279] Als wahrscheinlich gelte aber der Zusammenhang mit einer Wortgruppe der Bedeutung ,Verstand / Sinn', wonach die Musen also die ,Sinnenden' oder ,Erinnernden / Mahnenden' wären. Nach Homer und Hesiod galten sie bekanntlich als Töchter von Zeus und Mnemosyne. ,*Mnemosyne*' könnte daher eine nicht mehr recht durchsichtige Übersetzung des Namens ,*mousai*' gewesen sein. Vertraut sei der griechischen Religion durchaus, Dubletten in ein Mutter-Tochter Verhältnis umzubilden.

Als Göttinnen scheinen die Musen der wahrsagenden Erde, Gaia, nahe zu stehen. Die Stätten (*mouseion*), an denen man sie verehrte, wurden nicht in den Städten, sondern auf Bergeshöhen, in Hainen und an Quel-

---

[277] Walter F. Otto, Die Musen und der göttliche Ursprung des Singens und Sagens, Düsseldorf – Köln 1955, S. 68
[278] Platon, Politeia 411 d-e, in: Werke Bd. 3, a.a.O.
[279] Der kleine Pauly. Lexikon der Antike in 5 Bde., Hrsg. K. Ziegler u.a., Bd. 3, München 1979

len und selten als Tempel errichtet. Darin mag der Grund liegen, warum man gerne annimmt, daß die Musen aus den Quellnymphen hervorgegangen seien. Noch in seiner *Philosophie der Religion* bemerkte Hegel: „Ebenso sind die Musen zuerst Nymphen, Quellen, die Wellen, das Geräusch, Gemurmel der Bäche – allenthalben (geht der) Anfang von der natürlichen Weise (aus), von Naturmächten, welche verwandelt werden in einen Gott geistigen Inhalts."[280] Und in seiner *Philosophie der Geschichte* ergänzt er: „Ebenso horchten die Griechen auf das Gemurmel der Quellen und fragten, was das zu bedeuten habe; die Bedeutung aber ist nicht die objektive Sinnigkeit der Quelle, sondern die subjektive des Subjekts selbst, welches dann weiter die Najade zur Muse erhebt. Die Najaden oder Quellen sind der äußerliche Anfang der Musen. Doch der Musen unsterbliche Gesänge sind nicht das, was man hört, sondern sie sind die Produktionen des sinnig horchenden Geistes, der (sie) in seinem Hineinlauschen in sich selber produziert."[281] Nun ging zwar Walter F. Otto ebenso von der Annahme aus, die Musen seien aus den Nymphen, den ‚schönen weiblichen Genien der stillen Natur', hervorgegangen. So verweist er darauf, daß manche Musennamen auch solche von Nymphen und Nereiden waren. Doch im Unterschied zu Hegel wertet er nicht die Natur ab zugunsten des Subjekts und des Geistes: „Der Art, wie die Griechen das Göttliche erfahren haben, entspricht es, daß die Musen, so mächtig sie ins menschliche Dasein einwirken, in der Stille und Freiheit der Natur wohnen und walten."[282] Und in dieser ‚Stille' sieht er auch den Grund dafür, warum über die Musen kaum geredet wird. Während nun jedoch die Nymphen überall in der Natur wesen, werden die Musen und ihre ‚heiligen Stimmen' zum Olymp erhoben, wo sie die Weltordnung des Zeus vollenden, indem sie sein Werk rühmen und preisen. – Unschwer allerdings läßt sich in solcher Deutung eine Tendenz erkennen, die sich bereits in der Spätantike abzuzeichnen begann und mit der Neuzeit zum Durchbruch kam: die Nymphen werden der ‚Naturschönheit' zugeordnet, die Musen der ‚Kunstschönheit', die der ersten zwar entstamme und ihr verpflichtet bleiben möge, die aber jene allererst zu

---

[280] G. W. F. Hegel, Vorlesungen über die Philosophie der Religion, in: Werke Bd. 17, a.a.O., S. 106
[281] G. W. F. Hegel, Vorlesungen über die Philosophie der Geschichte, in: Werke Bd. 12, a.a.O., S. 289
[282] Walter F. Otto, Die Musen und der göttliche Ursprung des Singens und Sagens, a.a.O., Vorwort.

erhöhen und zu vollenden habe. – Aber entspricht das wirklich dem antiken Verständnis der Musen? Verdeckt diese Auffassung nicht gerade die unhintergehbare Erstheit der Musen, durch welche selbst die Geschichten über sie und deren Auslegungen einer unwiderrufbaren Nachträglichkeit angehören? Wurden sie nicht gerade als diejenigen verstanden, die aller Unterschiedenheit von Natur und Kultur vorausgehen, auch wenn man sie verständlicherweise erst dann anrief, wenn es um das Gelingen eines Werks ging? – Ich denke, Hesiod war sich darüber bewußt, auch wenn er zunächst die *Theogonia* mit den Worten beginnt: „Von den Musen des Helikon / Laßt uns beginnen zu singen [...]."[283] Seine Hymne stellt nachträglich dar, wie es überhaupt hatte zum Gesang kommen können, wie nämlich die Musen ihm die göttliche Stimme eingehaucht, damit er rühme, was sein werde und vorher gewesen sei, und damit er singend preise das selige Geschlecht und zwar sie – die Musen – *zuerst und zuletzt*. Denn der solcherart kundgebende Gesang offenbart mit seinem Beginn nicht etwa den eigenen Grund, er setzt erst nach dessen Ur-Sprung als wiederkehrendes Gedenken dessen ein, was noch nie zuvor gewesen ist. Die Musen ließen den Dichter beginnen, nicht begründen. Von daher vermag er letztlich nicht mehr zu tun, als die Musen *anzurufen*, damit sie ihm sagen mögen, wie künftig die Geschehnisse zu sagen und wie auch die Geschichte der Musen selbst darzustellen sei. Schon in seinem *Frauenkatalog* heißt es nur noch knapp: „Nun singet der Frauen Stamm, / Ihr süßsprechenden Musen vom Olymp [...]."[284] Und sein Gedicht *Erga* beginnt nur noch mit den Worten: „Musen, ihr vom pierischen Land, deren Sang Ruhm gibt,/ Hierher kommt und kündet von Zeus, lobpreist euren Vater."[285] Darin zeigt sich schon die kaum mehr abgewandelte Formel eines *Gebetes*, die man Jahrhunderte lang wiederholen wird. Man denke an den berühmten Beginn der *Odyssee*: „Den Mann nenne mir, Muse, den vielgewandten, der gar viel umgetrieben wurde, nachdem er Troias heilige Stadt zerstörte."[286] Oder an die in der *Ilias* wiederholten Anrufe: „Sagt mir nun, Musen, die ihr die olympischen Häuser habt [...]."[287] Eine Erzählung aber über die Musen, *be-*

---

[283] Hesiod, Theogonie V. 1, a.a.O.
[284] Hesiod, Frauenkatalog, in: Sämtliche Gedichte, a.a.O., S. 401
[285] Hesiod, Erga, in: Sämtliche Gedichte, a.a.O., S. 307
[286] Homer, Odyssee 1. Gesang, V. 1, Übers. W. Schadewaldt, Hamburg 1958
[287] Homer, Ilias, Übers. W. Schadewaldt, Frankfurt – Leipzig 1975, z.B.: 2. Gesang V. 485, 11. Gesang V. 218

vor sich deren Wesen in die Stimme des Sängers legt, ist gänzlich unmöglich – nicht aus ‚befremdlicher Sparsamkeit‘, wie Mr. Spence meinte,
sondern weil dieses Wesen im Grund eines Schweigens liegt, der sich nur
anrufen, nicht bereden läßt. Hesiod allerdings kam dem Wesen der Musen näher als jeder spätere Dichter. Schon bei Homer und bei den Nach-
folgenden werden wir nicht einmal ihre Namen, geschweige ihren Kult
genauer beschrieben finden. Und ob ein Pindar sie anruft: „O Muse, Ge-
bieterin, Mutter unser, an dich geht mein Ruf [...].“[288] Oder Jahrhunderte später ein Vergil: „ Öffnet den Helikon jetzt, ihr Göttinnen, fangt
den Gesang an [...].“[289] Kaum je wird mehr über die Musen angedeutet
als dies, daß sie jedes Geschehen von Belang allererst einer möglichen
Darstellung freigeben, wogegen zum Sterblichen nur dessen Gerücht
oder der Hauch der verklingenden Sagen gelangt.

Gegen das Vergessen nun scheinen die Dichter, Denker und Gestalter
den großen Aufschub erwirken zu wollen, den manche Verwegene für
‚ewig‘ hielten. Das wiederum nährte die Vorstellung, es seien die Musen,
in ihrem mütterlichen Erbe zumal, die nichts vergessen, die sich an alles
zu erinnern vermögen und ihre Erinnerungen dem Dichter eingeben.
Und so scheint diesem vor allem die Aufgabe zuzukommen, durch Rühmen die Handelnden, ihre Taten und Schicksale dem Vergessen zu ent-
reißen. Aber geht es wirklich nur um ein Archivieren? So zwar könne,
wie Pindar in der 2. Olympischen Ode dichtet, selbst die allschaffende
Zeit das nicht tilgen, was einmal geschehen sei: „Doch fährt Vergessen
einher [...].“[290] Denn Lesmosyne ist die Tilgung des Untilgbaren. In der
7. Nemeischen Ode aber klingt anderes an: „Einer, dem Großes glückt‘,
bringet Nahrung, honigsüß, / Zum Musenborn; aber auch das kühnste
Gelingen, balde / Versinkt es in Nacht, schallet ihm kein Rühmen nach./
Wir wissen der edlen Tat einzig diesen Spiegel: daß / Gedächtnis (Mnemosyne), die Göttin im glänzenden Geschmeid‘, / Die Mühn ihr entgilt
im Wort und in rauschenden Feierklängen.“[291] Es geht also keineswegs
nur um ein dem drohenden Verlust abgerungenes, festhaltendes Bewahren im Gedächtnis, sondern um eine bedeutsame Zugabe des festlichen
‚Wieder‘, um das ‚*Nach*-Schallen‘, durch welches sich das Geschehene

---

[288] Pindar, 3. Nemeische Ode, in: Oden, Übers. L. Wolde, München 1958, S.
121
[289] Vergil, Aeneis 7. Gesang V. 641, Übers. W. Plankl, Stuttgart 1989
[290] Pindar, 2. Olympische Ode, a.a.O., S. 28
[291] Pindar, 7. Nemeische Ode, V. 15 f., a.a.O., S. 135

überhaupt erst in ‚rauschenden Feierklängen' wird darbieten können, anstatt unterzugehen, als hätte es sich nie ereignet.

Es ist doch wohl kaum anzunehmen, daß ein Platon den Kultverein zur Verehrung Apolls und der Musen im Hain des Akademos nur gegründet habe, um Spuren gegen das Vergessen und den Tod zu legen und zu bewahren. Aber ist denn überhaupt, wie später so oft gedeutet wurde[292], mit diesem ‚Versinken in die Nacht' wirklich das erinnerungslose Vergessen, der große, drohende, letzte Verlust gemeint? Sind Tag und Nacht nicht vielmehr selbst Momente eines Zyklus'? Ist die Nacht nicht eben jenes ‚unerschöpflich reiche Gedächtnis' als Mutter der Musen, das seinen Grund verschweigt, um sich der unsinnigen Deutung als bloßes Depot des Wissens zu entziehen? – Dann allerdings wäre das ‚Rühmen' nicht der letztlich immer schon verlorene Kampf gegen jenes absolute Vergessen, durch das nie etwas geschehen sein wird. Es bringt vielmehr allererst Seiendes in seinem festlichen Glanz zur Darstellung.

8.2. Die Musen und ihr Dichter

Die Betroffenheit, wie sie dem Hirten Hesiod in der Begegnung mit den Musen widerfährt, wird nicht durch die reflexive Distanznahme ästhetischer Urteile gemildert; sie ist existentiell, sie greift ein in seine Lebensweise und wandelt diese grundlegend um.

Hesiod scheint als erster die Vielheit, wie sie sich in elementarster Form in der Zahl Drei manifestiert, durch sich selbst verstärkt zu haben. Waren die *Moiren* oder *Horen*, die *Sirenen* oder *Chariten* in der einfachen Dreiheit verblieben, steigerte Hesiod die Zahl der Musen bekanntlich auf neun.[293] Doch war das nicht die einzige Weise, ihre gewaltige Bedeutsamkeit zu unterstreichen. Er stellt sie in sprechenden Namen vor: „Die Rühmerin (*Kleio*) und Erfreuerin (*Euterpe*) / Und Festliche (*Thaleia*) / Und zum Tanz Singende (*Melpomene*) / Und die Reigenfrohe (*Terpsichore*) / Und Liebreizende (*Erato*) / Und Vielpreiserin (*Polyhymnia*) und Himmlische (*Urania*) / Und die Schönstimmige (*Kalliope*). / Die ist die Hervorragenste von allen."[294] Darin läßt sich, wie ich

---

[292] Eckart Petrich, Götter und Helden der Griechen, Frankfurt – Hamburg 1958, S. 37
[293] Homer (*Odyssee* 24, V. 60) sprach von der Neunzahl der Musen, aber hatte ihnen nicht durchgängig Namen gegeben.

zeigen möchte, eine bestimmte Struktur erkennen, die allerdings schon in dem Augenblick verdeckt wurde, als man begann, die einzelnen Musen verschiedenen Gattungen der Dichtung, der Kunst, der Wissenschaft zuzuordnen, um sie rudimentär in der hellenistischen und römischen Antike, enzyklopädisch schließlich in der Renaissance allegorisch zu personifizieren, einzelnen Künsten zuzuordnen und durch Attribute zu kennzeichnen.[295] Aus einer Bemerkung Platons im *Phaidros* geht hervor, daß man schon früher mit derartigen Zuordnungen begonnen hatte: „Der Terpsichore melden und empfehlen sie die, welche sie in Chören verehren, der Erato, die sie durch Liebesgesänge feiern, und so den übrigen, je nach der ihr eigentümlichen Verehrung. Der ältesten aber, Kalliope, und ihrer nächst folgenden Schwester Urania, welche ja vornehmlich unter den Musen über den Himmel und über göttliche und menschliche Reden gesetzt sind und die schönsten Töne von sich geben, verkündigen sie die, welche philosophisch leben und ihre Art der Musik ehren."[296] Zwar steht ihre Verehrung noch im Vordergrund. Aber gegen ihre äußerlich spezialisierende Absonderung gegeneinander, gegen die nur noch allegorisierende Zuordnung zu verschiedenen menschlichen Werkgattungen ließe sich mit Platon selbst einwenden: „Aber auch, o Bester, alles von allem absondern zu wollen, schickt sich schon sonst nirgends hin und gehört denn auch auf alle Weise nur zu einem von allen Musen Verlassenen und ganz Unphilosophischen."[297] – In diesem Sinne kann man die beginnende Klassifizierung und Allegorisierung der Musen schon als ein Anzeichen ihrer Ferne lesen.

Hesiod dagegen hatte eine besondere Weise dynamischer *Einheit* der Musen im Blick und zwar gerade nicht im Sinne eines Ganzen, in welchem sie als ,organische' Teile verschiedene Funktionen ausübten. Die-

---

[294] Hesiod, Theogonie, a. a. O., V. 75 f.

[295] So Cesare Ripa in seiner *Iconologia*, Venedig 1593, mit einem weitreichenden Einfluß über die Zeitalter von Barock und Klassik hinaus. Er systematisierte, was ab dem Hellenismus zu einem allegorischen Spiel herabzusinken begann, etwa: ,Kalliope', die schöne Stimme. Muse der epischen Dichtung und Beredtsamkeit, mit Trompete, Wachstafel und Schreibgriffel, Bücher und Lorbeerkranz in der Hand. Oder: ,Erato', die Lieblichkeit, Muse der Lyrik und Liebesdichtung, mit Tamburin, Leier, Gambe und Schwan; usf. – Diese Kategorisierungen und Allegorisierungen haben vollends den Blick auf die Musen verstellt.

[296] Platon, Phaidros 259 c, in: Werke Bd. 4

[297] Platon, Sophistes 259 d-e, in: Werke Bd. 4

ses organizistische Konzept europäischen Denkens hatte die Ästhetik
von vornherein in eine verhängnisvolle Richtung gedrängt. Für Hesiod
zeigt sich dagegen diese ‚Einheit' in der wundervollen Weise einer
Durchgängigkeit des Vielen durch das Viele. In seinem Gedicht werden
von vornherein von allen Musen sämtliche Ausdrucksweisen und Tätigkeiten ausgesagt, deren Bezeichnungen die Namen der einzelnen Musen
ergaben, und zwar noch bevor Hesiod diese Namen, wie oben dargelegt,
aufzählt. Ich werde das im Folgenden dadurch verdeutlichen, daß ich –
zitierend – die Namen in Klammern hinter die entsprechenden Verben
setze.[298]

Zu Beginn stimmt uns Hesiod ein mit den Musen in der ihnen als Hei-
mat, wenn auch nicht als ihr Geburtsort (Pierien), zugeschriebenen Gegend, auf dem Berg Helikon in Böotien: „Von den Musen des Helikon /
Laßt uns beginnen zu singen, / Sie, die des Helikon Höhe bewohnen, /
Die mächtige, gotterfüllte, / Und um die veilchendunkle Quelle / Tanzen (*Terpsichore*) sie mit zarten Füßen, / Um den Altar des hochmächti-
gen Sohnes des Kronos; / Und erst baden sie ihre feine Haut / In den
Wassern des Permessos / Oder der Roßquelle oder des gotterfüllten Ol-
meios / Und führen dann oben auf dem Gipfel des Helikon / Ihre Reigen (*Terpsichore*) auf, / Schöne (*Kalliope*), sehnsuchtserweckende
(*Erato*), / Und setzen im Takt die Füße. / Von dort machen sie sich auf, /
Eingehüllt in den Schleier dichten Dunstes, / Und in den Nächten ziehen sie oft dahin / Und lassen ihre makellos schönen Stimmen (*Kalliope*)
erschallen / Und preisen (*Polyhymnia*) Zeus [...].“[299] Es folgen weitere
Namen des heiligen Geschlechts der Unsterblichen. Tanzend, preisend,
singend und sagend neigen sie sich von den Höhen herab dem Hirten
zu, den sie aufrütteln aus seinem trüb- und stumpfsinnig dahinziehen-
den Dasein, ehe sie ihn zur Muße anstimmen und ihm zur Quelle seiner
Begeisterung werden, indem sie ihn zugleich auszeichnen vor anderen:
„Die Göttinnen haben eines Tages / Hesiod schönen Gesang gelehrt, /
Wie er die Schafe weidete / Am Hang des gotterfüllten Helikon / Und
das war das Wort, das im Anbeginn / Die Göttinnen zu mir sprachen, /
Sie, die Musen des Olymps, des Aigisherren Töchter: / ‚Ihr Hirten, un-
behauste, traurige Gesellen, / Nichts als Bäuche, / Wir wissen trügenden
Schein (*pseudea*) in Fülle zu sagen, / Dem Wirklichen ähnlich, / Wir wis-

---

[298] Darauf wurde öfters hingewiesen. Vgl. z. B. den Kommentar des Überset-
zers Otto Schönberger, in: Hesiod, Theogonia, Stuttgart 2002, S. 83
[299] Hesiod, Theogonia, a.a.O., V. 1 f.

sen aber auch, wenn es uns beliebt, / Wahres (*etymoisin*) zu künden.' /
So sprachen des großen Zeus Töchter, / Die über das rechte Wort verfügen, / Und gaben mir den Stab des Sprechers, / Des stark sprossenden
Lorbeers Zweig, / Ihn mir zu brechen, den bewunderten, / Und hauch-
ten mir die Stimme ein, göttliche / Auf daß ich rühme (*Kleio*), was sein
wird / Und was vorher gewesen. / Und sie hießen mich preisen (*Polyhymnia*) der Seligen Geschlecht, / Der fort und fort Seienden, / Sie selber aber zuerst und zuletzt allezeit zu singen (*Melpomene*)."[300]
      Es wäre banal zu unterstellen, Hesiod habe mit diesen Äußerungen
die Musen zugleich als Wahrsagerinnen wie als Gauklerinnen vorstellen
wollen. Mag auch das Nebensächliche gelten, daß Hesiod zudem die
Glaubwürdigkeit der von ihm dichterisch dargestellten Genealogien
und Geschehnisse unterstreichen wollte: mit diesem ihrem Selbstbe-
kenntnis hebt er vielmehr das hervor, was schlechthin das Wesen der
Musen ausmacht: daß es ihnen nicht darum geht, zu täuschen oder
wahrhaftig zu sein, sondern darum, – wie überhaupt die Dinge und Geschehnisse in ihrer Bedeutsamkeit, so auch das Wahre oder Trügerische
sagend darzustellen auf ihre festliche, glänzende Weise. Und der Dichter
wird durch sie zum Seher und Künder dessen, nicht nur was zu feiern
und zu preisen ist, sondern dessen andere Zeit angebrochen ist, die Zeit-
Weise des Festes, die alles in die Stimmigkeit ihres Glanzes taucht, anstatt sie nur der Gegenwart, Vergangenheit oder Zukunft auszusetzen.
Und man wird Spuren davon noch in der Einteilung der Redeformen
durch Aristoteles finden, mehr noch in seiner Auflistung dessen, worauf
sich die poetischen und bildnerischen Darstellungsweisen beziehen.[301] –
Hesiod betont dann durch eine Wiederholung *seines* Beginnens, daß der
Ursprung aller festlichen Offenbarung bei den Musen liegt: „Nun denn,
mit den Musen laßt uns beginnen, / Sie, die Zeus dem Vater mit ihrem

---

[300] Ebd., V. 22 f.
[301] Aristoteles, 1. Rhetorik, Übers. F. G. Sieveke, 1. Buch. 3. Kap. 2. Poetik,
München 1980, S. 25 : „Da der Dichter ein Nachahmer ist, genau wie der Maler
oder ein anderer Bildner, so muß er immer eines von den drei Dingen nachahmen, die es gibt: man soll die Wirklichkeit nachahmen, entweder so, wie sie war
oder ist, oder so, wie man sagt, daß sie sei, und wie man meint, oder so, wie sie
sein soll."
Irreführend ist also die Übersetzung von ‚mimesis‘ mit ‚Nachahmung‘, zumal
Aristoteles an anderer Stelle sogar die Darstellung des Unmöglichen mit einbe-
zieht, solange das nicht jeder Wahrscheinlichkeit widerspricht. Das eigentliche
Kriterium der Darstellung liegt in ihrem *Thema*!

Preisen (*Polyhymnia*) / Erfreuen (*Euterpe*) den großen Sinn, droben im Olymp, / Wenn sie sagen, was da ist, was sein wird, / Was vorher gewesen, / Und ihre Stimmen erklingen wie eine. / Und ihnen strömt ohne Ermatten die Stimme / Hervor aus dem Munde süß. Es lacht das Haus des Vaters, des machtvoll donnernden Zeus, / Wenn der Göttinnen lilienklarer Schall sich ausbreitet; / Es hallen wider die Gipfel des schneeigen Olymp / Und die Wohnstätten der Unsterblichen (*Urania*). / Sie aber senden aus die Botschaft unvergänglicher Rede / Und rühmen (*Kleio*) zuerst in ihrem Gesang / Der Götter ehrwürdiges Geschlecht, von Anbeginn an [...] / [...] Dann wieder preisen (*Polyhymnia*) sie der Menschen Geschlecht / Und der starken Giganten / Und erfreuen (*Euterpe*) des Zeus Sinn dort im Olymp."[302] Es erklingen die Stimmen der Musen nicht nur im Reigen und als Chor ‚wie eine‘, sondern zumal dadurch, daß *jede* der Musenstimmen rühmend und freuend, blühend und singend, tanzend und liebreizend, lobpreisend, himmlisch und schlechthin schön ist. Und nicht zufällig bildet das Rühmen und die Schönheit die Klammer dessen, was da (er-)zählt.

Nachdem Hesiod ihre Abstammung aus der Vereinigung von Zeus und Mnemosyne und ihre Geburt dargelegt hat, spricht er von den neun Mädchen: „Einträchtig im Sinn, / Die von Gesang (*Melpomene/Kalliope*) erfüllt sind in ihrer Brust / Und haben zu eigen ein Herz ohne Kummer (*Euterpe*), / Nicht weit ab vom höchsten Gipfel, dem schneeigen Olymp, / Auf dem ihre schimmernden Tanzplätze sind / und schönen Wohnungen (*Urania*). / Und neben ihnen haben *Chariten* und Sehnsucht (*Himeros*) / Ihre Häuser, in festlichen Freuden (*Thaleia*)./ Und reizende Rede (*Erato/Polyhymnia/Kleio*) geht aus von ihrem Mund, / Und sie tanzen (*Terpsichore/Melpomene*) zum Sang, / Und aller Unsterblichen Weisen und vollkommenen Wandel / Rühmen (*Kleio/Polyhymnia*) sie, Und liebreizende Rede (*Erato*) geht von ihnen aus./ – Die zogen damals zum Olymp, / Prangend (*Thaleia*) in schöner Stimme (*Kalliope*), / In göttlich melodischem Schritt (*Terpsichore*), / Und ringsum jauchzte zu ihren Hymnen (*Polyhymnia*) die dunkle Erde, / Reizend war der Schall (*Erato*), der von ihren Füßen emporstieg, / Wie sie schritten (*Terpsichore*) hin zum Sitz ihres Vaters."[303] – Und nun erst zählt Hesiod ihre Namen auf!

---

[302] Hesiod, Theogonie, a.a.O., V. 36 f.
[303] Ebd., V. 60 f.

Hier bereits wird der ‚*musikalische*' Grundton der einträchtigen (*omophronas*) Musen verständlicher: ‚Gesang', nämlich das gliedernd Fügende von *melos* und *rhythmos* als dem Stimmigen schlechthin, durchzieht nicht nur in Form der schönen Stimme die Rede, nicht nur den Schall ihrer schreitenden Stimme und den Tanz jeder ihrer Bewegungen, Gebärden und Gesten, sondern jede Art des ‚Ausdrucks' und zwar auch dessen, worauf sie sich als ‚Wissende' beziehen: die be-stimmte als gestimmte Bedeutung dessen, was war, ist und sein wird, als das Notwendige, das Wirkliche, als das Mögliche oder Unmögliche. Und diese Stimmigkeit gibt als erfüllte von sich Kunde, ehe sie als anschauliche und verständige Form reflektierbar wird. – Was aber besagt es, daß die Musen selbst keinen Kummer kennen und niemals klagend ihr Wissen weitergeben? Was besagt die Freude, die sie selbst *sind* und nicht nur haben und mitteilen und verbreiten?

Es sind, wie Hesiod nun besonders hervorheben wird, diejenigen, denen das Allgemeinwohl der Polis anvertraut ist, denen die Musen Ehre erweisen: zunächst der von Zeus geförderte König, der sich an die Satzungen hält. „Dem träufeln sie auf die Zunge süßen Tau. / Und ihm fließen mild die Worte aus dem Mund. / Und die Leute alle schauen auf ihn, / wie er die Satzungen abwägt / Und auslegt mit geraden Urteilen. / Er spricht ohne Straucheln, / Und rasch vermag er auch einem großen Streit / Mit kundigen Worten zu beenden. / Denn darin besteht die Klugheit der Könige, / Daß sie den Leuten, die Schaden erlitten, / Auf dem Gerichtsplatz Geschehenes zur Umkehr bringen, / Ganz leicht, mit freundlichen Worten überredend."[304] – Die Musen werden hier nicht als Agentinnen eingesetzt, um soziale Konflikte zu lösen. Übel und Leid ‚zur Umkehr zu bringen' bleibt Aufgabe der Regenten und Richter unter Beistand von Zeus. Es würde die Musen zum Verschwinden bringen, sie als nützliche Mittel der Lebensbewältigung verwenden zu wollen. Doch daß die Befreiung von Bedrohungen, von Übel und Leid nicht einfach nur die Rückkehr in die Sorgen des ‚normalen' Alltags bedeutet, sondern *gefeiert* werden kann, um über die wiedergewonnene Ordnung der Verhältnisse hinaus diese in Stimmigkeit zu bringen, das ist das Werk der Musen.

Hesiod fährt fort: „Solcher Art ist der Musen heilige Gabe an die Menschen. / Denn so ist es, aus Vollmacht der Musen / Und des ferntreffenden Apollon sind sie da, / Die Sänger auf Erden und Meister der

---

[304] Ebd., V. 80 f.

Leier, / Von Zeus aber die Könige. / Und selig ist, wen die Musen lieben;
/ Süß fließt die Stimme ihm vom Munde. / Denn wenn einer auch Trauer
hegt in seinem Sinn, / Den frisches Leid befiel, / Und ist welk vor Kummer in seinem Herzen, / Dann aber der Sänger, der Gefolgsmann der
Musen, / Die rühmlichen Taten früherer Menschen preist / Und die seligen Götter, / Die auf dem Olymp ihre feste Wohnstatt haben, / Rasch
vergißt der dann seine Bedrückung / Und nicht mehr gedenkt er seines
Kummers, / Rasch wandten ihn davon ab der Göttinnen Gaben. – Seid
mir gegrüßt, Zeus' Kinder, / Schenkt mir sehnsuchtserweckenden Gesang. / Rühmt der Unsterblichen heiliges Geschlecht, / Der immerdar
Seienden / [...] Das sagt mir, ihr Musen, Bewohner der Häuser des
Olymps, / Von Anbeginn an, / Und sagt, was davon zuerst entstand. –
Wahrlich, zu allererst entstand / die gähnende Leere (*Chaos*) [...]."[305]

Wollte man glauben, der Leidende könne Trost finden, indem ihn die
Erinnerung an Vergangenes oder die Besinnung auf Fortdauerndes von
seinem Kummer ablenke und diesen zum Vergessen bringe, – dann würde man die musische Erfahrung mit bloßer Trunkenheit verwechseln.
Wo die Musen nur zum Remedium einer Verdrängung von Leid herabgesunken, sind sie auch schon durch Beruhigungs- und Rauschmittel ersetzt worden.[306] Das sind nur Anzeichen dafür, wie fern die Musen sind.
Und wo sie mit solchen Mitteln verwechselt werden konnten, läßt sich
fast dem alten Verdacht mancher Philosophen zustimmen, die Gabe der
,Musen' läge wohl eher in der ,Fülle trügenden Scheins'.

Können wir wieder hören lernen, was der Dichter damit meinte, daß
selig sei, wen die Musen lieben? Der Sänger ist es, der jene Gaben der
Musen weiterreicht, die Leid, Kummer, Bedrückung, Trauer abwenden
und vergessen lassen. Doch ganz sicher nicht dadurch, daß der Sänger
den Leidenden nur mit Heiterem und Fröhlichem von sich abzulenken
sucht. Wer singt mehr von Kummer und Leid als die Dichter! Um welches ,Vergessen' handelt es sich also? Die Musen entrücken denjenigen,

---

[305] Ebd. V. 93 f.
[306] Arthur Schopenhauer, (Die Welt als Wille und Vorstellung, Band I, in:
Sämtliche Werke Bd. 2, Leipzig 1938, S. 316), sieht die Zeit der Musen nur noch
von außen, da er in jeder Kontemplation einzig ein flüchtiges ,Quietiv des Willens' (S. 316) sieht und nicht mehr als eine ,kurze Feierstunde' (S. 415). In seiner
frühen Schrift, (Die Geburt der Tragödie aus dem Geiste der Musik, in: Nietzsches Werke Bd. 1, a.a.O., S. 88) sah Friedrich Nietzsche in der musischen Kunst
den Versuch, den ,Ekelgedanken über das Entsetzliche oder Absurde des
Daseins in Vorstellungen umzubiegen, mit denen sich leben lasse'.

der vor seinem Leid nur zu fliehen sucht, von der schmerzlichen, dumpfen, trüben Schwere, die ihn gefangen hält, um dieses Leid im höchsten Glanz seiner Darstellung dem eigenen erschauenden Verständnis allererst näher bringen zu können. Es geht nicht darum, die Sinnlosigkeit des Leidens ästhetisch zu rechtfertigen, sondern um das Wissen, daß es erst dann trostlos pures Leid ist, wenn es zudem klanglos verschwinden wird.

8.3. Freude

Die Musen: sie sind schlechthin die *Freude*, was der Dichter natürlich nur darstellen kann über uns vertraute Ausdrucksweisen psychischer Freude, indem sich die Musen ausgelassen zeigen in ihrem Rühmen, Erfreuen und Feiern, dem Singen, Tanzen und Verzaubern, dem Preisen, Himmeln und Verschönen schlechthin. Das bedeutet jedoch nicht, daß sie sich über etwas, an oder auf etwas freuen, im Gegensatz zum Leiden an etwas. Ihre Freude ist kein auf einen Gegenstand gerichtetes Gefühl sondern schlechthin *meta-psychisch*: eben der Glanz des Festes selbst. In welcher Weise daher menschliches Dasein an ihr teilhaben kann, wird noch zu klären sein. Zunächst werden wir ihrer nur denkend inne, nämlich sofern diese Freude das allgemeine Kriterium dafür ist, daß sich uns etwas in der *Stimmigkeit seines Maßes* zeigt. Diese allgemeine Freude ist zumal nicht ‚subjektiv‘ in Bezug auf das eigene gestillte und erfüllte Begehren zu deuten.[307] Im Feld des Begehrens, – mag im erreichten Zweck der Trieb oder das Wollen auch momentan aufgehoben sein – , kann man nur von einem subjektiven Kriterium je gefühlter Lust sprechen. Aber wieviel Lust und Freude wird nicht auch über Unstimmiges gefühlt! Und im Bereich bloßer Erfahrungen und ihrer Beurteilung andererseits gibt es überhaupt kein Kriterium für das, was stimmt oder nicht stimmt, nur eines über empirische Erfolge oder logische Richtigkeit. Die Stimmigkeit aber von Seiendem, wie sie als Gabe der Musen gilt, verweist auf sie als allgemeine Freude, wie diese *für sich* zu denken ist, nicht als ein

---

[307] Das Schiefe an Kants Ausdruck einer ‚Zweckmäßigkeit ohne Zweck‘ ist, daß er sich noch in der Verneinung des Zwecks auf diesen und somit auf das Begehren bezieht. Doch wirklich vom Problem des Zwecks unterschieden, bleibt uns das Problem der ‚Gemäßheit‘ oder besser: der ‚Stimmigkeit‘.

Gefühl, das sich etwas anderem verdankt und auf anderes gerichtet ist. Diese allgemeine Freude *ist* die *Aus-Gelassenheit* des Stimmigen.

Hesiod kann das natürlich nur im Bild eines bestimmten Ereignisses zur Darstellung bringen: nimmt man dieses bloß in seiner Singularität, könnte man kurzschlüssig folgern, die Musen würden sich einzig über die Neuordnung der Welt durch Zeus freuen, sie preisen und sie im Gesang und Tanz erst wahrhaft vollenden, wie Otto mit Verweis auf ein Pindar-Fragment bemerkte. Aber einem derart erfreulichen Ereignis entspräche dann andererseits viel Schreckliches und Beklagenswertes nicht nur in den Kämpfen kosmisch göttlichen Ausmaßes, die solchem Siege vorhergingen, sondern auch in den fortbestehenden grausamen Schicksalen von Sterblichen und manchen Unsterblichen. Niemals aber zeigen die Musen ein Mitgefühl, niemals sind sie mitfreuend oder mitleidend und klagend dargestellt worden. Man wird ja kaum annehmen wollen, sie genössen etwa eine triumphierende Freude und Genugtuung am Leid Anderer. Tiefer gesehen verweist an den neun Musen nichts auf eine psychische Freude (oder auf ein Leid) unmittelbar *an* den Ereignissen, von denen sie wissen. Wie also ist die allgemeine Freude der Musen zu verstehen? Was bedeutet, daß diese dem erlebbaren Freuen, welche das Erfreuliche erschließt, unvordenklich vorhergeht? Zumindest dies, daß sie sich nicht einfach, wie die eigenen Gefühle, nach jeweiliger Qualität, Intensität und Ausrichtung unterscheiden. Die Freude der Musen ist kein Affekt, nicht als freudiges Erschrecken im Unterschied zum Entsetztsein. Sie ist kein lustvoller Erregungszustand oder Erregungsverlauf im Gegensatz zum Mißvergnügen oder Schmerz; keine emotionale Ausrichtung auf etwas Erfreuliches, das bevorsteht, im Gegensatz zur Furcht vor etwas; nicht ein allgemeiner Gemütszustand im Gegensatz zu Leid, Kummer oder Trauer, nicht einmal überhaupt Freude am Leben im Gegensatz zur Angst vor dem Leben. Die allgemeine Freude der Musen ist überhaupt nicht durch ein Begehren bestimmt als ein erlebter seelischer Vorgang, der erhalten oder erstrebt werden will, im Gegensatz zu dem, den man zu meiden oder von dem man sich zu befreien sucht. Noch ist sie als Antwort oder Reaktion auf bestimmte Zustände oder Kräfte zu begreifen. Und die Frage nach ihren Motiven und Ursachen würde ins Leere zielen. Die allgemeine Freude der Musen ist, was menschlichem Dasein als Stimmiges zufallen kann, das auf keinen anderweitigen Grund verweist, von dem her es bestimmt und gestimmt würde. Und diese Stimmigkeit überragt nicht etwa die Neuordnung der

Welt durch Zeus, wie die meisten Interpreten annehmen wollten, und wie auch die Feier als Hoch-Zeit noch nahelegt, sondern durchdringt sie. – Was aber können wir heute noch davon verstehen?

Hesiod hatte in den Musen die Mannigfaltigkeit gesehen, in welcher sich das allgemeine Dasein der Freude angemessen darstellt. Sie zeigt sich als selbst schöne (*Kalliope*) Freude, als strahlende und blühende (*Thaleia*) und himmlische (*Urania*) Freude. Sie gibt sich singend (*Melpomene*) als das freudige Erklingenlassen der Stimmen oder Instrumente, und tanzend (*Terpsichore*), im Reigen und im rhythmischen Drehen und Springen der Leiber, ihres Herzschlages und Atems, ihrer Glieder ebenso wie ihrer Sinne und Gedanken, so daß die Wege selbst in Bewegung geraten und tanzen. Und die Freude in ihrem festlichen Erscheinen treibt immer schon über sich hinaus, indem sie Kunde von sich verbreitet und, auf sich weisend, sich heraus- und emporstellt (*Kleio / Polyhymnia*) und alles andere mit in den Wirbel ihrer nüchternen Trunkenheit hineinreißt (*Euterpe / Erato*). – In solcher Ekstatik metapsychischer Freude geht es nicht mehr nur um die entlastende Voraussetzung von Muße, um das ‚Vergessen der Übel und Ruhe vor den Sorgen‘, sondern um ein verändertes inneres Zeitmaß, worin nicht die Beständigkeit die Vergänglichkeit, nicht die Unsterblichkeit die Sterblichkeit zu verdrängen hat, damit dann doch diese jene wieder mit sich in die Leere reißen, sondern in der das Kommen und Gehen des Währenden in einer in sich stimmenden Spannung der Gezeiten geschieht und sich darstellt im innewerdenden Gedenken. Diese ‚Musik‘ vor aller Musik, vor allen Künsten, Wissenschaften, Gesetzgebungen und Rechtsprechungen wird aber übersehen, wenn man meint, in *theoria* und *contemplatio* werde nur eine wie auch sich selbst feiernde ‚Schau‘ des Göttlichen[308] in dessen in sich ruhender Vollendung bemerkt. Leicht verfälscht sich auf diese Weise die allgemeine Freude der Musen zu einer bloß ‚höheren‘ Schaulust an den leidenden und selten glückenden Schicksalen lebendiger Wesen, – eine ‚göttliche Lust‘, an welcher dann der ‚Philosoph‘, der sich doch vom bloßen Gaffer unterscheiden will, irgendwie auf höhere Art teilzunehmen glaubt, obgleich diese göttliche Lust sich ausnimmt wie die Verklärung einer Lust am Leid der Anderen, mag sie sich auch ‚vornehm‘ zurückhalten im Gegensatz zur Lust tätiger Zerstörung und

---

[308] Hans-Georg Gadamer, Wahrheit und Methode, Tübingen 1975, S. 118 f.; und: Hannelore Rausch, Theoria. Von ihrer sakralen zur philosophischen Bedeutung, a.a.O.

Grausamkeit[309]. *Theoria* verweist vielmehr auf die Musen, auf eine dem Erleben vorgängige Freude. Und was darin als das ‚Göttliche‘ angesprochen wurde, ist nicht die Vollkommenheit, in welcher nichts offen bleibt, sondern die uns erst im Staunen zugängliche Befremdlichkeit alles Stimmigen, soweit diese in der Muße jeder Last der Alltäglichkeit und allem Streben und Widerstreben, aber auch der Leichtfertigkeit des Unterhaltsamen entrückt bleibt, wodurch Muße allererst in den Stimmungen zum Medium alles Seienden werden kann. Wie bemerkt, geht es in der Freude der Musen nicht um die Erfülltheit irgendeines Begehrens oder um die gänzliche Aufhebung eines Mangels, sondern um eine Entnäherung, durch welche eine mögliche Stimmigkeit erst erfühlbar wird. Ich spreche von ‚Entnäherung‘, weil es nicht um ‚Entfernung‘ und ‚kritische Distanz‘ zwischen einem singulären Ereignis und seiner Darstellung geht, sondern zumal darum, aus einer *zu nahe* gehenden Eingenommenheit zu einer spürbaren ‚Nachbarschaft‘ zu kommen. Und weil es nicht um Erfüllung geht, kann die allgemeine Freude der Musen auch nicht als ‚Gefühl der Vollkommenheit‘[310] und nicht einmal als ‚Übergang zu größerer Vollkommenheit‘[311] verstanden werden. Kant ist zweifellos zuzustimmen, wenn er die alte platonische Auffassung – auch noch in Baumgartens *Philosophie der Grazien und der Musen*[312] – zurückweist, der Begriff der Vollkommenheit könne etwas zum Verständnis von

---

[309] Ungereimt ist es, wie Schiller tat, überhaupt vom ‚Vergnügen an tragischen Gegenständen‘ zu sprechen. Er verwechselt die Ebene der Darstellung mit der Betroffenheit über den dargestellten Untergang des Helden (Vgl. Friedrich Schiller, Über den Grund des Vergnügens an tragischen Gegenständen, in: Schillers Werke Bd. 8, Hg. L. Bellermann, Leipzig – Wien 1895). Wir können uns an einer Darstellung des Tragischen freuen, aber erfreuen uns normalerweise nicht am Tragischen selbst. Wenn der junge Nietzsche in seiner Geburt der Tragödie (Nietzsches Werke Bd. 1, a.a.O.) mit Schopenhauer von einer ‚höheren Lust‘ (S.199) am leidvollen Untergang des Individuums als bloßer Scheinwelt spricht, dann erscheint allerdings die vulgäre Freude am Leid Anderer ins meta-physisch Kosmische aufgebläht, noch ganz im Sinne einer bestimmten Auslegung des Sündenfalls als Abfall von Gott oder vom ‚Weltwillen‘, – eine Vereinzelung, die nur mit dem Tod gesühnt werden kann.

[310] G. W. Leibniz, Neue Abhandlung über den menschlichen Verstand, Leipzig 1904, II, Kap. 21, § 42. Dazu: J. G. Fichte, Grundlage der gesamten Wissenschaftslehre (1794), in: Werke Bd. I, a.a.O., S. 328

[311] Benedikt de Spinoza, Die Ethik nach geometrischer Methode dargestellt, 3. Teil, Hamburg 1963, S. 168

[312] A. G. Baumgarten, Metaphysik, 3.Teil, § 533, in: Texte zur Grundlegung der Ästhetik, Hrsg. H. R. Schweizer, Hamburg 1983

Schönheit als Stimmigkeit beitragen.[313] In der allgemeinen Freude der
Musen geht es nicht um ein ‚Wozu‘ des Zusammenstimmens, nicht um
einen inneren Zweck von Einheit und Ganzheit des Mannigfaltigen, der
erfüllt sein müsse und der doch gerade deshalb der Geschichte des Begehrens und des Mangels verschuldet bliebe.[314] Ihre meta-psychische
Weise von Aufgeschlossenheit und Darstellung gibt der musischen
Freude den Sinn einer Stimmigkeit im Horizont offener Möglichkeiten,
die nicht hergestellt, sondern nur als Ereignis erspürt werden kann. Die
allgemeine Freude der Musen *ist* diese Gestimmtheit und Stimmigkeit
glückhafter Situationen und gelungener Darstellungen,[315] was nicht
nachträglich als ‚Richtigkeit von Verhältnissen‘ oder als ‚erfüllter
Zweck‘ auszulegen ist, wie es manche Theodizeen und Philosophien der
Kunst und manche Ästhetiken nahelegen. Sie ist grundsätzlich nichts,
was willentlich hervorgebracht werden kann.

8.4. Festlichkeit

Man wird bereits bemerken, daß wir mit dieser ‚allgemeinen Freude‘ der
Musen zum Wesen der Muße zurückkehrten, zur Festlichkeit schlechthin. Mit ihr ist nicht ein unmittelbares Fühlen, sondern die Festlichkeit
und der Glanz *auch* der Gefühle gemeint, die nun aber, unter Einbezie-
hung der Musen, das Kriterium ihres Gelingens, die Stimmigkeit ihrer
Darstellung, kundgibt. – Es gehört dagegen zur herrschenden Zeitnot,
daß Feste weniger als Ereignisse geschehen, welche das Dasein existenzi-
ell umbesinnen, sondern zumal als erholsame, vergnügliche, betäubende
oder erhebende ‚Erlebnisse‘, welche als bloß entspannende die alltägliche Zeitlichkeit bestätigen anstatt ihr zu entrücken. Kennzeichnend dafür, wie fern und schwer den Menschen die Musen geworden sind, ist die
häufige Rede von ‚leichter Muse‘. Es geht darum, diese vermeintliche
Muse in einem aufwandslosen Konsumieren zugleich als belanglos vergessen zu können. Solche verhüllende Ferne des Wesens der Festlichkeit
war immer schon dort am Werk, wo die Bedeutsamkeit der feierlichen

---

[313] Immanuel Kant, Kritik der Urteilskraft, § 15, a.a.O., S. 306
[314] Allerdings bleibt der kantische Gegenbegriff der ‚Reinheit‘ zu sehr eine nur
negative Bestimmung von Schönheit, die schließlich mit dem Verlust ihres
Inhalts zur ‚trockenen‘ wird und somit an Bedeutung verliert.
[315] Aristoteles, Poetik, a.a.O., S. 27

Anlässe die des Festes selbst in den Hintergrund drängten. Die uneingeschränkte Abkehr von jeder Nützlichkeit und Zweckmäßigkeit, die den Glanz des Festes als rückhaltlose Verausgabung und Ausstrahlung kennzeichnet, beginnt zu bröckeln, wenn man es für Kulte instrumentalisiert und als Mittel der Verherrlichung und Feier göttlicher Vollkommenheit zu verwenden sucht, anstatt umgekehrt, wie Hölderlin es suchte, in der Festlichkeit die Möglichkeit zu sehen, vielleicht auch Göttlichem begegnen zu können. Mit der Vorherrschaft religiöser Handlungen tritt das Fest zurück hinter das Feiern eines ‚höchsten Gutes‘ als eines Zweckes in sich selbst, wodurch die Eigenart der Festlichkeit verdeckt wurde, nämlich der Glanz – nicht ‚jenseits‘ von Gut und Böse, sondern durch diese hindurch.

Als Dichter wußte Hesiod, daß die Musen das Wesen der Festlichkeit schlechthin ausdrücken. Das hat sich an der Struktur ihrer ‚sprechenden Namen‘ verdeutlichen lassen. Allgemein sind die Musen die vielfältig Austrahlenden, die unbedingt Gebenden, deren Geschenke nicht nur nicht den geringsten Nutzen bringen, sondern schlechthin umsonst und *für nichts* sind, sich also jedem Tausch entziehen, indem sie der Offenheit gewidmet sind. Und zugleich ist es die Eigenart dieser Geschenke, daß sie in dem Maße zunehmen, wie sie verausgabt werden. Weder vollenden daher die Musen die Weltordnung des Zeus, noch überhöhen sie eine vollendete Weltordnung durch Lobpreisungen und Spiele. Sie durchwesen vielmehr den Kosmos in ihrer rhythmisch-melodischen, tänzerischen Zeit-Weise, indem sie die bloße Richtigkeit der Ordnung abwandeln zu deren Stimmigkeit. Indem so die Ekstasen der Zeitlichkeit in jeder von ihnen wiederkehrt und doch niemals als gleiche wiederholt werden, brechen die geometrisierend-mechanischen Schematismen auf, um unvergleichliche Eigenzeiten freizulassen. Die alte Polarisierung von Dauer und Augenblick zerfällt daher in Hinsicht auf die Musen.

Mit den einzelnen Namen der Musen hatte Hesiod schlechthin die festliche *Erzählung* der Festlichkeit bezeichnet.[316] Mit *Kleio*, der Rühmenden, ist als erstes genannt, daß ein zu feierndes Fest überhaupt mit seiner Hervorhebung als Bedeutsames und Wesentliches beginnt, damit es herausrage und von sich als außergewöhnliches Ereignis künde und solche Kunde verbreite. *Euterpe* besagt nun, daß die bedeutsame Fest-

---

[316] Wo es um das Wagnis geht, die Musen *zu denken*, steht die philologische Frage nicht im Vordergrund, ob Hesiod oder seine Zeit solches gemeint haben könnte oder nicht.

lichkeit als allgemeine Freude sich ausdrückt, aufsteigt und unabsehbar seine Grenzen verschiebt. In *Thalia* wird dann das Ausgezeichnete und Beglückende genannt, nämlich das blühende, glänzende Fest selbst. Mit *Melpomene* zuerst beginnt die Festlichkeit dann ihre besonderen Gestaltungen hervorzukehren: Im *Singen* nimmt das Verlauten des Dichterischen seinerseits festliche Züge an, und anstatt nur als ‚Träger‘ eines ‚Ausdrucks‘ zu taugen, stellt es sich selbst dar. Im *Tanzen* wird aller Mittel- und Nützlichkeitscharakter leiblicher Bewegungen übersprungen, um allein das Gelingen leiblicher Bewegtheit zu feiern. Mit der Gestalt von *Terpsichore* nun vollzieht sich das Zusammenfügen der einzelnen Gestalten in einen ‚Reigen‘, einen ‚Chor‘, wodurch sich das Zusammenspiel alles Festlichen darstellt. Mit *Erato* zeigt sich dann die Festlichkeit in einer Weise, die allemal schon über das jeweilige Feiern zu bestimmten Zeiten hinausweist als ein Allgemeines, was außer in den Köpfen zumal in den Herzen ‚be-wahrt‘ ist, nicht ‚festgehalten‘, sondern mit der Wahrheit seines Währens betraut. Die Steigerung solchen Bewahrens, nämlich im vielfachen Betonen des dem Festlichen eigenen Wertes, ist mit *Polyhymnia* angesprochen. Und *Urania* macht deutlich, daß solches Auszeichnen des Festlichen durch sich selbst ein Erheben über alles Irdisch-Alltägliche hinaus darstellt, ohne daß dieses Himmlische in ein unerreichbares Jenseits entspringt. *Kalliope* schließlich ist die selbst schöne, mit sich zusammenstimmende Stimme des Schönen schlechthin, in welcher daher Schönheit als das sinnfreie Wesen der Festlichkeit genannt ist. Und wieder ist zu bedenken, daß im Namen jeder der Musen alle Musen angerufen sind. – Sollten nun diese Gedanken zum Wesen der Festlichkeit befremden, dann haben sie ihre Berechtigung gefunden. Und die Frage taucht auf, wie denn die Musen menschliches Dasein angehen.

9. Staunen

Sokrates bemerkt in Platons *Theaitetos*: „Denn dies ist der Zustand eines gar sehr die Weisheit liebenden Mannes, das Erstaunen; ja es gibt keinen anderen Anfang der Philosophie als diesen, und wer gesagt hat, Iris sei die Tochter des Thaumas, scheint die Abstammung nicht übel getroffen zu haben."[317] – *Iris* die Tochter des *Thaumas*? Würden wir heute nicht vielmehr sagen, Iris, die Götterbotin, die über den Regenbogen Himmel und Erde verbindet, sie sei es, die unser Erstaunen wecke? Dann aber würde nicht sie von Thaumas abstammen, sondern umgekehrt Thaumas von ihr, da es der Regenbogen wäre, der Staunen auslöste. Sokrates aber sagt mit Hesiod[318], daß vielmehr im Staunen, Thaumas, der Grund dafür liege, im Regenbogen, Iris, den ungewöhnlichen Gang einer Botin sehen zu können.[319] Das Staunen, dieser wiederkehrende Ursprung der Philosophie, wird also nicht als die Auswirkung einer seltsamen Erscheinung auf unsere Gemütsverfassung verstanden. Es geht nicht um Ereignisse, die in der Weise der Ausnahme den Alltag bestätigen, indem sie als Sensationen Aufsehen und Neugierde erregen. Vielmehr erfaßt solches Staunen das Dasein, damit es der *Befremdlichkeit* von Seiendem aus-gesetzt sein kann und zwar unabhängig davon, ob es *uns* zuvor vertraut oder unbekannt, verständlich oder unbegreiflich erschienen war. Dieses Staunen hat nichts mit einem Affekt begriffsstutziger Verständnislosig-keit zu tun. Es ist vielmehr umgekehrt die Weise, erscheinende Befremd-

[317] Platon, Theaitetos, 155 d, in: Werke Bd. 4, a.a.O., S. 120
[318] Hesiod, Theogonia, a. a. O., V. 265, S. 39
[319] Damir Barbarić bemerkt in seinem Aufsatz *Das Zwischen*: „In der Tat kommt ‚to thaumazein' nicht nur bei Homer, sondern auch sonst bei den frühen Griechen immer dann vor, wenn es ums Göttliche geht, sei es dann, wenn die Götter selbst gezeigt werden sollen oder wenn etwas Sterbliches und Erdhaftes auf einmal im Lichte des Göttlichen erleuchtet.", Manuskript (2003), S. 10. Diese im Staunen ansprechende ‚Göttlichkeit' entzieht sich nicht jedem Begreifen auf Grund ihrer vermeintlichen Absolutheit, ihres ‚Freigesprochenseins' von allem Maß, noch wird sie zum Inhalt eines Begriffs.

lichkeit als das *Bedenkliche und Zu-Denken-Gebende* zu verstehen. So-
ches Staunen deckt nicht ein Nichtwissen auf; es versetzt vielmehr vor
alles Wissen und Nichtwissen zurück in ein ursprüngliches Verstehen
dessen, was als Befremdlichseiendes das Dasein angeht, als dasjenige
nämlich, was schlechthin nicht zum Eigenen gehört, nicht angeeignet
werden kann. Dabei geht es also nicht, wie beim ‚Wunder‘, um einen un-
erklärlich scheinenden Bruch mit dem Gesetzmäßigen, sondern um die
Weise, wie Dasein von Seiendem betroffen wird. So entrückt Thaumas
menschliches Dasein an den offenen Ort eines möglichen Anfangs, ob
der Regenbogen nun wie einst den Gang einer Götterbotin offenbart
oder die nicht weniger befremdliche Brechung von Licht in Regentrop-
fen.

Die im Staunen offenbarte Befremdlichkeit beschränkt sich nicht auf
Andersseiendes, sondern holt nicht weniger das eigene Dasein ein, so
daß das Eigene die es selbst betreffende Befremdlichkeit zu vernehmen
vermag. Im Staunen liegt daher das wiederkehrende, uranfängliche Zer-
springen der Bedenkenlosigkeit und somit das Entspringen von Philosophie. Und wenn dies sich nur in Muße ereignen kann, dann eben nicht in
Entspannung oder Anspannung, sondern in der Weise jener *aus*-span-
nenden Gelassenheit und festlichen Ausgelassenheit, welche Befremdlichkeit zuläßt.

Doch nicht nur wendet sich das Staunen dem Verstehen zu und gibt
einen Weg frei, von sich weg zum Begreifen. Es vermag sich der Befremdlichkeit des Staunens als dem Bedenklichen selbst zuzuwenden.
Die Mythe, wie Hesiod sie vor uns gebracht hat, kann näherbringen,
was sich der Selbstverständlichkeit entzieht: So wenig wie seine Eltern
Gaia und *Pontos*, Erde und Meer, ist Thaumas eine schon als Person ver-
festigte Gottheit, sondern eine waltende Macht. Es ist Gaia, wie schon
angedeutet, die sich aufspreizt in den Grund ihrer selbst und den Abgrund (7.1.).[320] Thaumas wird also gesehen als das ‚Gespinst‘ zwischen
einem tragenden Grund und einem Abgrund, der nur trügerisch zu tragen scheint, also als ein ‚geisterhaft‘ Drittes zwischen dem Steten und
Unsteten, zwischen Ruhe und bewegender Unruhe, zwischen Bestand
und Unbeständigkeit. Thaumas – so werden wir schon ins ordnende Begreifen übersetzen – dieses Staunen hemmt den bloßen Verlauf und
Gang nicht nur des Gewohnten und Üblichen sondern auch des momentan Auffälligen und Außergewöhnlichen. Es hält das nur flüchtig

---

[320] Hesiod, Thegonie, a.a.O., V. 132 f.

Verfließende auf, bringt das Meer mit seinen unfaßbaren Wechseln in bestimmten Gestalten zum ‚Stehen‘ (dem indoeuropäischen Wortstamm
von ‚Staunen‘ und ‚Stauen‘). Und umgekehrt mag solches Staunen zu
verstehen geben, daß alles Feste und Beständige nur im Aufschub eines
Wandels beruht. Doch die Zeitlichkeit des Staunens selbst zeigt sich am
wenigsten in dem, was dahingeht oder sich anbahnt, rascher oder ge-
mächlicher. Sie zeigt sich als *Über-Raschung*. Damit ist nicht das Auftauchen eines äußerst raschen Ereignisses gemeint, das sich weder erwarten noch verfolgen ließ und daher durch seine Plötzlichkeit
erschreckt und außer Fassung bringt. Die Erstaunlichkeit des Staunens
überschreitet jede Geschwindigkeit, ja die Richtung alltäglicher Zeitlichkeit überhaupt mit dem Drängen unentwegter Zeitverluste und Zeitge-
winne und deren leeren Bilanzierungen. Die über-rasche Zeit des Staunens *entwegt* die Unentwegtheit ihres Kommens und Gehens und bricht
auf in ihr Ge-lück (6.5.), und in stimmig-spannender Gelassenheit gibt
sie – Muße.

Im Staunen über das Staunen wird das Befremdliche verstanden, daß
dieses Staunen *noch* und *schon* da ist und jedes So-Seiende auch *noch*
und *schon* in sein Befremdlich-Sein getaucht hat. Die Bestimmtheit von
Seiendem als ‚selbständig‘ oder ‚abhängig‘ tritt zurück in ein *Scheinen*,
das sich nicht einmal von seiner Selbständigkeit abhängig macht. Und
Hesiod legte uns diesen Gedanken nahe, indem er die Mythe von einer
Vereinigung des Staunens mit dem Scheinen sprechen läßt: „Thaumas
aber führte heim / Des tiefströmenden Okeanos Tochter Elektra / Sie
gebar die schnelle Iris und die schönhaarigen Harpyien.“[321] *Elektra*, die
Scheinende, Tochter des mächtig flutenden Ringstromes, gebärt die
Götterbotin Iris mit dem wunderbar zu schauenden Regenbogen, der
den Menschen ebenso Unheil verheißen, wie Segen verkünden kann,
aber auch die furchtbar zu schauenden *Harpyien*, die geflügelten Wind-
geister unfaßlicher Gestalt, welche die Sterblichen entrücken oder da-
hinraffen können. Aus der Vereinigung von Thaumas mit der lichtflu-
tenden Elektra entspringt, was durch das Staunen und Scheinen allererst
ermöglicht wird: die Botin Iris und ihre Himmel und Erde verbindende
Spur des Regenbogens, aber auch die Harpyien, welche die Sterblichen
von ihren gewohnten Orten zu entrücken vermögen. – Im Deutschen
verweist das Adverb, das die Zeit der Überraschung ausdrücken soll,
nämlich das Adverb ‚schon‘, zurück auf das Er-‚schauen‘ (2.3.2.) dessen,

---

[321] Ebd., V. 265

was nur im Staunen scheint: *Schönheit* – und zwar soweit sie Seiendes, jede Ordnung durchdringend, zu einer befremdlichen Stimmigkeit bringt, sei sie nun ‚schonend' oder furchtbar.

Aber, so scheint mir, diese mythisch-dichterisch erschauten Zusammenhänge begannen in dem Augenblick zu verblassen, als *Poros*, die Findigkeit, und *Penia*, die Dürftigkeit, sich gleichsam vor Thaumas und Elektra zu stellen begannen und in der Folge der dämonische Bote *Eros*, der, in der Auffassung Diotimas, zwischen Sterblichen und Unsterblichen mittle[322], seinen Schatten auf die göttliche Botin Iris warf. Von solcher Dämonie her legte, wie bemerkt, auch Aristoteles den Gedanken der *eu-daimonia* aus. Seither wird das Staunen vorrangig vom menschlichen *Begehren* nach Wissen her, als dem verheißenen Glück, verstanden. So schreibt Aristoteles in der *Metaphysik*: „Wie heute, so ging auch schon damals das Philosophieren der Menschen von der Verwunderung aus. Anfänglich verwunderten sie sich über das Unerklärliche, das sie unmittelbar vor Augen hatten, gingen dann Schritt für Schritt weiter und machten auch größere Dinge zum Problem – wie die Affektionen des Mondes und der Sonne oder wie die Sterne und die Entstehung des Alls. Wer aber etwas zum Problem macht und sich über etwas wundert, der vermeint es nicht zu kennen. (Deshalb ist auch der Freund der Mythen in gewissem Sinne Philosoph, denn die Mythen bestehen ja aus Wunderbarem.) Wenn also die Menschen philosophierten, um die Unwissenheit zu überwinden, so suchten sie offenbar Wissenschaft, um zu wissen, nicht um des Nutzens willen. Das bestätigt auch der tatsächliche Verlauf der Dinge; denn erst als nahezu alle Lebensnotwendigkeiten, alle Dinge der Bequemlichkeit und des Lebensgenusses vorhanden waren, begann man eine solche Einsicht zu suchen."[323]

Aus diesen Sätzen spricht nicht mehr unumwunden ein Staunen über das Staunen aus der Tiefe, kein Staunen über seine mögliche Wiederkehr, in welcher sich die Abgründigkeit von Philosophie meldet. Und wenn auch ohne die nun ferner weilenden Thaumas und Elektra wohl nicht einmal das Verstehen von Nicht-Wissen möglich wäre, so sind doch die

---

[322] Platon, Symposion 204 b, in: Werke Bd. 2, a.a.O., S. 233
[323] Aristoteles, Metaphysik, Buch A, 2. Kap., 982 b (Übers. Bassenge). Vgl. zur erkenntniskritischen Funktion des Staunens, die sich in diesen Sätzen zeigt: Hans-Helmuth Gander, Selbstverständnis und Lebenswelt. Grundzüge einer phänomenologischen Hermeneutik im Ausgang von Husserl und Heidegger, Frankfurt a. M. 2001, S. 82 ff.

Würfel für eine Verkehrung gefallen, welche das Denken heute mehr denn je beherrscht. Nicht mehr versetzt Staunen in ein festliches Verstehen des Befremdlichen. Es sank herab zu etwas affektiv Kindlichem und soll nun zugleich dazu dienen, Wißbegierde zu erregen, eine Wißbegierde, die sich unbefriedigt fühlen soll angesichts des Befremdlichen, das zum bloß Bedürftigen (*penia*), zum Mangelhaften des Unbekannten und Ungewußten herabgesunken ist, und zwar so lange, bis es dem Wißbegierigen gelungen sei, machtvoll über das Wissen und Können zu verfügen. Das Staunen verkümmert so zu einem Affekt, der allenfalls noch den inizialen Sinn hat, Neugier und Argwohn zu reizen. Verstärkt wieder seit Beginn der Neuzeit geht man findig (*poros*) voran, um sich zu *vergewissern*, um methodische Zweifel und Techniken der Problematisierung, um endlose Forschungen und Entdeckungsfahrten in Gang zu setzen. Um sich zudem praktisch zu *versichern,* geht man zu systematischen Verdächtigungen mit endlosen Ermittlungen über. Plötzlich war jedes Phänomen, das sich nicht *durchleuchten* ließ auf etwas anderes hin, in Verdacht geraten, Schein – nicht mehr im Sinne Elektras, sondern in dem einer trügerischen Verhüllung – zu sein, so daß man nicht mehr aufhörte, nach verborgenen Gründen und Ursachen zu fahnden. Und zugleich versuchten Ästhetiken noch eine zeitlang, zumindest den ‚schönen Schein‘ zu retten.

Die bedürftig-findige Wißbegier, als Gier nach Ordnung und Verfügbarkeit, wie sie bis zu Beginn des 20. Jahrhunderts zu sehr noch vom Einsatz einzelner Persönlichkeiten getragen war, wurde schließlich überführt in einen äußerlichen institutionellen Druck zur industriellen Wissensproduktion. Von den Auswirkungen blieb auch Philosophie als universitäres Lehrfach nicht verschont. Die Öffentlichkeit der technokratisch-ökonomisch orientierten Massengesellschaft legitimiert keine Persönlichkeiten bildende ‚Liebe zur Weisheit‘. – Kann es da überhaupt noch ein Vernehmen philosophischen Staunens, eine ‚Festlichkeit des Denkens‘ geben? Ein Erstaunen über die Befremdlichkeit von Weisheit, sofern diese den Umgang mit einem Wissen[324] zuläßt, das in sich selbst noch über die Musen ein stimmiges, Einsicht vergebendes Maß kennt? – Sollte Muße, gegen die Bedrängnisse des Alltags und gegen die Leere der ‚Freizeit‘, sich überhaupt noch ereignen, dann würde sie mit der ihr eigenen Gelassenheit und Aus-*Spannung* ins Offene wohl anbieten, das

---

[324] Vgl. dazu: Alois Hahn, Zur Soziologie der Weisheit, in: Altern braucht Zukunft, Hrsg. B. Hoppe und Chr. Wulf, Hamburg 1996, S. 119

dem Wissen selbst eigene, festliche Maß in seiner Befremdlichkeit vernehmen zu können. – Worin dieses Maß in seiner Stimmigkeit beruht,
auch darauf verweist uns die Mythe des Dichters.

10. Stimmigkeit

10.1. Inspiration: Musen oder Engel?

Während menschliches Wissen, im Unterschied zu Stimmungen, vorrangig zergliedernd, vereinend und steuernd auf Richtigkeit zielt, und während das, was man für göttliches Wissen hielt, sich als offenbartes Gesetz gab, versetzten die Musen dasjenige, was sie zu wissen gaben, von vornherein in eine festliche, ‚grundmusikalische‘ Stimmigkeit. Mythisch gesehen geben sie den dadurch begabten und genialen Menschen nur diese Stimmigkeit zu ‚wissen‘, die dann in jeder glückhaften Situation, in jeder gelungenen Darstellung erspürbar sein und darin als Begeisterung und Besinnung ihrerseits ein Gefühl der Freude hervorrufen kann. Das unterscheidet ihre Gaben grundsätzlich davon, wie man sich später die Inspirationen durch Engel vorgestellt hat:

In mittelalterlichen Miniaturen, welche die Inspiration, die ‚Begeistung‘, darstellen, stehen Engel als Vermittler und Boten hinter den schreibenden Evangelisten, um ihnen die freudige oder fürchterlich drohende Botschaft ‚einzuflüstern‘, welche von diesen niedergeschrieben wird. Damit legen sie zudem Zeugnis von einem historischen Ereignis ab, das sich auf diese Weise nicht wiederholen wird.[325] Es sind Engel in männlicher Gestalt, die hier, wie es scheint, an die Stelle der Musen getreten sind. Zwar übertragen die Engel die Botschaft Gottes in eine menschliche Sprache. Aber sie wandeln dadurch nicht im geringsten den Sinn der Botschaft ab, geschweige daß sie Erklärungen dazu abgeben oder Deutungen vornehmen. Unter den menschlichen Verkündern allerdings konnte es von vornherein auch solche geben, die den Sinn der Botschaft mißverstehen oder gar verfälschen. – Es ist diese Struktur, die sich inzwischen in allen Medien-, Zeichen-, Informations- und Sprachtheorien durchgesetzt hat: zwischen den sendenden und empfangenden In-

---

[325] Vgl. vom Verfasser: Eine geringfügige Schrift, in: Paragrana Heft 1/92, Berlin 1992, S. 39 – 45

terpretanten von Botschaften sollen nur solche ‚engelhaften‘ Zeichen-Träger vermitteln, die in keiner Weise durch den Wechsel der Medien in die bezeichnete Bedeutung eingreifen, vielmehr schlechthin deren austauschbares Substrat bleiben.[326] Andernfalls entstünden unbeabsichtigte Mißverständnisse, wenn nicht gar chaotisch ‚rauschendes‘ Unverständnis. So offenbaren sich die Engel als technischer Imperativ.

Man neigte nun dazu, die Inspiration durch die Musen nach diesem Modell auszulegen, und spürte doch fortwährend, daß sich da anderes ereignete. Die Musen folgen ja nicht als Botschafterinnen einem göttlichen Auftrag, wie etwa Iris oder Hermes. Sie sind vielmehr die metapsychische Freude oder die Zeit-Weise des Festes, die, wie ich darzulegen versuchte, nicht nachträglich sondern immanent die Neuordnung der Welt als stimmende feiert[327], – eine Freudigkeit, an welchem der ästhetische Genuß allenfalls von ferne teilzunehmen vermag.[328] Die Gaben der Musen haben aber nicht den Charakter von Zeichen, die der von ihnen Begabte nur nach einem bestehenden Code zu entschlüsseln und auszulegen hätte; noch sind sie bloß Gebilde der Phantasie, die entweder nur äußerlich dargestellt oder wie ein Rohmaterial noch bearbeitet werden müßten. Die Gaben der Musen sind nichts, was sich als Gegenstand oder dessen Symbol einfach in Empfang nehmen ließe. Sie vollziehen sich vielmehr darin, daß sie im Augenblick der Muße, der festlich ausspannend-gelassenen Zeit, demjenigen, der sie zu empfangen vermag, in *Stimmung* versetzen. Und damit ist keineswegs eine verschwommene, entropisch rauschende Atmosphäre gemeint, sondern dasjenige, was sich im Erfühlen als Gestimmtheit erschließt. – Es gibt Weisen, wie sich das Freudenfest der Musen den Menschen erschloß. Aber sie sind nicht ohne weiteres zu verstehen. Und ihnen entgegengesetzt ist durchaus ein meta-psychisches Leid, die tiefe Unstimmigkeit, welche Menschen widerfährt in den bedrückenden, verzerrten Situationen und mißlungenen Darstellungen. Aber welcher trübsinnige Dämon dafür auch verantwortlich sein mag: niemals zeigt er sich in der Nähe der Musen. Wohl

---

[326] Vgl. vom Verfasser: Der Begriff Medium, in: Medienwissenschaft. Ein Handbuch zur Entwicklung der Medien und Kommunikationsformen, Hg. J. Leonhard u.a., 1. Teilband, Berlin – New York 1999, S. 247 – 281

[327] Georg Picht, Die Musen, in: Wahrheit. Vernunft. Verantwortung. Philosophische Studien, Stuttgart 1969, S. 141 – 162

[328] Das schimmert noch durch die Bedeutung hindurch, die Kant dem sensus communis als Anweisung auf eine ‚allgemeine Lust‘ zuschrieb: I. Kant, Kritik der Urteilskraft, a.a.O., § 21

aber könnte er bereits dort wirksam sein, wo man die Unstimmigkeit auf eine Weise der Stimmigkeit entgegengesetzt hat, daß letztere aller inner-strittigen Bewegtheit beraubt zur süßlichen oder lustvoll-grausamen Entspanntheit herabsank.

Die ‚Stimmung' war in den Ästhetiken des 19. Jahrhunderts zu einem Grundbegriff geworden, der das Erbe der verblassenden Ideen antrat, die wohl ihrerseits schon eine gewisse Ferne von der Schau des Festli-chen anzeigten. Doch anstatt in den Stimmungen wenigstens das ferne Echo gewaltiger Schönheit noch zu vernehmen und der Frage nach dem Stimmigen in ihnen nachzugehen, reduzierte man sie auf den psychi-schen Zustand der Subjekte, so daß Schönheit schließlich im Gefühl ih-res Genusses unterging. Es war daher nur konsequent, daß Denker im 20. Jahrhunderts mehr und mehr auf jeden Bezug zu Gefühlen verzich-teten und Ästhetik in einen Zweig perzeptiv ‚aisthetischer' oder semioti-scher Erkenntnistheorie umwandelten.[329]

Doch Stimmungen sind keine Gefühle. Intentionsloses Fühlen, als Empfinden, ist nur eine Weise, in welcher sich dem Dasein Stimmungen erlebbar erschließen, indem es von ihnen selbst gestimmt ist. Aber un-mittelbares Fühlen ist nur ein sehr beschränkter Zugang zu den Stim-mungen: wir selbst können durchaus sachlich oder heiter gestimmt sein und doch die bedrückende oder berauschende Aura eines Gegenstandes, die düstere, feierliche oder fahle Stimmung einer Landschaft, einer Si-tuation, eines Geschehens, eines Sinns erspüren, ohne in ihr Erleben ein-zutauchen. Gewiß kann es kein Gespür geben, das nicht seinerseits emp-findungsgestützt ist. Aber dem Erspüren ist eigen, eben die feinsten Nuancen der Stimmungen aufzuspüren, die wir auch dann verstehen, wenn wir sie derzeit nicht fühlen. Natürlich gibt es auch nebelhaft eintö-nige Stimmungen; aber Undifferenziertheit, in welcher jede Stimmigkeit oder Unstimmigkeit unterginge, ist auch dann nicht ihr Merkmal, wenn sich jede begriffliche Analytik als zu grob erwiese, um sie darstellen zu können. Im ‚Gespür' sind sie uns in der Feinheit von Unterschieden zu-gänglich, an welche das Fühlen allein so wenig wie analytisch die Sche-mata der Begriffe heranreichen.

Ich werde zunächst der Frage nachgehen, unter welchen Bedingungen das Fühlen überhaupt Erschlossenheit von Stimmungen sein kann.

---

[329] Vgl. Nelson Goodman, Sprachen der Kunst, a.a.O.

10.2. Entwurf der Gefühle

Es ist Sache menschlichen Daseins, zunächst *nachfühlend* der musischen Gestimmtheit innezuwerden. Doch in welcher Weise? Man kann nicht sagen, daß auf den, der sich von den Musen angestimmt fühlt, einfach deren Festfreude übertragen würde. Hesiod sprach davon, daß die Musen ihn ‚lehrten‘, daß sie ihn durch ihr Wissen bildeten: nämlich feinsinnig und gespürhaft innezuwerden des Erstaunlichen, Befremdlichen, Zu-Bedenkenden des Seienden und seiner Geschehnisse, ob erfreuliche oder leidvolle, um sie angemessen darstellen zu können. Es geht dabei nicht um Mitteilung von Geschehnissen, die jene erlebten, im Gedächtnis bewahrten oder voraussahen. Die Musen stiften, wie bemerkt, keinen darzustellenden Gegenstand, sondern, weit über bloß vollkommene Richtigkeit oder Erfülltheit hinaus, dasjenige, was an den Darstellungen, ihren Themen und Sujets, auf erstaunliche Weise stimmt. Und solche Stimmigkeit wird als um so ‚heiliger‘, nämlich unversehrter erspürbar, je mehr ihre Verletzlichkeit durch Unstimmigkeiten und Stimmungslosigkeiten geahnt und beachtet ist. Die Musen geben nur in dem Maße zu wissen, wie derjenige, der in bestimmte Stimmung gerät, fähig ist, sich anstimmen zu lassen. Wie aber ist das zu verstehen? Jedenfalls hat es so wenig mit dem Analogischen der Nachahmungen zu tun, daß vielmehr in diesem Mitschwingen gerade die Originalität desjenigen gesehen wird, dessen Darstellungsbegabung von den Musen gebildet scheint. Wie aber läßt sich verstehen, was es heißt, nachfühlend der Stimmigkeit innezuwerden? – Ich denke, daß erst ein wesentlich verändertes Verständnis dessen, was man ‚ästhetisches Gefühl‘ genannt hat, eine Antwort auf diese Frage suchen kann.

Nichts trifft das Phänomen des Gefühls weniger als die Rede von seiner angeblichen ‚Unmittelbarkeit‘, wenn darunter verstanden sein soll, sie seien ‚undefinierbar‘[330]. Ohne eine Zeitlichkeit des Fühlens, die erst im ‚Ge-Fühl‘ besinnend zu sich kommt, bliebe alles Fühlen nur bewußtlos in den je gegenwärtigen Empfindungen befangen und kein Dasein würde des eigenen Gefühls gewahr, in welches es gehalten ist. Alles andere als nebelhaft, ist ‚Fühlen‘, sofern es nicht mit dem an das Begehren gebundenen Ausbruch bloßer Affekte oder mit dem Drängen der Emotionen verwechselt wird, eine Weise des Erschließens, die über weit fein-

---

[330] So zumal: John Locke, Versuch über den menschlichen Verstand, 1. Bd., Kap. XX., Übers. D. H. Kirchmann, Hamburg 1981

sinnigere Differenzierungen verfügen kann als Empfindungen oder Begriffe. – Aus der Zurückweisung einer vermeintlichen Unmittelbarkeit des Fühlens läßt sich dagegen keineswegs schließen, das Gefühl wäre ‚genetisch‘ durch Zurückführung auf irgendwelche Ursachen verstehbar. Unter dem Gesichtspunkt der Ursachen und Wirkungen mögen ‚Einflüsse‘ auf die Gefühle oder auch der Gefühle auf Verhaltensweisen beschreibbar werden; aber das Phänomen selbst bleibt damit ausgeblendet. Zu solcher Ausblendung gehört auch die Vorstellung, Gefühle seien ein ‚inneres Erleben‘, mehr oder weniger leibspezifisch oder -unspezifisch, und zur Stummheit verurteilt, ehe der Einzelne ihnen, beabsichtigt oder nicht, Aus*druck* gebe und so erst ihre Mitteilbarkeit ermögliche. Was man gewöhnlich das ‚Erleben‘ von Gefühlen nennt, ist eine innerweltliche Geschehensweise, in deren Vollzug das Dasein sich in einer Spannung *gehalten* sieht, die zugleich als dieser ‚Inhalt‘ *vor* das Dasein gebracht ist. Und in diesem Sinne kennzeichnen Gefühle keine isoliert ‚inneren‘ Zustände oder Vorgänge einzelner Subjekte, sondern einen Modus ihres In-der-Welt-Seins.[331] Gefühle sind Weisen der Aufgeschlossenheit faktischer Befindlichkeit. Fühlend kommt innerweltlich Seiendes, sofern es gegenwärtig zugleich ‚schon nicht mehr‘ und ‚noch nicht‘ ist, auf bestimmte Weise in den Blick, um in einer unübersehbaren Vielheit von Nuancen als Erfreuliches oder Leidvolles erfahren zu werden, beziehbar auf Andere oder anderes oder auf das leibhaftige Dasein seiner selbst. – Doch zeigt sich durch diese *Ausrichtung* des Fühlens auf ein Gefühltes bereits ein Riß, der sich gleichsam durch das In-der-Welt-Sein zieht und der sich in der Redeweise manifestiert: ‚Anderes fühlend fühle ich mich selbst‘.[332] Die fühlende Ausrichtung auf das Gefühlte wird reflektiert, um der vermeintlichen ‚Hinkunft‘ eine ‚Herkunft‘ des Fühlens aus einem letzten Grund beizumessen. Und nicht selten wurde gemeint, ein weltloses Ich sei diese grundlegende Instanz einer unreduzierbaren Einzelheit, die sich fühle. In einem solchen ‚Ich‘ wird ein fühlendes ‚Subjekt‘ mit dem Gefühlten identifiziert, um das Gefühl dann als

---

[331] Vgl. Martin Heidegger, Sein und Zeit, a.a.O., S. 134. Auf die Differenz von Gefühl und Stimmung komme ich zurück. Und: Jean-Paul Sartre, Entwurf einer Theorie der Emotionen. Übers. A. Wagner, in: Die Transzendenz des Ego, Reinbek 1964, S. 151 – 195. – Sartres Trennung von Gefühl und Emotion, aus ähnlichen Gründen wie bei Fichte, verharrt, bei aller Anknüpfung an Heidegger, in der Tradition sogenannter ‚genetischer Erklärungsversuche‘.

[332] Vgl. zur klassischen Debatte: Manfred Frank, Selbstgefühl, Frankfurt a. M. 2002

bloß ‚subjektives' von allen anderen ‚äußeren Objekten' abzuziehen.
Vorgängig ist jedoch nicht, daß sich unser ‚inneres' Freuen oder Leiden
auf das Erfreuliche oder Leidvolle als auf etwas Äußeres bezieht, zu denen wir uns auch körperlich hinzurechnen können. Sondern die das Dasein überkommende Freude oder das Leid lassen es als das erscheinen,
was als *je so* In-der-Welt-Seiendes in Freude oder Leid gehalten und be-
findlich ist. Zum Sinn von Freude und Leid gehört von vornherein die
Weltlichkeit des Seienden wie des Daseins. Mit den Dingen oder Gedanken, mit den Gestalten oder Geschehnissen, die ihnen nahe gehen, sind
Menschen in Weisen von Freude oder Leid gehalten. Die vermeintliche
‚Passivität' der Gefühle findet darin ihre Auflösung: Gefühle überkom-
men das Dasein nicht passiv als ‚untätige', noch aktiv als ‚hergestellte',
sondern als erschließende. Aber es ist die Eigenart einer Intentionalität
des Fühlens, daß sie sich zwar aus dem Gefühl heraus bildet und doch in
diesem gehalten bleibt.

Im Unterschied nun zur alltäglichen Befindlichkeit geht es in der musischen Gestimmtheit, wie sie in festlicher Muße eröffnet ist, nicht allein
um Weltlichkeit erschließende Gefühle, sondern um deren fühlbare
Dargestelltheit. Was das bedeutet, ist nicht einfach zu beschreiben:

Wir verdanken Max Scheler die wichtige Unterscheidung zwischen einerseits ‚Einfühlung', so wie etwa Eltern sich eins fühlen können in der
Trauer oder Freude über ihr Kind oder wie sich Einzelne durch die Gefühle der Menge anstecken lassen; und andererseits ‚Mitgefühl', in wel-
chem es um das fühlende Verstehen der Gefühle des Anderen geht.[333]
Scheler nimmt nun von vornherein an, bei Mitfreude oder Mitleid ginge
es bereits um sittliche Gefühle, da sie die Anerkennung der Person des
Anderen und der ihm eigenen, uns fremden Gefühlswelt voraussetzten.
Damit wendet er sich zurecht gegen eine von Aristoteles über Kant bis
Nietzsche vorherrschende Denktradition, ‚Mitleid' kritisch zu beurteilen oder ethisch zurückzuweisen, weil angeblich der Mitleidvolle dem
Leiden des Anderen sein eigenes Leiden noch hinzufüge. Wäre dem so,
dann läge nur eine Gefühlsansteckung der Art vor, der zufolge in einer
Person ein gleichartiges Gefühl erweckt würde wie in einer anderen. Es
ginge überhaupt nicht um das Erfühlen der Gefühle des Anderen. Allerdings übersieht Scheler wohl aus einer überzogenen Kant-kritischen

---

[333] Max Scheler, 1.: Wesen und Formen der Sympathie, Bern – München 1973.
2.: Der Formalismus in der Ethik und die materiale Wertethik, Bern 1954, S. 343
f.

Haltung heraus, daß im Mitgefühl mit den Gefühlen des Anderen schon das Gefühl der Achtung zugrunde liegen muß, damit es als sittlich gelten kann. Die eigene Freude *an* der Freude des Anderen, das eigene Leiden *am* Leid des Anderen zeugen sicher von einer interessierten Sympathie, vielleicht schon von einer Liebe zum Anderen, im Gegensatz zur Mißgunst, als eigenes Leiden an der Freude des Anderen, und zur Schadenfreude, als eigene Freude am Leid des Anderen. Aber das scheint mir zur Charakterisierung als ‚sittliches Gefühl‘ nicht ausreichend. Es geht in der Freude an der Freude des Anderen nicht um Einsfühlung, nicht um das gesellige Feiern gemeinsamer Freude. Während in der konkreten Situation das Erfreuliche oder Leidvolle das Dasein zugleich als ein *sich* freuendes oder leidendes erschließt, bezieht sich gerade die Mitfreude oder das Mitleid nicht auf ein eigenes, auf sich selbst bezogenes Fühlen; fühlend sind wir vielmehr Gastgeber des Gefühls des Anderen, das wir als einen Gast empfangen und uns auf es einlassen. Es ist ja gerade die Eigenart des Mitgefühls, daß es bereits als dieses getilgt ist, wenn man sich ihm zuwendet, um zu bemerken, daß eine gewisse schattenhafte Verwandtschaft zwischen dem Freuen und Leiden des Anderen und der ‚eigenen‘ Freude an der Freude des Anderen, dem ‚eigenen‘ Leid an dessen Leid besteht. Und ebenso hat sich jedes Mitgefühl bereits verflüchtigt, wenn man nur seiner eigenen Rührung über die Gefühle des Anderen hingegeben ist. Entscheidend aber für das Mitgefühl ist, daß es, auch wenn es jeweils auf das konkrete Freuen und Leiden des Anderen bezogen bleibt, doch zugleich *allgemein* ein Freuen über die fremde Freude, *allgemein* ein Leiden an fremdem Leid ist und nicht nur ein Freuen über das Erfreuliche, das der Andere erlebt, oder ein Leiden über das von diesem erfahrene Leidvolle. Dieses das Gefühl des Anderen allgemein Erfühlen-Können ist etwas ganz anderes als sich über etwas Bestimmtes zu freuen oder daran leiden, das nicht seinerseits Gefühl ist. Nicht *Ich* freue mich über fremde Freude oder leide an fremdem Leid, sondern das Gefühl des Freuens und Leidens sind einzig das verstehende Erspüren der Gefühle des Anderen. Solche fühlende Darstellung des Gefühls des Anderen gibt diesem aus dessen Einzelheit heraus eine besondere Bedeutsamkeit. Ich ziehe es vor, anstatt unklar von ‚geistigen Gefühlen‘ zu sprechen, das Moment des *Gespürs* in jedem wirklichen Mitgefühl zu betonen. Denn wenn auch je im Mitfühlen nur das Gefühl dieses Anderen von Bedeutung ist, erspüren wir doch zugleich allgemein das Gefühl des Anderen, anstatt nur selbst in empfundenen Gefühlen aufzugehen,

was ja wieder bloß auf eine Weise der Einsfühlung hinausliefe. Und
darin liegt zudem der Unterschied zum bloßen Wissen, daß der Andere
sich so oder so fühlt. Wirkliches Mitgefühl verwechselt niemals das Gefühl des Anderen mit dem eigenen Fühlen, wie betroffen der Mitfühlen-
de auch sein mag.

Innerhalb der üblichen Einsfühlung von Gruppen dürfte Mitgefühl
dann aufbrechen, wenn Sympathien oder Liebe den zerbrechenden sozialen Zusammenhalt ersetzen sollen. Wo es dagegen darum geht, unabhängig sogar von Sympathien die Gefühle des Anderen *nachzufühlen*,
bricht ein Problem der Gefühls-*Bildung* auf, ohne welche eine Ge-
schmacksbildung einst für unmöglich gehalten worden ist.[334]

Im Unterschied zur Situation des Mitgefühls, in welcher das Schicksal
des Anderen geradewegs in das eigene eingreift, setzt die Möglichkeit
des *Nachfühlens* eine gewisse Entlastung, wenn nicht schon ‚Entrük-
kung‘ von den Verbindlichkeiten des Miteinanderseins voraus, aus der
heraus erst ein noch unbestimmtes Interesse daran erwachen kann, wie
es dem Anderen überhaupt ergehe und was er fühle. Im Unterschied
zum vorstellungsmäßigen Erfassen der Lebensverhältnisse Anderer setzt
das nachfühlende Verstehenwollen der Anderen voraus, daß man stau-
nend ihrer Befremdlichkeit innewird. Nur in Bezug auf letzteres läßt
sich sagen: es kann keine ästhetische Freude am Schmerz und am leidvollen Schicksal des Anderen geben, wohl aber ein von den eigenen Bedürfnissen abgehobenes Interesse daran, solches Leid nachfühlend in
seiner Befremdlichkeit zu verstehen, um dann auch dessen Wesen im eigenen Leid erspüren zu können. Dieses Interesse am Leid des Anderen
geht nicht darauf, es ‚ästhetisch‘ zu genießen, nur weil der Andere uns
nicht nahe genug steht, um unser Mitleid auszulösen. Es ist vielmehr die

---

[334] In einer Pascal nahen Formulierung von Charles Batteux ausgedrückt: „Der
Mensch kann hier nur in so fern glücklich seyn, als sein Geschmack mit seiner
Vernunft einstimmig ist. Ein Herz, das sich gegen die Einsichten des Verstandes
empöret, ein Verstand, der die Regungen des Herzens verdammt, müssen ganz
nothwendig einen innerlichen Krieg erregen, der alle Augenblicke des Lebens
verbittert. Wollte man nun die Eintracht dieser beiden Theile unserer Seele fest
gründen; so würde man für die Bildung des Geschmacks ebenso viel Sorgfalt tragen müssen, als für die Bildung des Verstandes." Wenig anders hatte es bereits
1528 Baldassare Castiglione zu denken gegeben, und werden es Kant und Schiller ausdrücken, ehe der vermeintliche ‚Subjektivismus der Ge-schmacksästhetik‘
einer ‚objektiven Ästhetik der Kunst‘ aufgeopfert wurde (Charles Batteux, Einschränkung der schönen Künste auf einen einzigen Grundsatz (1746), Übers. J.
A. Schlegel, Leipzig 1770, S. 140).

Eigenart des Nachfühlens, durchaus das Leiden des Anderen zu erfühlen, aber es gleichwohl fühlend *darzustellen*, wozu es bei tieferem Mitgefühl nicht kommt. Erst auf der Ebene des Nachfühlens begegnen wir der ungewöhnlichen Möglichkeit einer gewissen Gefühls-Bildung. Im Nachfühlen tritt die Faktizität der Befindlichkeit, die Geworfenheit in die gefühlte Erschlossenheit des In-der-Welt-Seins zurück, um eine gewisse *Entwerfbarkeit* von Gefühlen – und zwar über die Nachfühlbarkeit fremder Gefühle – zu entdecken. Darin liegt der Grund, warum wir im darstellenden Nachfühlen zumal des Leids des Anderen uns zugleich freigesetzt fühlen können von den Nötigungen der jeweils uns selbst oder den Anderen betreffenden Gefühle. Diese Freisetzung aber verharrt nicht nur in irgendeiner zufälligen Erleichterung und Entlastung; im Gegenteil: sie setzt allererst frei für eine tiefere Betroffenheit durch die Befremdlichkeit von Leiden oder Freuden überhaupt, das nicht einmal aktuell wirklich von jemandem durchlebt sein muß, sondern ebenso die ,fingierten' Gefühle von Sagengestalten oder von Figuren der bildenden Kunst bedeuten kann. Man könnte vielleicht von ,Darstellungs-Gefühlen' sprechen, im Gegensatz von Gefühls-Darstellungen, soweit letztere nur die öffentliche Erscheinungsweise, den ,Ausdruck' der Gefühle wiedergeben. Es geht hier also nicht um ,Mitgefühle' mit fingierten Personen und deren Schicksale, sondern um eine Darstellung fremder Gefühle durch deren Nachfühlen. Nun sprachen manche Ästhetiker des 19. Jahrhunderts von ,Schein-Gefühlen' oder ,Gefühlsillusionen'. Es geht hier jedoch nicht um Simulationen von Gefühlen, um deren bloße ,Einbildung', sondern um ein sich bildendes Erfühlen, durch welches nachfühlend die Gefühle des Anderen darstellbar werden, ohne sich ihnen schon mitfühlend hinzugeben. Ohne darstellendes Nachfühlen wüßten wir nichts von musischen Gestimmtheiten.

Ob sie nun gerade von jemandem erlebt werden oder nur der Möglichkeit nach oder nur als erfundene bestehen: indem wir die fremden Gefühle nachfühlend darstellen, entdeckt sich uns allererst eine gewisse Entwerfbarkeit eigenen Fühlens. Und diese Entdeckung kann ihrerseits in erfreulicher Stimmung erschlossen sein, in einer Freude, die auch dann noch ,unterschwellig' spürbar bleibt, wenn uns zugleich, wie im Tragischen, ein fremdes Leiden nachfühlend mitnimmt. Dabei handelt es sich nicht etwa bloß um eine ,negative' Freude darüber, dem gefühlten In-der-Welt-Sein nicht mehr nur ausgeliefert zu sein, sondern um eine Freude in Hinsicht auf die mögliche Stimmigkeit der dargestellten Gefühle in ihren Äußerungen. Erst wenn die beiden Ebenen verwechselt werden, kann es irrtümlich so scheinen, als ‚freue‘ man sich inmitten des Nachfühlens am Leiden des Anderen; während doch kaum gesagt wird, jemand leide neidvoll an der dargestellten Freude Anderer. Doch das ‚Vergnügen‘ bezieht sich nicht auf die ‚tragischen Gegenstände‘, sondern auf die Entrückung der faktischen Befindlichkeit in der Entdeckung einer gewissen Entwerfbarkeit von Gefühlen im Nachfühlen fremder Gefühle – eine Entwerfbarkeit, welche zugleich die Möglichkeit stimmiger Darstellungen eröffnet. Nicht von solchen Gefühlen, in welche das Dasein nur schicksalhaft oder zufällig geworfen ist, sondern vom entwerfenden Nachfühlen fremder Gefühle her, so darf man vermuten, dachte Hesiod den Zugang zur metapsychischen Festfreude der Musen.[335] – Aber auch das entwerfende Nachfühlen bleibt darauf angewiesen, musisch angestimmt zu werden, und bleibt insofern nur eine Weise, die Stimmung des Stimmigen erspüren zu können. Begegnet darin Schönheit?

10.3. Schönheit

Wenn ich das, was das Staunen – ablassend von aller Angespanntheit zwischen Mangel und Erfüllung und sich einlassend auf die glänzend offene Festfreude der Musen[336] – was solches Staunen als das Befremdliche und Bedenkliche erschließt: wenn ich das schlichtweg *Schönheit* nennen werde, und zwar im Anschluß an die Verbindung solchen Staunens (*Thaumas*)[337] mit dem Scheinen (*Elektra*), dann liegt dahinter der zwei-

---

[335] In Hinsicht auf diese Entwerfbarkeit von ‚Spiel‘ zu sprechen, wie Schiller es im Anschluß an Formulierungen Kants tat, kann verfänglich sein: soweit hiermit vorrangig auf eine Entlastung vom Daseinsdruck geblickt ist, kann ein Unernst betont werden, der angesichts von Erschütterungen, welche Schönheiten in ihrer Stimmigkeit auszulösen vermögen, um ganze Lebensentwürfe zu verändern, kaum gerechtfertigt scheint. Auch geht es andererseits nicht darum, sich im Stiften von Spielregeln als Herr des Spiels zu genießen.

[336] In seinem Gedicht *Landarbeiter oder Schnitter* sagt Theokrit: „Ihr pierischen Musen, besingt mit mir zusammen das zarte Mädchen; denn was immer ihr berührt, Göttinnen, schön macht ihr alles.“ Theokrit, Gedichte, X, V. 25, Übers. B. Effe, Düsseldorf – Zürich 1999, S. 83

[337] Schönheit ist nicht notwendigerweise von Gefühlen der Lust begleitet, schon gar nicht von ihnen ‚verursacht‘; wohl aber findet sich das Erstaunen, das sie erschließt, stets in einer Stimmung.

fellos unzeitgemäße und vielleicht sogar aussichtslose Versuch, sich der Verniedlichung und Banalisierung von Schönheit in der Moderne zu widersetzen. Und der Einspruch dagegen kann vielleicht nur darin beruhen, sich der fernen Musen über *Mnemosyne*, ihre Mutter, zu entsinnen.

Bereits im Hellenismus hatte die fatale Tendenz eingesetzt, Schönheit und Erhabenheit einander entgegenzusetzen.[338] Die Macht von Schönheit herabsetzend, wurde deren Sinn umgedeutet in Richtung auf einen pseudo-versöhnlichen, weiblich-schmelzenden Einklang,[339] um schließlich im Niedlichen und Schnulzigen des Massenkitsches zu verenden. Dem setzte man eine nicht minder pseudo-gewalttätige, ,männliche' Welt des Schlagens und Hauens entgegen oder jenen Kult des Unstimmigen und Häßlichen, mit dem man glaubt, etwas ,Charakteristi-sches' und ,Interessantes' feiern oder die Monotonie des Nicht-Anstößigen skandalisieren zu können. – Tatsächlich manifestiert sich in diesen Tendenzen eine umfassende, scheinbar unaufhaltsame Geschichte bloßer *Aneignungen*, in welcher alles erstaunlich Befremdliche, anstatt es aus seiner Gelassenheit heraus zu bedenken, von der Trivialität alltäglicher Begierden und Interessen verzehrt wird.

Doch der Versuch, Muße in der ihr eigenen Fest-Stimmung, in ihren ,stimmigen Spannungen' zu denken, hat sich nicht allein an ihrer möglichen Ferne zu orientieren. Um das ursprüngliche *Er*-staunen von Schönheit erahnen zu können, möchte ich an einige Aspekte der Mythe um *Harmonia* erinnern: Hesiod und noch Apollodor zufolge[340] gilt sie als Tochter des Ares und der Aphrodite. Auf paradoxe Weise geht sie da aus der *Vereinigung des Unvereinbaren* – Liebe und Krieg – hervor, und mehr: Homer zufolge war Aphrodite Gattin des Hephaistos[341]: ihre Vereinigung mit Ares stellt also obendrein einen *Bruch mit dem Gesetz* dar.[342] Einzig eine geradezu unvorstellbare Spannung konnte solche Unvereinbarkeit und Regelwidrigkeit ,in Harmonie' bringen, zu einer Stimmigkeit, die nicht anders als in befremdlichen Weisen von nachfüh-

---

[338] Vgl. Longinus, Vom Erhabenen, Übers. O. Schönberger, Stuttgart 1988

[339] Diese Tendenz sprach sich schließlich aus in: Edmund Burke, Philosophische Untersuchung über den Ursprung unserer Ideen vom Erhabenen und Schönen (1757), Übers. F. Bassenge, Hamburg 1980

[340] Hesiod, Theogonie, V. 937 und V. 975 , a.a.O. Und: Apollodor, Mythologische Bibliothek, Kap. 3, V. 26, a.a.O.

[341] Das heißt, selbst göttliche Liebe schien an eine große und doch ,hinkende' Kunstfertigkeit gebunden.

[342] Homer, Odyssee 8, V. 266, a.a.O.

lender Freude und nachfühlendem Leid vernehmbar wird. Wohlbedacht
entstammt nach Hesiod dieser spannungsreichen Paarung nicht nur
Harmonia sondern ebenso das Schreckliche, nämlich ihre Brüder *Phobos* und *Deimos*.[343]

Durch die Musen nun konnte in jeder Gottheit und in der Folge in allen Wesen eine Weise von Schönheit begegnen: die stattlich prächtige
Schönheit einer Hera oder die ebenso furchtbar majestätische wie väterlich erhabene Schönheit eines Zeus, die strahlend nüchterne Schönheit
der Athene, die bezaubernd einnehmende der Aphrodite, die unnahbar
herbe und reine Schönheit der Artemis, die kühl und klar verhaltene und
doch nicht leidenschaftslose Schönheit eines Apollo, die wilde, rauschhafte eines Dionysos. Da gab es die blühende Schönheit der Nymphen,
die anmutige der Chariten, die holdselige der Grazien, im Unterschied
zur kriegerischen Schönheit eines Ares, zur erschütternden eines Poseidons, zur unheimlichen eines Hermes, zur düsteren Schönheit eines Hades. Wir finden die schmerzlichen oder tragischen Schönheiten leidender
Gottheiten wie Persephone oder Prometheus, die derben Schönheiten
der Titanen, der Berg- und Flußgötter, die komischen, bizarren, grotesken Schönheiten der Hirtengötter und Satyren. Und es fehlten nicht die
dämonischen Schönheiten des Unförmigen und Grausigen, Schwächlichen oder Lächerlichen, des Kränklichen, Niedrigen, Gewalttätigen,
Boshaften, Grausamen. Denn die Musen hatten nicht zu richten zwischen Gutem und Üblem, zwischen dem Anbetungswürdigen und Verwerflichen. Ihnen ist zugeteilt, das allem Gemäße und in sich Stimmige
herauszuheben. Daher stehen sie auch in keinem sie einschränkenden
Streit mit dem Häßlichen und Unstimmigen, da sie selbst in diesen noch
das hervorzuheben wissen, was solches stimmig, nämlich *seinem Wesen
nach*, ausmacht.

---

[343] Hesiod, Theogonie, V. 933. Nach Euripides waren es die Musen, welche
Harmonia erzogen: „Hochbegnadeter Erechthiden / Herrliches, Göttern entstammendes Geschlecht, / Heiliger Boden ist euch beschieden, / Den sich kein
Feind zu verwüsten erfrecht. / Dort springt Weisheit herrlicher Quell, / Den ihr
erschöpfet, und heiter und hell / Wallt der Aether uns eure Glieder; / Dort auch
erzogen die Musen der Lieder, / Die Pieriden, die heiligen Neun, / Dich, Harmonia, und pflegten dein" (Euripides, Medea, V. 834, in: Ausgewählte Dramen,
Übers. J. Mähly, Leipzig o. J.). Harmonia gilt zudem als Gemahlin des Kadmos,
des ‚Ausgezeichneten' unter den Kriegern, der den Drachen tötete, aus dessen in
die Erde gesäten Zähnen eine Schar bewaffneter Krieger entstieg, mit denen
Kadmos dem Ares diente.

Das wohl tragischste Ereignis aber in der Geschichte der Schönheit liegt in einer unerklärlichen Verkehrung desjenigen Verhältnisses von Ordnung und Schönheit, welches Hesiod noch dargestellt hatte: waren die Musen selbst als die Festlichkeit der gelungenen Weltordnung geboren, um das Richtige und Vollendete zudem in Stimmiges zu übersetzen, so taucht schicksalhaft plötzlich das unselige Gebot auf, Schönheit einer praktisch wertenden Hierarchie zu unterwerfen, um nun in der Ordnung die Vollendung selbst als vermeintlich ‚höchste Schönheit‘ zu postulieren, wodurch Schönheit, dem moralischen Urteil unterworfen, sich zugleich als etwas verloren Schweifendes zu entziehen begann. Paris war es, der in die Falle der Frage geraten war, welchen der Göttinnen die Ehre ‚höherer‘ und ‚größerer‘ Schönheit gebühre: der stattlich prächtigen Hera, der strahlend nüchternen Athene oder der bezaubernd liebreizenden Aphrodite. Im Augenblick seiner Entscheidung für letztere zerfiel die gewaltig stimmende, kosmische Spannung Harmonias und ihr väterliches Erbe, das Strittige und Kämpferische, fiel von ihr ab, um sich nur noch als kriegerische Zerstörung und Schlachtfeld gegen sie zu gebärden, woran eine Schönheit zerbrechen mußte, die das Gute und Wahre wie das Üble und Trügerische einst mit festlichem Glanz durchdrungen hatte. Seither stehen Menschen unter dem Bann einer schmerzlichen Liebe und *Sehnsucht* nach verlorener Schönheit, von deren Wiederkehr man sich *Versöhnung* verheißt.[344] Es war daher nicht verwunderlich, daß in späteren Zeiten Harmonia zu einer Tochter von Zeus und Elektra erhoben und sie zur Mutter der Musen erklärt wurde: man sehnt sich nach versöhnender Schönheit, aber gewaltig scheut man davor zurück, sich dem auch Schrecklichen von Schönheit auszusetzen. Von ferne nur dringt manchmal ihr Echo zu uns, wenn Menschen von ihr ergriffen, betroffen, verwundet werden.

Seit dieser schicksalhaften Entscheidung des Paris geistern die unglückseligen Versuche, Schönheit einer mehr oder weniger heiligen und

---

[344] Während nach Homer Hera und Athene nur gekränkt waren, weil Paris allein Aphrodite pries, erwähnt Apollodor (Mythologische Bibliothek, 6. Teil, 2, a.a.O.) eine Version, in welcher die Schwere des Ereignisses gedeutet ist: auf dem Hochzeitsfest von Perseus und Thetis sei plötzlich die ungeladene Eris, die Göttin des Streites, erschienen und habe einen Apfel als Schönheitspreis für die schönste der Göttinnen in die Versammlung geworfen. Um den Streit zu schlichten, wurde der – darüber entsetzte – Paris von Zeus als Schiedsrichter bestimmt. – Es war also gerade der versuchte Ausschluß des Streites aus dem Fest, welcher den Krieg auslöste!

später profanen Ordnung zu unterwerfen, anstatt in ihr, wie Hesiod es noch erfahren hatte, das zu erschauen, ohne welches selbst des Zeus neue Weltordnung vielleicht vollkommen richtig aber ohne festliche Ekstatik geblieben wäre.

In Platons früher Schrift *Hippias I* zeigt Sokrates noch ein starkes und doch seltsam hilfloses Gespür für die Gefahr, die darin liegt, über eine Hierarchie schöner Dinge und deren Schmuck, schöner Lebewesen oder Geschehnisse, schöner Fertigkeiten oder Handlungen aufzusteigen über die Weisheit zur höchsten, göttlichen Schönheit.[345] Die Frage wäre ja nicht, was vergleichsweise schön, sondern was das Schöne selbst eigentlich sei[346], sofern es niemals irgendwo irgend jemandem häßlich erscheinen könne.[347] Doch anstatt *in der Frage* nach dem Wesen der Schönheit selbst die Antwort zu spüren, daß nämlich in der Fraglichkeit, in welche Schönheit das Dasein versetzt, die Befremdlichkeit alles in sich stimmenden Seienden erschlossen ist, hält Platon sich an einen Aufstieg, von dem er sich erhofft, an dessen Ende das unvergleichlich Schöne zu schauen. Schönheit gerät damit in die Zerreißprobe, einerseits nur den höchsten Rang einnehmen zu sollen, anderseits doch außerhalb jeder Hierarchie zu stehen. Aufsteigend zeigt Schönheit sich nur mehr verschleiert: im Brauchbaren, im Schicklichen, in der Lust am angenehm zu Schauenden und zu Hörenden, im Guten, das man tue. Aber ein Unbehagen überkommt Sokrates bei der Feststellung, daß das Schöne dann eigentlich der Vater, die Ursache des Guten genannt werden müßte. Es gefalle ihm nicht, sagen zu müssen, daß Gutes und Schönes nicht dasselbe seien.[348] So fühlt sich Sokrates am Ende des Dialoges überführt, daß er von eben diesem Schönen selbst gar nicht einmal wisse, was es sei.[349] Es ist, als begreife er in seinem Nichtwissen noch, wie gefährlich es wäre, das Wesen der Schönheit darin zu sehen, daß sie sich aus dem Mangel herauszuwinden habe, um in der Erfüllung und Vollkommenheit zu gipfeln, nur weil dem wahren und guten Schönen nichts fehlen soll.

Die Abwertung von Schönheit, die dann zugleich ihre graduelle Aufwertung herausfordert, zeigt sich bei Sokrates in der Zustimmung zu ei-

---

[345] Platon, Hippias I, in: Werke Bd. 2, a.a.O.
[346] Ebd. 287 d
[347] 291 a
[348] 297 c und 303 e
[349] 304 d

nem Satz des Heraklit, wonach der schönste Affe häßlich sei verglichen mit dem menschlichen Geschlecht, was er mit der Bemerkung ergänzt, so sei auch das schönste Mädchen häßlich verglichen mit Göttinnen.[350] Was also nur vergleichsweise schön, erscheint in derselben Wendung vergleichsweise häßlich. Das Schönste scheint dann zwar dem Häßlichen entzogen und bleibt doch noch in der Verneinung von ihm gebannt. Zudem gerät das Schönste als ‚Idee' nur in den Dienst, indem es sich allem minder Schönen als Maß der Orientierung anbietet. Auf diese Art verzieht sich die unvergleichlich festliche, glänzende Schönheit, wie sie in Muße erfaßt werden konnte, als Idee in eine fernere Region, als müsse sie vor der Berührung mit dem Häßlichen und Kleinlichen bewahrt und gerettet werden. So scheint auch Diotima, wie sie in Platons *Symposion* zur Rede kommt, davon überzeugt, daß der Aufstieg zum Schönen voll-endet werden könne. Beginnend bei der Schönheit der Dinge, der leibhaft lebendigen Wesen steige man höher zur Schönheit sittlicher Handlungsweisen, Reden und Erkenntnissen, bis man zu jener Kenntnis gelange, welche von nichts anderem als eben von jenem Schönen selbst die Kenntnis sei.[351] Vollendet soll das Schönste in absolute Schönheit umschlagen können, und scheint doch nur erschaubar, sofern ein doppelter Mangel in eine doppelte Erfüllung übergegangen ist: im voll-endeten Aufstieg vom Üblen zum Guten, vom Falschen und Scheinhaften zum Wahren. Die abgrundtiefe Differenz des Schönen zum Guten und Wahren, wie Hesiod sie in den Musen dadurch hervorgehoben hatte, daß diese zu täuschen *und* die Wahrheit zu sagen wissen, beginnt sich zu verflachen. Und im selben Maße wächst die Rolle des Eros, die Funktion von Liebe und Sehnsucht, durch welche Schönheit selber vorrangig als ein Gut angesehen wird, das man zu erreichen wünscht, damit sich Leben als lebenswert erweise.[352] Wenn daher Aristoteles vom Schönen, als dem um seiner selbst willen Erstrebbaren,[353] das heute unerhört Klingende sagt, daß nicht der Notdurft allein, sondern dieses Schönen wegen der Staat da sei[354]; dann ist doch solche Auf-

---

[350] 287 e

[351] Platon, Symposion, in: Werke Bd. 3, a.a.O., 211 b

[352] Ebd. 212 a. Die ‚Sehnsucht' war für Hesiod dagegen nur eine Nachbarin der Musen.

[353] Aristoteles, Metaphysik, 1072 a a.a.O.

[354] Aristoteles, Politik, 1291 a, 17, a.a.O. Auch für Platon galten Staatsgesetze als Werke der Musen (*Nomoi* 817 b), die überhaupt eine Art Aufsicht über die Staatskunst innehatten (*Politikos* 309 c 6).

fassung schon dadurch eingeschränkt, daß das Schöne nur unter dem
Aspekt, ein begehrtes Gut zu sein, betrachtet wird, nicht aber als Freigabe in den festlichen Glanz der Sinnfreiheit.

In Platons Dialog *Phaidros* deutet Sokrates den Eros unmittelbar als
eine Sehnsucht nach einer *vorgängigen* Schönheit, die unter der gewöhnlichen, ‚irdisch-leibhaftigen‘ Daseinslast verdrängt und im Bann
steten Vergessens steht. Dargestellt wird dieser Gedanke durch die Mythe von der vorgeburtlichen Schau des Schönen: „Die Schönheit aber
war damals glänzend zu schauen, als mit dem seligen Chore wir dem Ju-
piter, andere einem anderen Gott folgend, des herrlichsten Anblicks und
Schauspiels genossen und in ein Geheimnis geweiht waren, welches man
wohl das allerseligste nennen kann, und welches wir feierten."[355] – „Wer
dem Schatten solcher Schönheit begegne, den schaudere zuerst, und es
wandle ihn etwas an von damaligen Ängsten, ehe er solcherart Schönes
betend anschaue wie einen Gott, den Wahnsinn nicht fürchtend."[356] „Im
erschreckenden Anblick des hiesigen Schönen, in welchem man seiner
selbst nicht mehr mächtig sei, entsinne man sich jener wahren Schönheit,
dem ehedem geschauten Heiligen, und ‚neubefiedert‘ überkomme den
Begeisterung."[357] – In diesen emphatischen Sätzen Platons scheint noch
einmal Schönheit gegen ihre Unterordnung unter das Wahre und Gute
zu rebellieren, – eine Rebellion, die immer wieder bei großen Denkern
des Schönen zu spüren sein wird.[358] Und doch: bei aller Beachtung des
Strittigen beginnt der Traum von der Versöhnung, welche Schönheit angeblich verheiße, vorherrschend zu werden.[359] So gewann im Entwurf
musischer Bildung die *techné* und die Rebellion gegen sie an Bedeutung.

Seit Pythagoras und Heraklit, seit Platon und Aristoteles wird Philosophie zwar nicht mehr aufhören, von solcher ungeheuer geglückten
Spannung zu sprechen, von Harmonie, von der gelungenen Fügung des
Widerstrebenden, des Unverträglichen, ja des Unmöglichen.[360] Und
doch gedenkt sie selten des Gesetzesbruches, des Momentes von Regel-

---

[355] Platon, Phaidros, in: Werke Bd. 4, a.a.O., 250 a-b
[356] Ebd. 250 e
[357] Ebd. 249 d
[358] G. W. F. Hegel, Vorlesungen über die Ästhetik, Werke Bd. 13, a.a.O.
[359] So selbst noch bei Theodor W. Adorno oder Ernst Bloch.
[360] Vgl. z. B. Aristoteles, Metaphysik, Buch I, 5. Kap., 986 a., a.a.O. Wenn, den
Pythagoreern zufolge, der ganze Himmel ‚Harmonie und Zahl‘ sei, dann wohl,
weil ‚Zahlen‘ nicht nur in logisch-mathematisch ‚richtiger Ordnung‘ vorgestellt
worden waren, in welcher ja alles Strittige ausgeschlossen wäre.

losigkeit, das allem Schönen eigen ist und allererst in seinen Rhythmus führt. Mit dem Christentum, entgegen aller Blüte der Künste, erfuhr die ‚irdische' Bedeutung von ‚Harmonie' in dem Maße eine Abschwächung und Entwertung, wie ihre entrückt ‚himmlische' Bedeutung an Gewicht gewann.[361] Schon in der Antike und verstärkt wieder seit Anfang der Renaissance bemühten sich Denker, Schönheit einseitig unter dem Aspekt der Codes und der Regelhaftigkeit zu thematisieren und oft – einer ‚musischen' Bildung wegen, die ihre Festlichkeit zu vergessen begann – die technische Reproduzier- und Lehrbarkeit von ‚Harmonien' übergewichtig zu betonen, die sich verkürzten auf das Wissen um Proportionen, Symmetrien und wohldosierte ‚Disharmonien'. Stets aber waren es die großen Künste und Dichtungen, die solche wissenschaftlichen Verkümmerungen des Festlichen und Stimmigen aufzusprengen wußten.

Es war eine der großen Leistungen Immanuel Kants, Schönheit zunächst von der Anbindung an das Gute und Wahre freigesprochen zu haben und, zumindest bezüglich der Werke des Genies, jenen Bruch mit den Regeln wiederentdeckt zu haben, der sich zugleich als Stiftung eines neuen Maßes ereignet.[362] Und das Wohlgefallen am Schönen sollte weder durch theoretische noch durch praktische Interessen eingeschränkt sein. Und doch schien solche Freilassung des Schönen in ihren stimmigen Rhythmus nicht mehr recht zu gelingen. Das schreckliche, verwundende und gleichwohl nie bloß zerstörende Walten von Schönheit hat sich schon zur ‚Gunst' abgemildert. Eine gänzlich vom Erkennen und Begehren ‚gereinigte' Schönheit zog sich zurück in den reiz- und sujetlosen Hintergrund des Ornamentalen, die Mächtigkeit ihrer Spannungen in wohlgefälligen Ein-Stimmungen hinter sich lassend, so daß Schönheit erst – rückkehrend zur platonischen Tradition – als Symbol des Sittlichen wieder zu gewissen Kräften kommen konnte. Letztlich erfaßte auch Kant Schönheit nicht mehr von ihrer befremdenden Ekstatik des Festlichen und Stimmigen, welche umgekehrt die Ordnungen des

---

[361] Dieser Verfall der Bedeutsamkeit des Ausdrucks ‚Harmonie' zeigt sich etwa in Hegels *Vorlesungen über die Ästhetik* mit den Worten über das Verhältnis der Farben an: „Die Schönheit ihrer Harmonie liegt nun im Vermeiden ihres grellen Unterschiedes und Gegensatzes, der als solcher zu verlöschen ist, so daß sich in den Unterschiedenen selbst ihre Übereinstimmung zeigt." (G. W. F. Hegel, Vorlesung über die Ästhetik, Werke Bd. 13, a.a.O., S. 187). Hegel meint natürlich das Mißlingen der Darstellung von Unstimmigkeit, und doch neigt er zu einem schwachen Gebrauch von ‚Harmonie'.
[362] Immanuel Kant, Kritik der Urteilskraft, § 15 und § 46, a.a.O.

Wahren und Guten aus deren steril gewordenen ‚Ewigkeitswahn' hätte befreien können. Zudem sollte das ästhetische Geschmacksurteil über den tiefen Riß zwischen theoretischer und praktischer Vernunft hinweg versöhnen. So haftet dem Schönen sogar noch in der Verneinung, nämlich der Zweckmäßigkeit ‚ohne Zweck', das Gute und Vollkommene negativ an, und obgleich durch Schönheit kein Objekt soll erkannt werden können, läßt sie sich doch gar nicht anders denn ‚subjektiv' am Bezug ‚gespielter' Vorstellungen auf das Gefühl der Lust bemerken.

Der wachsende Bedeutungsverlust von Schönheit, ihr schleichendes Belangloswerden wurde teils noch abgefangen durch die Philosophien der Kunst, zumeist aber um den Preis, in ihr eben nicht mehr das Fest einer außergewöhnlich befremdlichen Freilassung in den ihr eigenen Schein zu sehen, sondern wieder nur vorrangig das Scheinen des Guten und Wahren. Dagegen schlugen dann die Rebellionen zurück, – so etwa in ästhetischen Forderungen wie ‚L'art pour l'art' oder ‚Gegenstandsloser Kunst' oder ‚Nicht mehr schönen Künste', – indem sie sich von eben dem abhängig machten, was sie verwarfen.

10.4. Die stimmende Zeit

Die Musen hatten ihre Stimmen erhoben, vielstimmig einstimmend. Es ist nicht die Stimme der Natur, der Vernunft oder des Gewissens, sondern die Stimme der Stimmigkeit dessen, was als Ereignis glückt und als Verweilendes seinen Glanz ausstrahlt. Es ist das *Zu-Sagende* und das *Zu*-Sagende in den wohlklingenden Stimmen der Musen, in welchen sich das ‚*Es stimmt*' vernehmen und als Stimmung nachfühlen läßt. Und dieses ‚Es stimmt' bedeutet nicht, daß da nur eine Rechnung aufgeht, daß sich etwas verträgt oder sich etwas bewahrheitet und den Tatsachen entspricht. Als *Über*-Einstimmung geht das Stimmige über das hinaus, was nur zueinander paßt in richtigen Verhältnissen. Die Musen bestimmten den Sänger und stimmten ihn an, das *Zu-Hörende* und *Zu*-Hörende weiterzureichen.

Unter ‚Musik' (*mousiké*) hatte die vorklassische Antike einst jede Art einer sich in Bildung und Geisteskultur offenbarenden Musenkunst verstanden. Erst ab dem 4. Jahrhundert v. Chr., so sagt man, begann sich der Gebrauch des Ausdrucks ‚einzuengen' auf Musik im Sinne der Vertonungen von Hymnen und tragischen Partien.[363] Das Umfassende der alten Bedeutung aber erhielt sich in dem außergewöhnlich hohen Wert, den Platon und Aristoteles der musikalischen Bildung und der Erziehung zu ihr zugewiesen hatten. Zeitmaß und Wohlklang, schrieb Platon in der *Politeia,* drängten am meisten in das Innere der Seele und prägten sich ihr ein, und das Musikalische solle enden in der Liebe zum Schönen.[364] Und in den *Nomoi* wird die Tonkunst mehr gepriesen als andere Künste, weil sie das Schöne in Worten, Tonweisen und Rhythmen darstelle.[365] Aristoteles folgt ganz den Auffassungen Platons, wenn er in der *Politik* der Musik die Kraft zuschreibt, den Charakter zu bilden, indem sie den Menschen daran gewöhne, sich auf richtige Weise zu freuen.[366] Berücksichtigt man, daß zur Musik außer Dichtung und Gesang, *rhythmos* und *melos,* auch der Tanz und damit auch szenisch-theatralische Aufführungsweisen gehörten, ist die ‚Einengung‘, die der Ausdruck ‚Musik‘ damals erfahren hat, eher gering zu nennen. In ihrem Namen konzentrierte sich eine umfassende musische Bildung.

Der hohe Rang, den Musik in diesem umfassenden Sinn genoß, hatte sich, vermittelt über die Ritter- und Fürstenerziehung, bis zu Beginn des 20. Jahrhundert erhalten können, ehe er in der Massengesellschaft auf ein Unterhaltungsniveau abgewertet wurde, das einer Aus-*Bildung* eher aus dem Wege geht. Das ‚Anspruchsvolle‘ dagegen muß für eine verschwindende Minderheit ‚subventioniert‘ werden, weil es sich – wie alle Kultur – nicht auszahlt. Die großen romantischen Projekte, eine vergangene ‚Volksbildung‘ wiederzubeleben, zerbrachen an den Massenmedien. ‚Harmonie‘ und ‚Schönheit‘ verkamen weitgehend zum anspruchslosen süßlich-versöhnlichen Ein-Klang, der zugleich gegen die Langeweile mit kleinen ‚Disharmonien‘ und großen ‚Schlägen‘ gewürzt wird. Dagegen versuchten dann einige eine ‚Ästhetik des Erhabenen‘ aufzuwerten.[367] Daß aber der Aufwand einer Erziehung zur musischen Bildung einmal darauf gezielt hatte, zu einem in sich stimmigen und zugleich ekstatisch ausgelassenen Dasein zu finden, ist nicht einmal mehr bekannt.

---

[363] Vgl. Pauly, Musik, a.a.O.

[364] Platon, Politeia, Werke Bd. 3, a.a.O., 402 a und 403 a. Zugleich instrumentalisiert Platon das Schöne, das in den Dienst der Tugend zu treten habe.

[365] Platon, Nomoi, Werke Bd. 6, a.a.O., 679 b

[366] Aristoteles, Politik, a. a. O., 8. Buch 1339 a

[367] So etwa, gegen Th. W. Adorno, Jean-Francois Lyotard, Essays zu einer affirmativen Ästhetik, Übers. E. Kiesle u.a., Berlin 1980

Wie bemerkt, erinnert die Mythe um Harmonia noch von ferne daran,
daß alles Stimmige einer Gespanntheit zwischen ‚Krieg und Liebe‘ entstammt, die wesentlich nachzufühlen und zu erspüren, kaum aber durch
die Grobheit logischer Differenzierungen zu begreifen ist, weshalb man
sie später widersinnigerweise dem ‚Irrationalen‘ zugeschrieben hat. Zudem entstammte Harmonia einem ‚Gesetzesbruch‘ gegen das Alte, das
zum Trott verkommen ist, oder vielmehr liegt in diesem Bruch die Stiftung eines unerhört neuen, inneren, stilbildenden Maßes. Um solche
Stimmigkeit zu verstehen, reicht eine Beschreibung veränderter Inhalte
keineswegs aus. Es geht um einen Wandel *musikalischer Grund-Rhyth-
men*, die sich nicht etwa nur, wie eine Reihe von Tönen und Takten, zeit-
lich-linear fortpflanzen, sondern allseitig ausstrahlen und anderes in den
Glanz des Mitschwingens hineinziehen. – Aber was kann man heute
noch darunter verstehen?

Was wir als Stimmung erfühlen, so sagte ich, hat nichts mit einem dif-
ferenzlosen entropischen Rauschen zu tun. Das *Allgemeine* je besonderer Stimmungen beruht allerdings nicht, wie bei Begriffen, auf der Einheit des Zusammengehörigen, sondern zeigt sich im Durchwesen und
Durchwalten des Heterogensten, des einander Verträglichen und Unverträglichen ebenso wie des einander Fernsten oder bis dahin ganz
Gleichgültigen: all solch Zeitlich-Seiendes kann sich in einer heiteren,
fröhlichen, ausgelassenen oder in einer düsteren, traurigen, schwermüti-
gen Stimmung zusammenfinden, froh- oder trübsinnig, leicht- oder tief-
sinnig. Und diese Stimmungen sind nicht auf etwas gerichtet, sie sind
Weisen des In-seins selbst.[368] Sie sind so wenig etwas ‚Psychisches‘ wie
etwas ‚Physisches‘, auch wenn wir sie nur zu erleben vermögen, wenn
sie unser leibhaftiges Fühlen anstimmen. Gleichsam mit den Harpyien
entrückt Muße nun das Dasein seiner faktischen Geworfenheit, in der es
sich fühlend befindet, um es zunächst, mit Thaumas, dem berückend Befremdlichen auszusetzen. Die Musen aber geben den Stimmungen erst
jenen Grundrhythmus, den man als Stimmigkeit, in welche dieser das
Dasein versetzt, erspüren kann.

Man konnte mit Hesiod bemerken, daß solche musische Gestimmtheit
die vollkommenste Ordnung erst zum Leuchten, zum Herausragenden,
zum Tönen, zum Dichten, Singen und Tanzen, kurz: zu ihrer Festlichkeit bringt, die sie über jeden Nutzen, jeden inneren Zweck oder Selbst-

---

[368] Vgl. auch Otto Friedrich Bollnow, Das Wesen der Stimmungen, Frankfurt
a. M. 1959, S. 34

zweck hinaus einer Zeitnis der Offenheit aussetzt. Damit verglichen erschien ‚Erfüllung‘, in der sich ein Mangel aufhebt, nur die Herstellung dessen, was der Ordnung und ihrem Gesetz genügt. Aber verglichen mit den Schenkungen der Musen ist, wie bemerkt, die Allgemeinheit des Gesetzes, welches die Ein- und Ausschlüsse regelt, stets nur von einer abstrakten Grobheit, wie sie dem zweiwertig logischen Denken genügen mag. Das Gesetz geht nicht nur nicht auf jede Einzelheit ein; Einzelheiten werden vielmehr gewaltsam getilgt, sobald sie von ihm abweichen. Denn solche gewöhnliche Regelwidrigkeit gegen die ‚Metrik‘ des Gesetzes droht stets mit einem entropischen Zusammenbruch der ganzen Ordnung. Endlos müssen daher Gesetze sozialen Zusammenlebens gleichsam ‚musisch‘ von sich selbst abweichen, wo sie dem Einzelnen und den Minderheiten ein Recht gegen das, was die Mehrheit betrifft, einräumen.

Die Musen aber, in der Feinheit ihrer Wendungen, können auf jede Einzelheit eingehen und sie in jene Akzente umwandeln, welche zur Rhythmik allgemeiner Stimmigkeit führen. Diese beruht aber nicht in einer Menge von Elementen und deren beliebiger Verknüpfung, sondern auf einem Grundrhythmus, durch welchen auf eine nicht-gattungsmäßige, unfamiliäre Weise (*melos*) alles Einzelseiende einander *ver-wandt* wird, in Wendungen zueinander, in einem Tanz. Anstatt sich also der Ordnung nur selbst entgegenzusetzen, zeigen die Musen in ihren Wendungen noch eine Verwandtschaft zum Gesetz. Und das unterscheidet sie von dem im Negativen verbliebenen ‚Bruch mit dem Gesetz‘, von dem die Mythe um Harmonia sprach und den die Moderne schließlich vollzogen glaubt, die – anstatt zur Gelassenheit des Stimmigen in der Ordnung zu kommen, oft nur einem Kult des ‚Unordentlichen‘ verfiel und in unstimmige Darstellungen geriet, anstatt in stimmiger Weise auch das Unstimmige, Verspannte, Verkrampfte der herrschenden Zeit darzustellen. Zurecht begannen Künstler der Moderne eine ‚Schönheit‘ zu scheuen, die im Gefälligen entschlief, zu Unrecht aber bemerkten sie nichts anderes mehr in ihr.

Das Richtige des Gesetzes und das Stimmige der Musen sind stets dabei, *einander näher zu kommen*, nie aber werden sie eins, noch unterwirft eines das andere, wenn sie einander angehen. So sah es Hesiod, da er vor Anderem dem Regenten und Richter musischen Beistand zusprach. Zu vermeiden ist daher die gängige Rede, die Musen würden das Gesetz ‚überhöhen‘ oder gar ‚vollenden‘, indem sie singend und tanzend

zu seinem äußerlichen ,Ruhme', das heißt: zu bloß massenhafter Be-
kanntheit beitrügen. Das Verhältnis der Töchter zu ihrem Vater ist, wie
ich zu zeigen suchte, so simpel nicht. Sie weichen von der Metrik nur in
dem stimmigen Maße ab, wie sie auf diese zurückzukommen fähig sind,
ohne doch je in eins mit ihr zu fallen. Solches Durchtanzen des Gesetzes, das dadurch selbst in Schwingungen gerät, webt es gleichsam in die
Verhältnisse ein, in denen – vielleicht nicht gut, wohl aber schön zu leben ist.

In der Analyse der Zeitlichkeit versuchte ich darzulegen, daß sich
,Zeit' zumal in solchen Metaphern von Seiendem vorstellen läßt, mit de-
nen Dasein je den eigenen ,Lebensweg' auslegt. So wurden auch die
Weisen der Zeitlichkeit durch solche Tätigkeitsschemen wie Kommen,
Warten, Gehen und durch das Schemabild der Mechanik gleichförmiger
Bewegung vorgestellt. Die Analytik war schließlich an die unvordenkliche Endlichkeit von Zeit geraten, an die Zeitnis ,seinsfreier' Offenheit,
ohne welche dasjenige unvernehmbar bliebe, was Verneinungen je als
eine Nichtheit erschließen, die nicht mehr als bloße Abwesenheit des
Wegseienden von repräsentierender Anwesenheit immer schon eingeholt ist, – eine Nichtheit, die als Ge-lücke Seiendes erst zur Mannigfaltigkeit bringt. In Bezug auf die Zeit wird Nichtheit als Zeitnis, als Differenz zu allen Weisen der Zeitlichkeit vernehmbar, um letztere dem Zeit-
Raum der Seinsmöglichkeit zu überantworten und damit auch der Möglichkeit ihrer Wandlung, wie sie sich in bestimmten Entrückungen des
Daseins manifestieren. Aus der funktionellen Schwere mechanischer
,Zeitnot' konnte die Zeitlichkeit des Musisch-Rhythmischen auftauchen, die auf nichts mehr, auch nicht auf sich selbst zielt, um sich zu
transzendieren. Und so kann, wie in der Musik, selbst die zählbare
Streckung der Zeitschemata durchwest sein von glänzend festlicher
Rhythmik. So gut sich daher vom ,Gang' oder ,Fluß' der Zeit sprechen
ließ, von ihrem Kommen, Weilen, Vergehen, so gut auch von ihrem mu-
sisch-festlichen Herausragen und Blühen, ihrem Gesang und Tanz, ihrem Zusammenspiel und ihren Auszeichnungen, von ihrer Himmlisch-
keit und von der Stimme ihrer Schönheit. Kein dichterisches, ob
sprachliches oder anders gebildetes Werk, das von solchen glänzend ge-
stimmten und stimmenden Zeit-Weisen des Festes nicht kündete.

Spricht man, in Hinsicht auf Harmonia, von einem ,Bruch mit dem
Gesetz', verharrt man, wie bemerkt, nur im Negativen. Aber die Mythe
um Harmonia wehrte sogar solches noch humorvoll ab: der betrogene

Hephaistos wurde rasch versöhnt, indem er seine Brautgeschenke von Aphrodite zurückerhielt. Es geht hier um den ‚Bruch‘ selbst, um das ‚Aufklaffen‘, das *Chaos,* wie Hesiod es dichtete. Ohne nur durch Unordnung und Unstimmigkeit, durch Monotonie und Indifferenz den Bestand jeden Gesetzes zu bedrohen, verwandelt Musisch-Musikalisches jede an diesem orientierte Regelwidrigkeit in rhythmische Zeitlichkeit.[369] Solange dagegen bloß gebannt auf den Zerfall einer Ordnung gestarrt wird, glaubt man Harmonia nur dort finden zu können, wo Gleichartiges sich zusammenschließt, um das ‚Artfremde‘ zu assimilieren oder von sich auszuschließen, oder bestenfalls dort, wo Unvereinbares auseinandergesetzt wird, um solche ‚Teile‘ dann zu einer ‚höheren‘, ‚organischen‘ Einheit zu führen. – Man könnte das die ‚Austreibung befremdender Schönheit aus der Darstellung‘ nennen. Die Kluft aber, ohne welche auch das Gesetz selbst gänzlich unartikuliert bliebe, nimmt in Bezug auf das Stimmige den Zug dessen an, was ich das ‚Ge-lück‘ der Zeitnis nannte.

Die Schemata, so wollte ich aufzeigen, in welchen heute allgemein ‚Zeit‘ durch bestimmte Modi des Zeitlich-Seienden ausgelegt werden, gehören gänzlich dem Alltag der Anspannungen und Entspannungen an. Und Mühe wird man heute haben, ein Ereignis als möglich darzustellen, das mit der unstimmig-stimmungslosen Zeitmetaphorik der Mechanik bräche, die das alltägliche Leben der Arbeitswelt normativ beherrscht. Wohl aber vermag Denken sich ‚subversiv‘ von der Dominanz des Schemas ‚Mangel-Erfüllung‘, ‚Anspannung-Abspannung‘ lösen, indem es sich dem ‚Un‘-denkbaren einer ‚seinsfreien‘ offenen Zeitnis aussetzt, ohne welche keine Seinsmöglichkeit und kein ‚Ge-lück‘ im Seienden zu vernehmen wäre. Dann erscheint auch die grundmusikalische Rhythmik nicht allein im Tanz stimmender Abweichung von der Metrik

---

[369] Wenn Walter F. Otto, schreibt: „Das Chaotische muß sich formen, das Ungestüme im Ebenmaß des Taktes einhergehen, das Widerstrebende sich vermählen in der Harmonie. So ist diese Musik die große Erzieherin, der Ursprung und das Symbol aller Ordnung in der Welt und im Menschenleben" (Theophania. Der Geist der altgriechischen Religion, Hamburg 1956, S. 105). Dann ist doch zu ergänzen, daß nicht weniger wichtig ist, sterile Ordnungen zu ‚chaotisieren‘, um eine Rhythmik wiederzufinden. Dies ist wohl auch gemeint, wenn Bettina von Arnim die Worte Hölderlins wiedergibt, wonach ‚alles Rhythmus, das ganze Schicksal des Menschen ein himmlischer Rhythmus sei‘ (in: Die Musen und der göttliche Ursprung des Singens und Sagens, Düsseldorf – Köln 1955, S. 107).

oder in der Rückkehr zu ihr, sondern in Hinsicht auf eine uneinholbare
Offenheit, ohne welche nie ein Erstaunen dem Dasein befremdlich
schreckliche Schönheit eröffnet hätte. Und weder verendet ein musi-
sches Ereignisses in seiner Singularität, noch verewigt es sich. Es ist getragen von der ungesicherten Wiederkehr der festlich verweilenden Zeit-
Weise der Muße.

11. Die Zikaden

Nachdem Sokrates fast ,dityrambisch', und seinerseits nicht ohne den ,Wahnsinn der Musen'[370], eine Rede über Liebe und Schönheit gehalten hatte, erwägte er zusammen mit Phaidros zu prüfen, worin nun eigentlich umgekehrt die Schönheit der Rede selbst bestehe. Und er bemerkte: „Muße haben wir ja, wie es scheint. Auch dünken mich die Zikaden, wie sie in der Hitze pflegen, über unsern Häuptern singend und sich untereinander besprechend, herabzuschauen. Wenn sie nun auch uns um nichts besser als andere in der Mittagsstunde uns nicht unterredend sähen, sondern aus Trägheit der Seele von ihnen eingesungen schlummernd: so möchten sie mit Recht über uns spotten und denken, ein paar Knechte wären in ihrem Aufenthalt eingekehrt, um wie die Schafe, die bei der Quelle Mittag machen, des Schlafes zu pflegen. Wenn sie uns aber sähen im Gespräche begriffen und uneingesungen bei ihnen als Sirenen vorbeischiffen, dann dürften sie uns die Gabe, welche ihnen von den Göttern für die Menschen verliehen ist, mitteilen zum Beweis ihrer Zufriedenheit."[371] Als Phaidros fragte, um was für eine Gabe es sich denn bei den Zikaden handele, erwiderte Sokrates: „Nicht fein steht es für einen Musenfreund, dergleichen nicht gehört zu haben. Man sagt nämlich, diese wären Menschen gewesen von denen vor der Zeit der Musen. Als aber diese erzeugt worden und der Gesang erschienen, wären einige von den damaligen so entzückt worden von dieser Lust, daß sie singend Speise und Trank vergessen und so unvermerkt gestorben wären. Aus welchen nun seitdem das Geschlecht der Zikaden entsteht, mit dieser Gabe von den Musen ausgestattet, daß sie von der Geburt an keiner Nahrung bedürfen, sondern ohne Speise und Trank sogleich singen, bis sie sterben, dann aber zu den Musen kommen und ihnen verkündigen, wer hier jede von ihnen verehrt. Der Terpsichore melden und empfehlen sie die, welche sie in Chören verehren, der Erato, die sie

---

[370] Platon, Phaidros, in: Werke Bd. 4, 245 a, a.a.O.
[371] Ebd., 259 a

durch Liebesgesänge feiern, und so die übrigen, jeder nach der ihr eigentümlichen Verehrung. Die älteste aber, Kalliope, und ihrer nächstfolgenden Schwester Urania, welche ja vornehmlich unter den Musen den Himmel und über göttliche und menschliche Reden gesetzt sind und die schönsten Töne von sich geben, verkündigen sie die, welche philosophisch leben und ihre Art der Musik ehren. Aus vielen Ursachen also müssen wir etwas reden und nicht schlafen am Mittage."[372]

Auf außergewöhnlich starke Weise verdichtet hier Sokrates eine Reihe von Sinngestalten. Die Musen erst um Begabung bittend, hatte er zuvor eine Rede gehalten, um dann eine Unterredung über die Rede zu führen, nämlich über die Möglichkeit, diese selbst auf schöne Weise *darzustellen*. Und entsprechend dieser Hinwendung zur Darstellungsweise selbst als ein Thema, bittet er nicht wiederum geradewegs die Musen um Beistand, sondern setzt sich in ein Verhältnis zu den ‚Zikaden', um vermittelt auf die Musen zu verweisen.

Bekannt war bereits in der Antike, daß die Zikaden, beginnen sie am Ende ihres Lebens zu singen, bis zu ihrem Tode keine Nahrung mehr zu sich nehmen. Das berichtet auch Aristoteles in seiner *Tierkunde*[373]. Ein Bezug auf den Tod wird auch über das ‚Vorbeischiffen' an den Sirenen angedeutet als den singend zum Allwissen verführenden ‚Musen des Meeres'. Über die Metapher der Zikaden wird daher nicht nur auf eine Differenz zwischen leiblicher Selbsterhaltung und einer zweckfreien Liebe zum Schönen angespielt, sondern vor allem auf ein bestimmtes Verhältnis letzterer zu einem aufgeschobenen Tod. Die Zikaden stehen für eine bestimmte Weise, die Körperlichkeit des Lebens verkümmern und gleichsam ‚veralten' zu lassen um der unbedürftigen Liebe zum Schönen wegen. Man denke an die von Homer hymnisch dargestellte Mythe des von der Göttin der Morgenröte, Eos, entführten Jünglings Tithonos, für den sie Unsterblichkeit erreicht, aber vergessen hatte, für ihn auch ewige Jugend zu erbitten, so daß er alternd zur Zikade (*tettix*) zusammenschrumpfte und damit wohl auch zu einer Art ‚Väterchen' (*tetta*). Nicht ohne Humor hatte Hesiod in der *Erga* die spätsommerlichen Zikaden mit einem Altern in Verbindung gebracht, das allerdings ebenso auf ein Ermatten wie auf ein Reifen verweist: „Zu der Zeit, wenn die Distel nun blüht und die laute Zikade / Sitzend im Baum unermüd-

---

[372] Ebd., 259 b-c
[373] Aristoteles, Tierkunde, Buch 4, 532 b und Buch 5, 556 a, Übers. P. Gohlke, Paderborn 1957

lich herabgießt klingendes Singen / Unter den Flügeln hervor, zur Zeit des ermattenden Sommers, / Dann sind am besten die Ziegen genährt, und der Wein ist am reifsten, / Sind am tollsten die Frauen, doch die Männer am meisten von Kräften, / Weil ihnen Knie und Kopf die Kraft des Sirius ausdörrt, / Und es trocknet die Haut von dem Gluthauch."[374] Daß darüber hinaus dem körperlichen ‚Zusammenschrumpfen' zugleich eine ‚Verdichtung' zu einer Art ‚erotischer Altersweisheit' (wie Ernst Bloch es einmal in einen treffenden Ausdruck gebracht hat) entsprechen kann, darauf verweist eine berühmte Stelle aus Homers *Ilias*. Da blicken die trojanischen Ältesten bewundernd auf die göttliche Helena und drücken ihr Verständnis dafür aus, daß Männer ihretwegen so viel Leid auf sich nehmen. Gleichwohl raten sie nun, Helena heimkehren zu lassen, um weiteres Unheil zu vermeiden. Von diesen Alten heißt es: „Die saßen, die Volksältesten, auf den Skäischen Toren, / Durch ihr Alter schon des Kampfes ledig, doch Redner / Tüchtige, Zikaden gleichend, die da im Wald / Auf dem Baum sitzend die lilienzarte Stimme entsenden. / So saßen die Führer der Troer auf dem Turm."[375]

Sieht sich Sokrates nicht selbst als ein solches den Zikaden gleichendes ‚Väterchen', philosophisch lebend, indem er ‚unermüdlich' redend die schönsten Töne von sich gibt? Waren doch auch goldene Zikaden Wahrzeichen des Sonnengottes Apollo! Geht es ihm nicht darum, die derart von den Musen erhaltene Gabe der Musik ‚als Zikade' an die Menschen weiterzugeben? Dann allerdings ginge es nicht mehr nur darum, schön über Schönes zu reden, sondern auch darum, weitergeben zu können, wie sich schön reden und schreiben läßt.

Die ‚Knechte', die wie die Schafe bei der Quelle ihren Mittagsschlaf halten, erinnern nicht nur an die Schafhirten, die von den Musen mit den Worten getadelt worden waren, sie seien ‚unbehauste, traurige Gesellen, nichts als Bäuche', ehe sie einem derselben, nämlich Hesiod, den Lorbeer überreichten und ihm die göttliche Stimme einhauchten. In Bezug auf die bereits musenbegabten Zikaden geht es nicht mehr um solches Erweckt- und Begeistertwerden. Es zeigt sich vielmehr eine ganz andere Gefahr inmitten des Musischen, nämlich die Gefahr, vom musenbegabten Gesang unermüdlicher Zikaden in einen Mittagsschlummer eingesungen zu werden. Solch wohliges Dahindämmern konnte unmöglich die unvermittelte Wirkung der Musengaben sein, wohl aber eine vermit-

---

[374] Hesiod, Erga V. 583, a.a.O.
[375] Homer, Ilias, 3 V. 151, a.a.O.

telte der ‚Zikaden'. Anstatt sich also von der ‚lilienzarten' Musik der
Rede, die sich da klangvoll von den Bäumen herabgießt, nur rauschhaft
konsumierend einschläfern zu lassen, geht es darum, diese Gabe der
Musen an die Nächsten weiterzureichen und seinerseits über die Schönheit der Rede zu reden anstatt zu schlafen im Augenblick der Zeiten-
wende, da sich das hellste Licht, nämlich der Mittag, wieder den Schatten zuneigen wird. – Es ist, als hätte Sokrates hier weit vorausschauend
den endlosen Dämmerzustand erahnt, in welchen der Konsumismus der
Gegenwart und seine Kulturindustrie die musischen Gaben herabgezo-
gen hat.

Einst hatte man den Ausnahmecharakter musischer Aufführungen dadurch unterstrichen, daß sie selbst feierlich präsentiert wurden. Damit
dasjenige, was nur über einen Bruch mit dem Alltag geschehen kann,
nicht schlechthin vom Leben der Alltäglichkeit ausgeschlossen und jenseits seiner Grenzen geschieht, wird es in der periodischen Wiederholung der feierlicher Veranstaltungen verortet. Doch selbst dadurch war,
wie die Mythe von den Zikaden lehrte, die Gefahr nicht gebannt, daß
auch ‚nicht-leichte' musische Darbietungen herabsinken zu einschlä-
fernder Unterhaltung oder zu bloßem Spiel. Auch Aristoteles hatte solche Gefahr gesehen. Sie liegt also nicht nur darin, daß das Mißstimmige
des Unförmigen und Häßlichen, die Ungestimmtheit des Öden und
Monotonen überhandnehmen, sondern daß Darstellungen des Stimmigen und Schönen zu beliebigen Konsumgütern werden, zu dekorativen,
anspruchslosen Hintergründen alltäglicher Beschäftigungen. Kaum ein
Arbeitsplatz mehr, kein Markt, kein geselliger Ort mehr, der nicht un-
unterbrochen von zumeist öde hämmmernder, manchmal auch guter
Musik beschallt wird, keine Bankfiliale, kein Hotelzimmer, kein Warte-
raum, der nicht hochdekoriert mit selbst besten Werken bildender Künste ist, kaum eine Wohnung, die nicht unentwegt mit zumeist platten
und selten mit besseren Erzählungen aus Radio und Fernsehen versorgt
wird. Und die miese Stimmung, welche durch die bedrückend monotone Massenbauweise verbreitet wird, die fade Ungestimmtheit der meisten ‚Kulturgüter', sie müssen dann um so schriller und ‚sportlicher'
überkreischt werden, je bedeutungsloser sie sind. Dem gegenüber wurde
alle musische Bildung auf die ‚müßige Schöngeisterei' einer verschwin-
denden Elite zurückgedrängt.

Die Gefahr zeigt sich nicht nur im massenhaften Kitsch, der die soziale Antwort auf die architektonische Trostlosigkeit der öffentlichen

Räume ist, sondern in der Unterschiedslosigkeit, mit welcher der Alltag unentwegt Belangloses und Bedeutsames mengt. Der Massengesellschaft werden auch die größten Werke der Kunst zu einem bloß ornamentalen Hintergrund. Die hilflosen Versuche, den Alltag selbst zu einer permanenten Feier zu dekorieren, brachte schließlich mit dem Ausnahmecharakter gegen das Alltägliche alles Festliche zum Verschwinden. Das ‚Singen‘ der Zikaden wich einem unrhythmischen, klanglosen Gezirpe.

Bereits Platon hatte gegen den ‚sklavischen Taktschritt‘ polemisiert, unter dem jeder Rhythmus und jede Harmonie zugrunde gehe, und ebenso gegen jene ‚heutigen Neuerungen in der musischen Kunst‘, die an die Stelle der Gesetze nur ‚regelose Gelüste‘ setze.[376] Auch wenn der von Friedrich Schiller erneuerte Traum einer ästhetischen Erziehung derzeit ausgeträumt scheint[377]: lag denn nicht von vornherein eine unmögliche Forderung darin, Menschen zur musischen Bildung *erziehen* zu wollen? Hieße das nicht, über Schönheit technisch verfügen, das Stimmige Regeln unterwerfen zu wollen? Und würde, wenn es je gelänge, der zum Schönen Erzogene nicht derjenige sein, der, vielleicht wie die sterbende Zikade, besonders heftig zu leiden hätte an der Ödnis und Verstimmtheit der Zeit? – Hesiod hatte ja bereits ‚erwähnt‘, daß neben den schönen Häusern der Musen nicht nur die Chariten, sondern auch Himeros, die Sehnsucht, wohne…

Auch das Gelingen musischer Erziehung und Bildung war darauf angewiesen, daß sich die spannende Gelassenheit der Muße einfindet und sich die Festlichkeit der Musen ereignet. In solchem Wissen glaubte man nicht, über das Ereignen von Schönheit und Stimmigkeit, sofern es ein Maß stiftet, verfügen zu können. Möglicher Schönheit kann Dasein sich nur öffnen, indem es sich auf Schönes, welches sich ereignete, besinnt. Daher nannten Dichter und Philosophen ‚Mnemosyne‘ die Mutter der Musen, die in jeder der Musen west. Wo Muße und Musen, was ihre grundlegende ‚Politik‘ betrifft, so fern scheinen wie heute und nur in einzelnen, an den Rändern geduldeten Gelegenheiten oder Werken hindurchblinken, da gewinnt ein erinnerndes Gedenken an sie an Bedeutung, eine Erinnerung freilich, die von der schuldhaften Verhaftung an die Vergangenheit zu befreien weiß und somit auch von der Vorherrschaft der Wehmut über einen Verlust. Solches Gedenken besinnt sich

---

[376] Platon, Nomoi, in: Werke Bd. 6, 679 b und 660 a, a.a.O.
[377] Friedrich Schiller, Über die ästhetische Erziehung des Menschen, in: Werke Bd. 8, Hg. L. Bellermann, Leipzig – Wien o. J., S. 170 – 282

auf die Musen, deren Wiederkunft als je Einzigartiges gerade unter der herrschenden Zeitnot nicht auszuschließen ist.

Literatur

Apollodor, Mythologische Bibliothek, Übers. G. Moser u.a., Köln 1997

Arendt, Hannah, Vita activa oder vom tätigen Leben, Stuttgart 1960

Aristoteles, Philosophische Schriften in 6 Bde., Hamburg 1995

ders., Metaphysik, Übers. F. Bassenge, Berlin 1960

ders., Physik, Übers. H. G. Zekl, Hamburg 1987

ders., Rhetorik, Übers. F. G. Sieveke, München 1980

ders., Poetik, Übers. O. Gigon, Stuttgart 1961

ders., Über Gedächtnis und Erinnerung, in: Kleine naturwissenschaftliche Schriften, Übers. E. Dönt, Stuttgart 1997, S. 87 – 100

ders., Tierkunde, Übers. P. Gohlke, Paderborn 1957

Augustinus, Aurelius, Vom Gottesstaat, Übers. W. Timme, München 1977

ders., De beata vita. Über das Glück, Übers. Schwarz-Kirchenbaur u.a., Stuttgart 1997

ders., Bekenntnisse, Hg. J. Bernhart, Leipzig 1930

Assmann, Alleida und *Harth*, Dieter, Hg., Mnemosyne. Formen und Funktionen kultureller Erinnerung, Frankfurt a. M. 1993

Assmann, Jan, Der Tod als Thema der Kulturtheorie, Frankfurt a. M. 2000

Assmann, Jan, Das kulturelle Gedächtnis, München 1999

Bacon, Francis, Neues Organon (1620), Übers. J. H. Kirchmann, Berlin 1870

Bahr, Hans-Dieter, Über den Umgang mit Maschinen, Tübingen 1983

ders., Eine geringfügige Schrift, in: Paragrana Heft 1/92, Berlin 1992

ders., Die Sprache des Gastes. Eine Metaethik, Leipzig 1994

ders., Der Begriff Medium, in: Ein Handbuch zur Entwicklung der Kommunikationsformen, Hg. J. Leonhard u.a., Berlin – New York 1999 *ders.*, Den Tod denken, München 2002

Barbaric´, Damir, Das Zwischen, Manuskript, Tübingen 2003

Bataille, Georges, Die Aufhebung der Ökonomie, in: Das theoretische Werk Bd. 1, Übers. T. König u. a., München 1975

ders., Der heilige Eros, München 1979

Batteux, Charles, Einschränkung der Schönen Künste auf einen einzigen Grundsatz (1746), Übers. J. A. Schlegel, Leipzig 1770

Baumgarten, Alexander G., Texte zur Grundlegung der Ästhetik, Hg. H. R. Schweizer, Hamburg 1983

Baumgartner, Hans Michael, Hg., Das Rätsel der Zeit. Philosophische Analysen, München 1993

Benedicti, Regula, Die Benediktiner-Regel, Beuron 1992

Benussi, Vittorio, Psychologie der Zeitauffassung, Wien 1913

Benrath, Klaus, Thomas von Aquin und der Verlust der Muße, in: Nichts Besseres zu tun. Über Muße und Müßiggang, Hg. J. Tewes, Oelde 1991

Bergson, Henry, Zeit und Freiheit (1888), Frankfurt a. M. 1989

Bernet, Rudolf, Die ungegenwärtige Gegenwart. Anwesenheit und Abwesenheit in Husserls Analysen des Zeitbewußtseins, in: Zeit und Zeitlichkeit bei Husserls und Heidegger, Hg. Ernst Wolfgang Orth, München 1983

Bibel, Übers. nach M. Luther, Stuttgart 1967

Bieri, Peter, Zeit und Zeiterfahrung, Frankfurt a. M. 1982

Boethius, Trost der Philosophie, Übers. K. Büchner, Stuttgart 2002

Boll, Franz, Vita Contemplativa, Sitzungsbericht der Heidelberger Akademie der Wissenschaften, 8. Abh., Heidelberg 1920

Bollnow, Otto Friedrich, Das Verhältnis zur Zeit, Heidelberg 1972

ders., Das Wesen der Stimmungen, Frankfurt a. M. 1959

Borges, Jorge L., Geschichte der Ewigkeit, in: Ausgewählte Werke Bd. 3., Berlin 1987

Burke, Edmund, Philosophische Untersuchung über den Ursprung unserer Ideen vom Erhabenen und Schönen (1757), Übers. F. Bassenge, Hamburg 1980

Cacciari, Massimo, Zeit ohne Chronos, Übers. R. Kacianka, Klagenfurt 1986

Caillois, Roger, L'homme et le sacré, Paris 1950

Cassirer, Ernst, Philosophie der symbolischen Formen, Darmstadt 1973

Celan, Paul, Ausgewählte Gedichte, Frankfurt a. M. 1977

Cicero, Marcus Tullius, Über den Staat, Übers. W. Sontheimer, Stuttgart 1971

ders., De finibus bonorum et malum, Übers. H. Merklin, Stuttgart 1989

ders., De natura deorum, Übers. Blank-Sangmeister, Stuttgart 1995

ders., Tusculanae disputationes, Übers. E. A. Kirfel, Stuttgart 1997

Deleuze, Gilles, Différence et répétition, Paris 1968, (dt.: Differenz und Wiederholung, Übers. J. Vogel, München 1992)

Deppert, Wolfgang, Die Alleinherrschaft der physikalischen Zeit ist abzuschaffen, um Freiraum für neue naturwissenschaftliche Forschungen zu gewinnen, in: Das Rätsel der Zeit. Philosophische Analysen, Hg. Baumgartner, München 1993

Derrida, Jacques, La voix et le phénomène, Paris 1967

ders., Von der beschränkten zur allgemeinen Ökonomie, in: Die Schrift und die Differenz, Übers. R. Gasché, Frankfurt a. M. 1976, S. 380 – 421

ders., Ousia und gramme, in: Randgänge der Philosophie, Übers. G. Ahrens, Frankfurt a. M. – Berlin – Wien 1976, S. 38 – 87

Descartes, René, Discours de la Méthode, (1637), (dt. v. L. Gäbe), Hamburg 1960

ders., Meditationes de Prima Philosophia, Stuttgart 1999

Diogenes Laertius, Leben und Meinungen berühmter Philosophen, Übers. O. Apelt, Hamburg 1967

Dummet, Michael, McTaggarts Beweis für die Irrealität der Zeit: Eine Verteidigung (1960), in: Klassiker der modernen Zeitphilosophie, Hg. W. Ch. Zimmerli und M. Sandbothe, Darmstadt 1993

Eckhart, Meister, Von der Selbsterkenntnis oder: Von der Vollendung der Seele, S. 17 – 22, in: Eine Auswahl aus den Traktaten und Predigten, Hg. Schmid Noerr, Stuttgart 1989:

ders., Von der Abgeschiedenheit, S. 23 – 28

ders., Vom tätigen und schauenden Leben, S. 29 – 35

ders., Von der wahren Armut, S. 36 – 40

Einstein, Albert, und Infeld, L., Die Evolution der Physik, Hamburg 1956

Eliade, Mircea, Das Heilige und das Profane, Hamburg 1957

Elias, Norbert, Über die Zeit, Frankfurt a. M. 1988

Ende, Michael, Momo oder die seltsame Geschichte von den Zeitdieben und von dem Kind, das den Menschen die gestohlene Zeit zurückbrachte, Stuttgart 1973

Epikur, Über irdische Glückseligkeit, Übers. L. Laskowsky, München o.J.

Erdoğan, Oya, Wasser. Über den Ursprung der Philosophie, Wien 2000

ders., Im Garten der Philosophie, Hg. mit: *Koch*, Dietmar, München 2005

Epiktet, Handbüchlein der Moral, Übers. K. Steinmann, Stuttgart 1992

Euripides, Medea, in: Ausgewählte Dramen, Übers. J. Mähly, Leipzig o.J.

Fichte, Johann Gottlieb, Werke, Hg. I. H. Fichte, Berlin 1971

Figal, Günter, Die Institution einer radikal historischen Philosophie. Sprache und Zeit in der Philosophie Martin Heideggers, in: E. Rudolf und H. Wissmann Hg., Sagen, was die Zeit ist. Analysen zur Zeitlichkeit der Sprache, Stuttgart 1992, S. 43 – 62

ders., Martin Heidegger – Phänomenologie der Freiheit, Frankfurt a. M. 1988

Frank, Manfred, Selbstgefühl, Frankfurt a. M., 2002

ders., Zeitbewußtsein, Pfullingen 1990

Frede, Dorothea, Platon und die Augen des Geistes als Zugang zur Wahrheit, in: Interpretationen der Wahrheit, Hg. G. Figal, Tübingen 2002

Frege, Gottlob, Die Grundlagen der Arithmetik, Stuttgart 1987

ders., Was ist Funktion? In: Funktion, Begriff, Bedeutung, Göttingen 1969, S. 81 f.

Freud, Sigmund, Jenseits des Lustprinzips, in: Gesammelte Werke Bd. 13, Frankfurt a. M. 1972

Gadamer, Hans-Georg, Die Aktualität des Schönen. Kunst als Spiel, Symbol und Fest, Stuttgart 1977

ders., Wahrheit und Methode, Tübingen 1975

ders., Über erfüllte und leere Zeit, in: Klassiker der modernen Zeitphilosophie, Hg. W. Ch. Zimmerli und M. Sandbothe, Darmstadt 1993

Gander, Hans-Helmuth, Selbstverständnis und Lebenswelt. Grundzüge einer Phänomenologischen Hermeneutik im Ausgang von Husserl und Heidegger, Frankfurt a. M. 2001

ders., Die Wahrheit des Verstehens, in: G. Figal, Hg., Interpretationen der Wahrheit, Tübingen 2002, S. 60 – 81

Goodman, Nelson, Sprachen der Kunst, Übers. B. Philippi, Frankfurt a. M. 1995

Grant, Michael und *Hazel*, John, Lexikon der antiken Mythen und Gestalten, Übers. H. Fließbach, München 1980

Hahn, Alois, Zur Soziologie der Weisheit, in: Altern braucht Zukunft,
Hg. B. Hoppe und Ch. Wulf, Hamburg 1996

Halbwachs, Maurice, Das kollektive Gedächtnis, Frankfurt a. M. 1991

Hartmann, Nicolai, Der philosophische Gedanke und seine Geschichte.
Aufsätze. Stuttgart 1957

Hawkings, Stephen W., Eine kurze Geschichte der Zeit, Reinbek 1994

Hegel, Georg Wilhelm Friedrich, Werke in 20 Bänden, Hg. E. Moldenhauer und K. M. Michel, Frankfurt a. M. 1970

Heidegger, Martin, Der Begriff der Zeit (1924), Tübingen 1989

ders., Prolegomena zur Geschichte des Zeitbegriffs (1925), Frankfurt a.
M. 1979

ders., Sein und Zeit, Tübingen 1960

ders., Grundprobleme der Phänomenologie (1927), Frankfurt a. M. 1975

ders., Kant und das Problem der Metaphysik, GA 3, Frankfurt a. M.
1973

ders., Einführung in die Metaphysik, Tübingen 1958

ders., Die Frage nach dem Ding, Tübingen 1975

ders., Der Spruch des Anaximander, in: Holzwege, Frankfurt a. M. 1980,
S. 321 – 373

ders., Vorträge und Aufsätze, Pfullingen 1954: Wissenschaft und Besinnung (S. 41 – 66) und: Was heißt Denken? (S. 123 – 138)

ders., Über den Humanismus, Frankfurt a. M. 1975

ders., Die Technik und die Kehre, Pfullingen 1962

ders., Zeit und Sein, in: Zur Sache des Denkens, Tübingen 1969, S. 1 – 58

ders., Zur Seinsfrage, Frankfurt a. M. 1977

ders., Gelassenheit, Pfullingen 1959

ders., Beiträge zur Philosophie (Vom Ereignis), Frankfurt a. M. 1989

ders., Hölderlins Hymne ‚Andenken‘, GA Bd. 52, Frankfurt a. M. 1992

Held, Klaus, Phänomenologie der Zeit nach Husserl, in: Perspektiven
der Philosophie, Bd.7, Hg. R. Berlinger u.a., Hildesheim – Amsterdam 1981, S. 185 – 222

Heraklit, Fragmente, Hg. B.Snell, Düsseldorf – Zürich 2000

Hesiod, Sämtliche Gedichte (Thegonia, Frauenkatalog, Erga), Übers. W.
Marg, Zürich – Stuttgart 1970

ders., Theogonia, Übers. O. Schönberger, Stuttgart 2002

Historisches Wörterbuch der Philosophie, Basel – Zürich 1984

Hobbes, Thomas, Vom Menschen, Übers. M. Frischeisen-Köhler, Hamburg 1994

Hölderlin, Friedrich, Das Meisterwerk, Hg. E. Müller, Stuttgart 1952

ders., Gedichte, Hg. K. Nussbächer, Stuttgart, 1963

Homer, Ilias, Übers. W. Schadewaldt, Frankfurt a. M. 1975

ders., Odyssee, Übers. W. Schadewaldt, Hamburg 1985

ders., An Hermes, in: Homerische Hymnen, Übers. A. Weiter, München 1951, S. 62 – 90

Honnefelder, Gottfried, Hg., Was also ist die Zeit?, Frankfurt a. M. 1989

Husserl, Edmund, Zur Phänomenologie des inneren Zeitbewußtseins (1893 – 1917), Hg. R. Boehm, Haag 1966

Jünger, Ernst, Der Arbeiter. Herrschaft und Gestalt (1932), Stuttgart 1981

Kant, Immanuel, Werke, Hg. W. Weischedel, Wiesbaden 1957

Kerényi, Karl, Vom Wesen des Festes, in: Antike Religion, Stuttgart 1995 S. 33 – 51

ders., Mnemosyne – Lesmosyne. Über die Quellen ‚Erinnerung‘ und ‚Vergessenheit‘, in: Humanistische Seelenforschung, Frankfurt a. M. 1991

Kisiel, Theodor, Der Zeitbegriff beim frühen Heidegger, in: Zeit und Zeitlichkeit bei Husserl und Heidegger, Hg. E. W. Orth, München 1983

Kindler, P. Fintan, Die Uhren. Ein Abriß der Geschichte der Zeitmessung, Den Haag o. J.

Koch, Dietmar, Hermeneutisches im Ereignis-Denken Martin Heideggers, in: Denkwege I, Philosophische Aufsätze, Hg. D. Koch, Tübingen 1998, S. 77 – 111

ders., Warum kann das Denken ein Danken sein? Zu einer Bestimmung im Denken des ‚Ereignisses‘ im Werk Martin Heideggers, in: Im Garten der Philosophie, Hg. O. Erdoğan und D. Koch, München 2005, S. 131 – 140

Koestler, Arthur, Der göttliche Funke, Bern – München – Wien 1966

Köpping, Klaus-Peter, Fest, in: Ch. Wulf, Hg. Vom Menschen. Handbuch Historischer Anthropologie, Weinheim – Basel 1997, S. 1048 – 1065

Krohs, Ulrich und *Toepfer*, Georg, Hg., Philosophie der Biologie, Frankfurt a. M. 2005

Leibniz, G. W. , Neue Abhandlung über den Verstand, Leipzig 1904

Lessing, Gotthold Ephraim, Nathan der Weise, in: Werke, Hg. P. F. Fischer, Bd. 2, Köln 1965

ders., Laokoon oder über die Grenzen der Malerei und Poesie, in: Werke, Hg. P. J. Fischer, Bd. 5, Köln 1965

Locke, John, Über die Regierung, Übers. D. Tidow, Reinbek 1966

ders., Versuch über den menschlichen Verstand, Übers. D. H. Kirchmann, Hamburg 1981

Longinus, Vom Erhabenen, Übers. O. Schönberger, Stuttgart 1988

Lyotard, Jean-François, Essays zu einer affirmativen Ästhetik, Übers. E. Kiesle u. a., Berlin 1980

McTaggart, John und *McTaggart*, Ellis, Die Irrealität der Zeit (1908), in: W. Ch. Zimmerli und M. Sandbothe, Hg., Klassiker der modernen Zeittheorie, Darmstadt 1993, S. 67 – 86

Marc Aurel, Selbstbetrachtungen, Übers. A. Wittstock, Stuttgart 1989

Marquard, Odo, Moratorium des Alltags. Eine kleine Philosophie des Festes, in: Ders., Skepsis und Zustimmung. Philosophische Studien, Stuttgart 1994

Marquardt, Udo, Die Einheit der Zeit bei Aristoteles, Würzburg 1993

Marten, Rainer, Die Möglichkeit des Unmöglichen. Zur Poesie in Philosophie und Religion, Freiburg – München 2005

Marx, Karl und *Engels*, Friedrich, Werke, Berlin 1960

Meyer, R. W., Hg., Das Zeitproblem im 20. Jahrhundert, Bern – München 1964

Minkowski, Eugène, Die gelebte Zeit. Über den zeitlichen Aspekt des Lebens (1933), Übers.: Perrez u. a., Salzburg 1971

Nagel, Thomas, Der Sinn des Lebens, in: Was bedeutet das alles, Übers. M. Gebauer, Stuttgart 1990

Newton, Isaac, Mathematische Prinzipien der Naturlehre, Hg. J. Ph. Wolfers, Darmstadt 1963

Nietzsche, Friedrich, Werke, Leipzig 1906

Nicolaus von Kues, Vom Nichtanderen, Übers. P. Wilpert, Hamburg 1987

Nowotny, Helga, Eigenzeit. Entstehung und Strukturierung eines Zeitgefühls, Frankfurt a. M. 1989

Orth, Ernst Wolfgang, Hg., Zeit und Zeitlichkeit bei Husserl und Heidegger, München 1983

Otto, Walter F., Theophania. Der Geist der altgriechischen Religion, Hamburg 1956 *ders.*, Die Musen und der göttliche Ursprung des Singens und Sagens, Düsseldorf – Köln 1955

Ovidius, Publius, Naso, Metamorphosen, Übers. H. Breitenbach, Zürich 1964

Parmenides, Fragmente, in: Fragmente der Vorsokratiker, Hg. H. Diels, Hamburg 1957

Pascal, Blaise, Gedanken, Übers. W. Rüttenauer, Birsfeld – Basel, o. J.

Pauly, Der kleine. Lexikon der Antike in 5 Bde., Hg. K. Ziegler u.a., München 1979

Petrich, Eckhart, Das Maß der Musen. Überlegungen zu einer Poetik, Freiburg i. B. 1947

ders., Götter und Helden der Griechen, Frankfurt a. M. – Hamburg 1958

Piaget, Jean, Die Bildung des Zeitbegriffs beim Kinde, Zürich 1955

Picht, Georg, Die Musen, in: Wahrheit-Vernunft-Verantwortung. Philosophische Studien, S. 141 – 159, Stuttgart 1987

Pico della Mirandola, De hominis dignitate, Übers. G. v. Gönna, Stuttgart 1997

Pieper, Josef, Zustimmung zur Welt. Eine Theorie des Festes, München 1963

ders., Muße und Kult, München 1952

ders., Nur der Liebende singt. Musische Kunst heute, Ostfildern bei Stuttgart 1988

Pindar, Oden, Übers. L. Wolde, München 1958

Platon, Sämtliche Werke, Übers. F. Schleiermacher, Hamburg 1958

Plessner, Helmut, Lachen und Weinen, Bern – München 1961

Plotin, Ausgewählte Schriften, Übers. Ch. Tornau, Stuttgart 2001

Plutarch, Moralphilosophische Schriften, Übers. H.-J. Klauck, Stuttgart 1997

Pöggeler, Otto, Zeit und Sein bei Heidegger, in: Zeit und Zeitlichkeit bei Husserl und Heidegger, Hg. E. W. Orth, München 1983

Prechtl, Peter, Handlung, in: Metzler. Philosophisches Lexikon, Hg. P. Prechtl und F. P. Burkard, Stuttgart – Weimar 1999, S. 255 – 256

Poser, Hans, Zeit und Ewigkeit. Zeitkonzepte als Orientierungswissen, in: Das Rätsel der Zeit (S. 14 – 50), Hg. H. Baumgartner, München 1993

Prigogine, Ilya, Vom Sein zum Werden. Zeit und Komplexität in den Naturwissenschaften, München 1979 *ders.*, mit Stengers, Isabelle, Das Paradox der Zeit, München – Zürich 1993

Proust, Marcel, Auf der Suche nach der verlorenen Zeit, Übers. E. Rechel – Mertens, Frankfurt a. M., 1979

Ranke-Graves, Robert, Griechische Mythologie. Quellen und Deutung, Übers. H. Seinfeld, Reinbek 1960

Rausch, Hannelore, Theoria. Von ihrer sakralen zur philosophischen Bedeutung, München 1982

Reichenbach, Hans, Philosophie der Raum-Zeit-Lehre, Braunschweig 1977

Reike, Emil, Der Gelehrte in der deutschen Vergangenheit, Leipzig 1900

Ricardo, David, Principles of political economy and taxation (1817), dt. Frankfurt a. M. 1972

Riedel, Manfred, Arbeit, in: Handbuch philosophischer Grundbegriffe, Hg. H. Krings u.a., S. 125 – 141, München 1973

Ripa, Cesare, Iconologia, Venezia 1593

Rudolf, Enno und *Wismann*, Heinz, Hg., Sagen, was die Zeit ist. Analysen zur Zeitlichkeit der Sprache, Stuttgart 1992

Russell, Bertrand, Das ABC der Relativitästheorie, München 1970

ders., Einführung in die mathematische Philosophie, o.Übers., Wiesbaden o. J.

ders., Über die Erfahrung der Zeit, in: W. Ch. Zimmerli und M. Sandbote, Klassiker der modernen Zeittheorie, Darmstadt 1993

Russo, Luigi, Das Erhabene in Sizilien, in: Im Garten der Philosophie (S. 165 – 174), Hg. O. Erdoğan und D. Koch, München 2005

Sartre, Jean-Paul, Entwurf einer Theorie des Ego, in: Die Transzendenz des Ego, Übers. A. Wagner, Reinbek 1964

Scheler, Max, Wesen und Formen der Sympathie, Bern – München 1973

ders., Der Formalismus in der Ethik und die materiale Wertethik, Bern 1954

Schiller, Friedrich, Werke, Hg. L. Bellermann, Leipzig – Wien o. J.

Schmidt, S. J., Hg., Gedächtnis. Probleme und Perspektiven der Gedächtnisforschung, Frankfurt a. M. 1991

Schnelle, Helmut, Der Ausdruck der Zeitlichkeit in den Sprachen, in: Sagen, was die Zeit ist. Analysen zur Zeitlichkeit der Sprache, Hg. Rudolph u. Wissmann, Stuttgart 1992

Schopenhauer, Arthur, Sämtliche Werke, Leipzig 1938

Schürmann, Volker, Muße, Bielefeld 2001

Seebohm, Thomas M., Über die vierfache Abwesenheit im Jetzt. Warum Husserl bereits dort ist, wo Derrida ihn nicht vermutet, in: H. M. Baumgartner, Hg., Das Rätsel der Zeit, Freiburg – München 1993, S. 75 – 108

Seneca, L. Annaeus, De otio, Übers. G. Krüger, Stuttgart 1996

ders., De vita beata, Übers. F.-H. Mutschler, Stuttgart 1990

Simon, Josef, Leben, in: Handbuch Philosophischer Grundbegriffe, Hg. H. Krings u.a., München 1973, S. 844 – 859

Smith, Adam, An inquiry into the nature and causes of the wealth of nations (1776), dt. Gießen 1973

Splechtna, Erich und *Simon*, Thomas, Zeit und Ewigkeit. Beiträge zur Zeitforschung, Wien 1997

Spinoza, Benedikt de, Die Ethik nach geometrischer Methode dargestellt, Hamburg 1963

Spranger, Eduard, Lebensformen, Halle 1930

Stegmaier, Werner, ,Anhaltspunkte'. Zur Sprache des ,Halts' in der Orientierung, in: O. Erdoğan und D. Koch, Im Garten der Philosophie, München 2003, S. 199 – 214

Stephenson, Gunther, Leben und Tod der Religionen. Symbol und Wirklichkeit, Darmstadt 1980

Tewes, Joseph, Hg., Nichts Besseres zu tun. Über Muße und Müßigang, Oelde 1991

Theokrit, Gedichte, Übers. B. Effe, Düsseldorf – Zürich 1999

Theunissen, Michael, Negative Theologie der Zeit, Frankfurt a. M. 1991

Thomä, Dieter, Die Zeit des Selbst und die Zeit danach. Zur Kritik der Textgeschichte Martin Heideggers 1910 – 1976, Frankfurt a. M. 1990

Trawny, Peter, Heidegger und ,Der Arbeiter'. Zu Jüngers metaphysischer Grundstellung, in: Verwandtschaften, Hg. G. Figal u. a., Tübingen 2003, S. 74 – 91

Vergil, Aeneis, Übers. W. Plankl, Stuttgart 1989

Volkelt, Johannes, Phänomenologie und Metaphysik der Zeit, München 1925

Weppen, Wolfgang von der, Der Spaziergänger. Eine Gestalt, in der Welt sich vielfältig bricht, Tübingen 1995

Whitehead, Alfred N., Eine Einführung in die Mathematik, Bern – München 1958

Wiehl, Reiner, Metaphysik und Erfahrung. Philosophische Essays, Frankfurt a. M. 1996

Wismann, Heinz: siehe unter: Rudolph, Enno

Günter Figal / Georg Knapp (Hrsg.)
Mythen
Jünger Studien, Band 3 (2007)

Wolfgang von der Weppen / Bernhard Zimmermann (Hrsg.)
Sokrates, die Sophistik und die postmoderne Moderne
Sokrates-Studien VII (2008)

»*Phainomena*«
Herausgegeben von Dietmar Koch

Dietmar Koch
Zur hermeneutischen Phänomenologie
Ein Aufriß (1992)

Klaus Bort
Freiheit und Bezug
Ansätze zu einer phänomenologischen Ethik (1993)

Wolfgang von der Weppen
Das verlorene Individuum
Eine phänomenologische Skizze
zur Funktionalisierung von Welt (1994)

Friedhelm Schneider
Kindsein – ein Gleichnis
Philosophisch-theologische Gedanken
zum generativen Verhältnis (1995)

Rainer Thurnher
Wandlungen der Seinsfrage
Zur Krisis im Denken Heideggers nach »Sein und Zeit« (1997)

Susanne Ziegler
*Zum Verhältnis von Dichten und Denken
bei Martin Heidegger* (1998)

Damir Barbarić
Anblick, Augenblick, Blitz
Ein philosophischer Entwurf zum Seinsursprung (1999)

Friedhelm Schneider
Kants transzendentale Dialektik
oder Die Unvernunft in der Vernunft (1999)

Gerhard Wölfle
Kult und Opfer in Hegels Religionsphilosophie (1999)

Eva Strobel
Nietzsches Philosophie der Bejahung (2000)

Günter Figal
Lebensverstricktheit und Abstandnahme
Überlegungen zur Ursprünglichkeit der Philosophie (2001)

Marion Hiller
Das »zwitterhafte« Wesen des Wortes
Eine Interpretation von Platons Dialog »Kratylos« (2001)

Wolfgang M. Schröder
Politik des Schonens
Heideggers Geviert-Konzept, politisch ausgelegt (2004)

»Denkwege«
Herausgegeben von Dietmar Koch und Damir Barbarić

Denkwege 1. Philosophische Aufsätze (1998)

Denkwege 2. Philosophische Aufsätze (2001)

Denkwege 3. Philosophische Aufsätze (2004)

Denkwege 4. Philosophische Aufsätze (2006)

Nähere Informationen unter:

www. tuebinger-phaenomenologie.de
www.attempto-verlag.de